John Law

DU MÊME AUTEUR

Pour en finir avec le chômage – ce qui marche et ce qui ne marche pas, Fayard, collection « Pluriel », 2015 (réédition augmentée et actualisée).

Chômage : inverser la courbe, Les Belles Lettres, 2013 (prix Turgot du meilleur livre d'économie financière 2014 et prix Édouard Bonnefous 2014 décerné par l'Académie des sciences morales et politique).

L'euro, une monnaie sans politique ?, L'Harmattan, 2003.

Suivi éditorial : Iris Granet-Cornée
Corrections : Catherine Garnier
Maquette : Pierre Chambrin
Illustration de couverture et conception graphique : Hugues Vollant

21, square Saint-Charles – 75012 Paris
ISBN : 978-2-36942-320-1
Dépôt légal : septembre 2015
Imprimé en Union européenne par Standartu

Bertrand Martinot

John Law

Le magicien de la dette

Préface de Michel Pébereau

nouveau monde éditions

Préface

Les économistes contemporains sont souvent assez ignorants de l'Histoire. Cela tient sans doute, en France, à l'extrême cloisonnement des disciplines académiques, tant scientifiques que littéraires, qui caractérise nos universités. Mais cela résulte plus généralement du foisonnement de la recherche en matière économique. La richesse et la diversité des approches conduisent à d'excessives spécialisations. C'est bien regrettable car c'est négliger l'un des grands enseignements de Schumpeter, qui faisait de l'histoire économique, à côté de la théorie et de la statistique, l'une des trois composantes d'une approche véritablement scientifique de l'économie.

Cet oubli du passé est dommageable pour la fécondité de l'analyse économique en général, qui est trop souvent perdue dans des modélisations abstraites. Il l'est surtout pour l'étude des phénomènes, la compréhension des problèmes, la recherche de solutions. Car l'économie est avant tout une science d'observation : l'accumulation d'informations est un facteur essentiel d'enrichissement, de progrès de la réflexion. En matière économique et financière, plus encore que dans d'autres domaines, l'Histoire se répète, au niveau des comportements tant individuels que collectifs. C'est ainsi que la crise financière mondiale de 2007-2008 trouve pour partie ses origines dans deux erreurs, périodiquement répétées, qui produisent toujours les mêmes effets, avec plus ou moins d'amplitude. Au niveau microéconomique, la distribution massive de crédits immobiliers douteux, en l'occurrence les *subprimes*, qui est une cause classique de crise bancaire. Au niveau macroéconomique, des déséquilibres structurels significatifs dans les paiements internationaux, dont les dangers sont identifiés de longue date puisque le FMI a été créé en 1944 pour les éviter, les dénoncer, aider à les corriger. Quant à la crise de la dette grecque de 2009, qui n'en finit pas, elle est la conséquence de trois erreurs des plus traditionnelles en matière de crédit : un emprunteur qui dissimule son état réel d'endettement, des autorités en charge de son contrôle qui ne s'en aperçoivent pas, et des investisseurs qui acceptent de lui prêter l'argent dont ils ont la charge au-delà du raisonnable et dans des conditions trop favorables.

Faire revivre un passé économique lointain pour mieux saisir les enjeux d'aujourd'hui, tel est finalement le défi relevé par Bertrand Martinot. Au premier abord, le lecteur est invité à une plongée en eaux profondes dans la France du début du XVIIIe siècle. L'année 1715 qui voit la mort de Louis XIV est une année charnière. La France, privée depuis 1683 de la sage gestion de Colbert, est couverte des dettes héritées des guerres et des fastes du Roi-Soleil. Le nouveau pouvoir, celui du régent Philippe d'Orléans, ne peut qu'être faible par rapport à celui d'un tel roi. Il lui faut rechercher des compromis avec divers corps intermédiaires conservateurs, attachés à leurs privilèges. L'économie est comme à l'arrêt, menacée de déflation. À cela s'ajoutent une fiscalité archaïque et mal répartie, qui pèse lourdement sur la production et le commerce, et une réglementation étatique brouillonne qui favorise la rente plutôt que l'investissement et la prise de risque. Pour utiliser un langage moderne, l'économie française souffre d'un double handicap du point de vue de la croissance : un surendettement public et une incapacité à réaliser les réformes de structure nécessaires. À la même époque, l'Angleterre s'est déjà dotée d'une architecture monétaire et financière assez solide, et commence à rassembler les conditions du décollage de son économie.

Pour faire repartir la production, le Régent fait appel à un partisan d'une politique vraiment hétérodoxe à l'époque des monnaies métalliques d'argent et d'or : une relance monétaire massive ! L'Écossais John Law est en avance sur son temps. Il croit en effet aux vertus du papier-monnaie et du crédit bancaire. Il estime qu'on bride la croissance économique en limitant la quantité de monnaie en circulation par la contrainte du gage sur un métal précieux. Il propose d'en créer à partir d'actifs immatériels : la dette publique, et même les perspectives de profits à venir d'une compagnie de commerce colonial – la Compagnie du Mississippi, future Compagnie des Indes. Il réussit à convaincre les décideurs de passer à l'action. Dans une première étape, c'est le succès : il règle les uns après les autres tous les problèmes. Mais le résultat ne se fait pas attendre : cette transformation d'actifs illiquides en monnaie sur une large échelle aboutit en un an à la faillite de son « Système ». Malheureusement, cette faillite est très spectaculaire. Au point que ce désastre va traumatiser les deux générations suivantes et paralyser toute tentative de réforme du système financier en France. L'Ancien Régime ne s'en remettra pas. Tel est le cadre général. Bertrand Martinot l'analyse systématiquement avec précision, intelligence et talent. Il fait découvrir au lecteur cette histoire trois fois centenaire avec autant de plaisir et de facilité qu'un excellent roman policier.

Y a-t-il des leçons à en tirer pour le temps présent ? Toute comparaison paraît inconcevable compte tenu des faits et des volumes traités : une masse monétaire multipliée par dix en moins de quatre ans, entre 1716 et 1720 ; les actions d'une compagnie de commerce colonial assimilées à de la monnaie et dont le cours est multiplié par un facteur vingt en six mois… Ce sont là des « performances » que les financiers les plus imaginatifs ne sont ensuite jamais parvenus à égaler. Même ceux des temps présents qui ont été assez créatifs pour mettre la planète au bord d'une crise systémique par la simple titrisation de crédits hypothécaires. Pourtant, si l'on analyse les mécanismes monétaires et financiers sous-jacents, certains parallèles avec le monde d'aujourd'hui ne sont pas hors de propos. On peut en effet constater que la création de monnaie au niveau mondial n'est guère plus sous contrôle actuellement qu'elle ne l'était dans le royaume de France au moment de l'expérience de John Law. Une conclusion s'impose : il serait temps de rétablir un certain ordre monétaire international.

Une création monétaire incontrôlée, qui n'est pas sans risques

La création de monnaie au niveau international se réalise aujourd'hui dans un univers encore plus permissif que ce que même John Law aurait pu imaginer. Depuis 1976, la communauté internationale a abandonné l'ordre monétaire international qu'elle avait créé à Bretton Woods en 1944. L'or est démonétisé et il n'existe plus de système de parités fixes ni même stables entre les grandes monnaies internationales. Les taux de change des monnaies sont fixés par le marché des changes, où se réalisent quotidiennement 5 300 milliards de dollars de transactions, et sur lequel elles flottent librement, sans principe ni organisme régulateurs. Certes, chaque banque centrale, ayant la responsabilité de sa monnaie, se sent le devoir de la gérer dans des conditions qui lui permettent d'exercer ses trois fonctions, essentielles pour assurer la confiance des acteurs et le bon fonctionnement de l'économie : unité de compte, instrument d'échange et réserve de valeurs. Pour y parvenir, elle se fixe pour objectif de maîtriser l'inflation.

Depuis une vingtaine d'années, ces politiques sont plutôt couronnées de succès. L'inflation a été remarquablement maîtrisée dans les pays avancés. De ce fait, les banques centrales sont libres de créer de la « monnaie de base » en l'injectant dans le circuit interbancaire pour alimenter en liquidités le système financier. Cela leur permet à la fois d'assurer le bon fonctionnement de ce système et la régulation de la conjoncture dans les conditions qui leur paraissent souhaitables. C'est ainsi que se sont développées, au début des années 2000, des politiques monétaires de facilité qui ont conduit en 2007, aux États-Unis, à des taux d'endettement par rapport au PIB comparables à ceux de 1929. C'est ainsi aussi que, depuis la crise, et pour conjurer le risque de déflation, les banques centrales des pays avancés se sont engagées les unes après les autres dans des politiques dites de « *quantitative easing* » comportant des achats massifs de titres de dette publique. Cette action énergique vise essentiellement à alimenter le système bancaire en liquidités pour relancer le crédit. Compte tenu des niveaux très excessifs d'endettement public dans la plupart de ces pays, elle a aussi l'utilité de diminuer la charge d'intérêt pesant sur les États et de soutenir la conjoncture à un moment où l'outil budgétaire est rendu indisponible.

Cette création monétaire massive dans les pays avancés est démultipliée par les réactions des grands pays émergents. En effet, l'excès de liquidité a tendance à s'investir non pas dans l'économie réelle des pays avancés, mais plutôt dans des pays émergents où les opportunités de rendement sont supérieures. Ceux-ci créent à leur tour un surcroît de monnaie pour éviter une appréciation de leur taux de change qui déstabiliserait leurs économies alimentées par l'exportation.

Au total, on estime que la base monétaire mondiale – celle qui est créée par les banques centrales – est passée de 2 500 milliards de dollars en 1995 à 7 000 milliards de dollars environ en 2007, et qu'elle se situe sans doute autour de 14 000 milliards de dollars en 2014. Il est bien difficile de prévoir les conséquences, à moyen et long terme, d'une telle déconnexion entre la création de liquidités et l'évolution de l'économie réelle. Elle n'a en effet pas de précédent. Le risque classique que mettent en évidence les expériences historiques est l'inflation des prix à la consommation : c'est ce que l'on a constaté dans la seconde partie des années 1970, après l'abandon du système de Bretton

Woods et les chocs pétroliers. Ce n'est pas la conséquence la plus probable à court terme. Ce risque paraît circonscrit dès lors que la création monétaire par les banques centrales ne se traduit pas par autant de moyens de paiement supplémentaires entre les mains des agents économiques mais ne fait que tourner au sein de la sphère financière.

Mais il y en a d'autres. D'ailleurs Bertrand Martinot montre bien que ce n'est pas l'inflation qui a fait chuter le « Système » de Law, mais l'éclatement de la gigantesque bulle spéculative qu'il avait créée et qui menaçait de paralyser tout le circuit des échanges. Ce qui est manifeste, c'est que l'excès de liquidité suscite la formation de bulles spéculatives sur les actifs financiers, sur les biens immobiliers ou encore sur les taux de change. L'expérience a confirmé les dangers de chacune de ces bulles. Les pays émergents mettent l'accent sur les risques spécifiques de celles qui concernent les taux de change : elles sont en effet très déstabilisantes pour leurs économies. Plus généralement, l'excès de liquidité crée des distorsions dans la valeur relative des prix des actifs, provoque des redistributions massives et aveugles entre débiteurs et créanciers, entre riches et pauvres, et entre les générations. À long terme, il peut entraîner une mauvaise allocation du capital, une situation susceptible de générer des crises économiques. Enfin, il est à l'origine, globalement, de mouvements de capitaux internationaux qui créent de la volatilité et de l'incertitude : bref qui sont déstabilisants pour tous ceux qui nourrissent des projets à long terme. Il pose surtout une question inévitable à laquelle les banques centrales hésitent à répondre : comment en sortir et revenir à une situation normale de contrôle de la base monétaire mondiale ?

Le nécessaire rétablissement d'un ordre monétaire international

Pour trouver la solution, il faut sans doute se référer à un autre enseignement de l'Histoire : derrière le désordre des monnaies se cachent toujours des désordres de nature politique et institutionnelle. Les responsables des grandes économies en sont bien conscients. Dès qu'ils ont réussi à éviter que la crise des subprimes devienne systémique, l'une de leurs premières décisions a été, à l'instigation des Européens, de créer un Groupe des vingt, rassemblant des pays avancés et émergents qui assurent 85 % de la production de notre planète, afin de rétablir la confiance des opinions publiques dans leur capacité à coordonner leurs réactions. L'un des premiers engagements de ce G20 a été d'éviter toute mesure protectionniste de nature à restreindre les échanges internationaux. L'objectif était d'empêcher le retour aux « beggar-thy-neighbour policies » des années 1930 qui ont nourri la montée des nationalismes et des extrémismes, et ont créé des tensions désastreuses dans les relations internationales. Cet engagement a été à peu près tenu pour ce qui concerne les obstacles au commerce : l'Organisation mondiale du commerce a certes relevé une multiplication des dérapages en la matière ; mais la transparence relative qu'elle a assurée les a limités. La situation est plus problématique pour les taux de change. Leur manipulation peut avoir un effet direct sur la compétitivité des biens et services dont le marché est mondialisé et sur les flux de capitaux internationaux. Or, dans les pays dont la monnaie s'apprécie, on s'inquiète. Le risque de guerre des monnaies est périodiquement évoqué. Au sein de l'Union européenne, la création de l'euro et les liens étroits établis avec ceux des pays qui ont conservé leur monnaie nationale nous protègent de ce risque. Mais au niveau mondial, il n'y a pas de garde-fou. D'autre part, le désordre monétaire induit en permanence une extrême volatilité des capitaux internationaux, qui peut déstabiliser certains pays émergents, voire quelques pays développés. Il ne faut pas sous-estimer les conséquences économiques et géopolitiques de ces phénomènes.

Enfin, on ne saurait exclure la percée, dans des opinions publiques déboussolées, de certaines thèses politico-monétaires aussi pernicieuses que simplistes : le retour à des étalons monétaires métalliques ou la création de monnaies privées. D'autant plus que la révolution digitale est en train de créer la possibilité d'une dématérialisation complète des monnaies. La monnaie est traitée aujourd'hui comme une information électronique : elle est devenue plus fiduciaire qu'elle ne l'a jamais été. La création des bitcoins en est une illustration. L'histoire économique est aussi là pour nous rappeler à quel point la théorie monétaire est un terrain d'élection pour les utopistes et les charlatans de tout acabit.

Il serait donc temps d'œuvrer pour rétablir un certain ordre monétaire international. Au lendemain de la crise, le G20 avait évoqué cette question. Il a envisagé un renforcement du FMI. De fait, cet organisme pourrait utilement retrouver, dans un cadre naturellement rénové, le rôle central qui lui a été assigné à l'origine : promouvoir la coopération monétaire internationale ainsi que la stabilité des taux de change ; prévenir les crises en encourageant les pays à des politiques économiques saines ; établir un bilan annuel des forces et des faiblesses de chaque pays ; surveiller les déséquilibres excessifs des paiements internationaux et mobiliser des outils monétaires et financiers pertinents pour les corriger. Il est en outre urgent d'adapter sa gouvernance aux réalités du monde nouveau, en réalisant une montée en puissance de la Chine et de pays émergents dans ses organes de direction, comme cela a été théoriquement convenu par le G20.

Mais au-delà, on ne peut faire l'économie d'une réflexion sérieuse sur la création d'une véritable monnaie de réserve internationale, autour de laquelle une certaine stabilité des taux de change devrait être restaurée. Elle serait basée sur un panier de quelques monnaies : un DTS rénové dont le socle devrait rassembler dollar, euro, yen et renminbi. Plus que jamais, une action stabilisatrice est nécessaire. Il faut en effet endiguer les phénomènes autoentretenus de création monétaire et d'instabilité financière à haut risque auxquels nous assistons. Depuis la généralisation du flottement, la coordination des banques centrales a su, à plusieurs reprises, assurer tant bien que mal une telle action lorsque cela leur apparaissait indispensable. Mais seul le rétablissement d'un ordre monétaire international, par un nouvel accord de Bretton Woods, pourrait rétablir la confiance indispensable que l'excès de création monétaire a incontestablement affectée.

Pour stimuler la réflexion, quoi de plus utile que le détour par le passé, par la découverte des effets et des méfaits de l'imagination créatrice de John Law que nous propose Bertrand Martinot ? Son ouvrage passionnera à la fois les historiens, les économistes, et les foules toujours plus nombreuses des « honnêtes hommes » et des entrepreneurs qui veulent comprendre leur époque pour mieux contrôler les risques et saisir les opportunités que peut créer ce monde qui change vite. Nous devrions avoir pour objectif collectif de retrouver une certaine maîtrise des changements que la mondialisation et la révolution digitale sont en train de créer.

Michel Pébereau,
président d'honneur de BNP Paribas

Introduction

> *« Dans une île près des Orcades, il naquit un enfant qui avait pour père Éole, dieu des vents, et pour mère une nymphe de Calédonie. On dit qu'il apprit tout seul à compter avec ses doigts ; et que, dès l'âge de quatre ans, il distinguait si parfaitement les métaux, que sa mère ayant voulu lui donner une bague de laiton au lieu d'une d'or, il reconnut la tromperie et la jeta à terre.*
> *Dès qu'il fut grand, son père lui apprit le secret d'enfermer les vents dans des outres, qu'il vendait ensuite à tous les voyageurs : mais comme la marchandise n'était pas fort prisée dans son pays, il le quitta et se mit à courir le monde en compagnie de l'aveugle dieu du hasard. »*
>
> Montesquieu, *Lettres persanes*, lettre 142

Il est des personnages historiques capables de faire de l'ombre à bien des héros de roman : ainsi John Law. Joueur, évadé de prison, spéculateur, banquier, théoricien économique de premier ordre, entrepreneur, séducteur, aventurier, contrôleur général des finances et inventeur de la monnaie de papier moderne, ce rejeton d'un orfèvre d'Édimbourg est sans conteste l'une des figures les plus romanesques de l'Europe du début du XVIIIe siècle. Parvenu au sommet du plus puissant État d'Europe à force de génie et d'énergie, adulé par les foules, il provoqua, comme on le sait, le premier grand krach boursier de l'Histoire avant de devoir s'exiler puis s'installer et finir sa vie à Venise. Même s'il ne dura que quatre ans (1716 à 1720), son « Système », dont l'objectif était dans un même élan de refonder le système monétaire et de résoudre une crise gravissime des finances publiques, fut à la fois l'expérience économique la plus remarquable et la plus traumatique du siècle.

Remontons trois siècles dans le temps armés du privilège que nous confèrent la connaissance rétrospective des événements et nos capacités d'analyse modernes. À la mort de Louis XIV en 1715, le régent Philippe d'Orléans fait face à une dette publique insoutenable héritée des longues guerres du grand roi. Politiquement fragile, incapable de mener à bien les réformes nécessaires malgré sa bonne volonté et son esprit d'ouverture, le nouveau maître du royaume est à l'affût d'idées nouvelles. Séduit par le charisme de John Law, un aventurier écossais qui parcourt l'Europe depuis plusieurs années avec des projets monétaires et financiers mirobolants, Philippe abandonne progressivement la politique économique orthodoxe – une « politique de rigueur » – à laquelle il avait eu recours dans un premier temps. Il se rallie aux thèses de l'Écossais sur la relance par l'expansion de la monnaie et du crédit.

Les événements s'enchaînent alors rapidement. Law commence par créer une banque d'émission, privée puis nationalisée, la première du genre dans l'histoire de France, pour relancer le crédit et étendre la circulation monétaire. Il convertit ensuite comme par magie l'immense dette publique en actions d'une société commerciale – la Compagnie du Mississippi[1] – chargée à la fois de l'exploitation de la Louisiane, du commerce colonial et de la collecte d'une grande partie des taxes du royaume. Ces titres gagnent rapidement la confiance des épargnants. Ils auraient sans aucun doute été cotés AAA si les agences de notation avaient existé, malgré le caractère très douteux des actifs de cette société.

1. Dont le nom officiel sera la « Compagnie d'Occident », avant de devenir la « Compagnie des Indes ».

Ils se diffusent rapidement, portés par l'engouement du public qui, pour la première fois, est appelé à participer directement au financement de l'État et de l'économie nationale. Le succès est au rendez-vous : la confiance est rétablie en quelques mois, les taux d'intérêt sont au niveau le plus bas jamais enregistré. Les finances publiques se redressent malgré les prodigalités du Régent. Pour la première fois en France s'épanouit un embryon de marché financier, à l'état de nature, totalement déréglementé, y compris sur des produits dérivés.

Mais peu à peu la machine s'emballe. La monnaie de papier est créée par la banque de l'Écossais non plus pour stimuler l'économie réelle mais pour soutenir artificiellement le cours des titres de la Compagnie du Mississippi. Les billets finissent par être déconnectés de tout ancrage métallique. Surtout, le brouillage entre titres financiers et monnaie devient total : la dette est devenue monnaie.

La suite est bien connue et figure en bonne place dans toute bonne anthologie des catastrophes financières : création monétaire incontrôlée, spéculation effrénée, violente, accumulation d'immenses fortunes de papier, aisance financière soudaine de l'État… Au moment où Law, devenu entre-temps contrôleur général des finances, devient l'objet d'un véritable culte, son Système connaît les premiers craquements. Après quelques mois où l'économie française avait été relancée par cette politique d'argent facile, la confiance s'effondre, entraînant ruines, troubles et menaces pour l'ordre économique et social du pays. On brûle le papier-monnaie. On en revient au système monétaire et financier antérieur et on consolide enfin tant bien que mal les dettes de l'État. Ce sauvetage va permettre à l'Ancien Régime de survivre encore sept décennies avant d'être emporté par une autre crise financière, celle des années 1780, plus profonde encore que celle qu'avait tenté de résoudre John Law.

Dans une société terrienne, du temps long et de la stabilité, une société de rentiers fascinés par le métal précieux, une société d'ordres où la noblesse ne doit pas, du moins en théorie, se compromettre avec le monde des affaires, l'Écossais introduit le jeu, le mouvement, le risque, le calcul et la fluctuation universelle des valeurs. Avec un mélange de rouerie, d'audace, de compulsion réformatrice, mais aussi de naïveté, il entreprend en quelques mois une tentative de relance économique, la plus spectaculaire de tous les temps, qui, si elle avait réussi, aurait probablement permis à la France de gagner la bataille économique contre l'Angleterre et de devenir plus tard le champion de la révolution industrielle. Mais trop tôt venu, trop contradictoire aux intérêts en place, trop innovant, trop tapageur, son Système était voué à l'échec.

Ces quatre années haletantes comptent évidemment parmi les épisodes de l'histoire économique et financière de la France les plus étudiés et commentés. Des témoins et acteurs immédiats du drame jusqu'aux historiens modernes, des dizaines de milliers de pages ont été consacrées au sujet. Les auteurs y font souvent preuve d'une érudition étourdissante. Plus d'un s'est noyé soit dans les chiffres et les détails techniques, soit dans les anecdotes : la rue Quincampoix, l'agiotage, les « millionnaires », le bossu... On y suit pas à pas l'évolution du Système, de sa construction à son effondrement final. On y lit tout ce que les archives ont pu révéler des erreurs de l'Écossais et de ses tentatives désespérées pour colmater les brèches et sauver l'œuvre de sa vie.

Plutôt que d'ajouter à la connaissance scientifique de cet épisode historique, il restait à mettre à la portée du grand public dans un langage moderne et accessible ce qu'a été l'œuvre de Law, son dessein, ses motivations et les raisons de son échec final. Il restait à saisir l'homme dans son époque, le remettre dans une perspective plus longue et à reconstituer le champ de force dans lequel il a agi, expliquer aussi bien ses intuitions géniales que ses contradictions insurmontables.

Enfin, il restait à montrer à quel point cet homme et son aventure nous parlent de nos crises actuelles. C'est que son projet, longtemps considéré comme charlatanesque par tout économiste qui se veut sérieux, a finalement été mis en œuvre au niveau international à partir de 1971 – soit exactement trois siècles après sa naissance –, quand le président Nixon a décidé d'en finir avec le système de Bretton Woods et ce qui restait de la convertibilité du dollar en or. Ayant perdu tout ancrage avec le métal précieux, et d'ailleurs tout ancrage avec quoi que ce soit, nos systèmes monétaires fonctionnent depuis lors de manière encore plus libre que ce que Law lui-même avait pu imaginer et souhaiter.

De ce dérèglement généralisé, nous n'avons sans doute pas encore saisi toutes les implications. États surendettés, bulles spéculatives, cupidité sans bornes, trucages des comptes, remise en marche de la planche à billets, incompréhension des dirigeants politiques et du citoyen ordinaire – voire des spécialistes – de ce qui est en train de se jouer, toute coïncidence entre l'expérience de Law et des phénomènes qui nous préoccupent aujourd'hui n'est pas purement fortuite. Certes, les héros du jour ne sont pas des aventuriers douteux et des spéculateurs de grand chemin, mais de respectables banquiers centraux aux curriculum vitae impeccables.

Pour autant, les développements monétaires et financiers récents peuvent laisser songeur, tant les leçons de l'histoire économique semblent avoir été oubliées. Ainsi, après les excès monétaires de l'ère Greenspan et l'éclatement de la crise des *subprimes*, nous mettons tous nos espoirs dans l'habileté supposée de ces nouveaux pilotes de l'économie mondiale que sont les présidents des principales banques centrales, hier Ben Bernanke, aujourd'hui Mario Draghi et Janet Yellen. Éclipsant des politiques de plus en plus désarmés et inaudibles, ces nouvelles stars sont confrontées comme leur lointain ancêtre au double défi de la récession et de la dette dans un contexte déflationniste. Comme John Law, ils ont choisi la voie de la relance économique et du rachat massif des dettes publiques par la création monétaire.

Au-delà des différences abyssales dans les mentalités et les institutions, l'épisode inaugural du système de Law nous offre donc une magnifique parabole de la crise dans laquelle nous nous débattons. Alors que nous étions abreuvés de théories économiques tendant à démontrer qu'un système monétaire et financier pouvait fonctionner sans ancre et sans boussole sans conséquences dommageables pour l'économie réelle, les désordres monétaires et financiers contemporains et les tentatives de sauvetage des finances publiques par la planche à billets nous montrent à quel point nous sommes bien les héritiers directs de John Law. Examinée au regard de la situation actuelle, son expérience n'en est que plus instructive.

N.B. : Cet ouvrage contient de nombreuses références monétaires libellées en livres tournois, monnaie de compte dans la France de l'Ancien Régime. Afin de rendre certains développements plus concrets, il peut être utile d'indiquer au lecteur quelques ordres de grandeur : la richesse nationale produite annuellement au début du XVIIIe siècle devait être comprise entre 2 et 2,5 milliards de livres. Au niveau microéconomique, le salaire journalier d'un ouvrier parisien se montait typiquement à 1 livre, celui d'un charpentier à 2,5 livres. Le kilo de pain avoisinait les 4 sols, soit 1/5e de livre. À la même époque, la rémunération fixe annuelle du contrôleur général des finances était de 250 000 livres. Un hôtel particulier parisien de taille moyenne était estimé à environ 350 000 livres, une somme équivalente au prix d'un navire de guerre.

Dans la mesure où certains passages font référence à la livre sterling, ajoutons que la livre sterling valait 15 livres tournois en 1717.

Enfin, même si les questions de parité de pouvoir d'achat soulèvent des difficultés redoutables, il a été estimé que la livre tournois à l'époque de la régence avait un pouvoir d'achat comparable à 12 euros de 2013.

Chapitre 1

Le mur de la dette

« À notre avènement à la couronne, il n'y avait pas le moindre fonds, ni dans le Trésor royal, ni dans nos recettes pour satisfaire aux dépenses les plus urgentes : et nous avons trouvé le domaine de notre couronne aliéné, les revenus de l'État presque anéantis par une infinité de charges et de constitutions, les impositions ordinaires consommées par avance, les arrérages de toute espèce accumulés de plusieurs années, le cours des recettes interverti, une multitude de billets, d'ordonnances et d'assignations anticipées, de tant de natures différentes, et qui montent à des sommes si considérables qu'à peine en peut-on faire la supputation. »

Déclaration du Régent au parlement de Paris, 7 décembre 1715

Quand Louis XIV rendit son dernier soupir le 1er septembre 1715, l'économie française était comme à l'arrêt. Le règne le plus long et le plus glorieux de notre histoire s'avérait aussi le plus ruineux. Certes, la dernière guerre, celle de succession d'Espagne, s'était terminée de manière inespérée et la paix d'Utrecht, signée en 1713, apparaissait plus qu'honorable. Le pays avait évité *in extremis* l'amputation de son territoire. Ses ennemis, en particulier le Royaume-Uni, en ressortaient également très affaiblis et endettés. Et même si tous les contentieux n'étaient pas réglés, de cet épuisement général des belligérants découlaient naturellement des opportunités de paix.

Mais ce redressement militaire sur le fil ne saurait masquer les désordres intérieurs redoutables que le régent Philippe d'Orléans devait affronter immédiatement après son arrivée au pouvoir. Une pression fiscale au plus haut, des dépenses et une dette publiques incontrôlables, des manipulations monétaires incessantes sur fond de déflation chronique, une économie anémiée et aboulique, une démographie en recul, saignée encore récemment par le terrible hiver de 1709, tel était l'envers du règne glorieux qui venait de s'achever.

Au-delà de ces facteurs conjoncturels – une conjoncture qui durait, certes, déjà depuis de longues années… –, le régime souffrait d'une longue maladie de finances publiques : désordre, prévarication, opacité des comptes, archaïsme de la gestion de la dette. L'absence de corps intermédiaires capables de porter des réformes de fond, notamment fiscales, et la prédominance au cœur de l'État de représentants d'une noblesse arc-boutée sur ses prérogatives ne facilitaient pas la tâche du Régent, celui-ci fût-il soucieux de remettre le pays en marche.

À la tête d'un État en faillite…

La situation économique et financière de la France à la mort de Louis XIV présentait plusieurs caractéristiques qui se retrouveront, mais portées à leur paroxysme, à la veille de la Révolution. Déjà en 1715, le Trésor royal était à sec, et c'est bien la recherche d'argent frais pour les multiples caisses de l'État qui monopolisait à toute heure du jour l'énergie des derniers grands argentiers de Louis XIV. Le système financier était constamment tout proche de la cessation de paiement.

Cette tension de trésorerie se faisait ressentir dans les actes financiers les plus courants de l'État : accumulation d'arriérés sur le versement des pensions et sur les intérêts d'emprunt, non-paiement de certaines dépenses extérieures liées au train de vie diplomatique, arrêt des chantiers de construction navale. Les bailleurs de fond – financiers, banquiers… – de la couronne accumulaient des créances dont l'échéance était sans cesse repoussée, ce qui les mettait eux-mêmes en danger de cessation de paiement, voire en faillite, comme cela avait été le cas durant la terrible crise de 1709.

La situation n'aurait pas été si inquiétante si elle n'avait été que la conséquence de l'*hubris* guerrière du feu roi. Certes, l'ampleur de la dette et des déficits s'expliquait pour l'essentiel par le coût effarant des guerres des vingt dernières années du règne et l'on pouvait espérer un rebond économique du seul fait du retour à la paix. L'économie française avait déjà donné de tels signes de résilience par le passé. Pour autant, derrière ces facteurs réversibles se dissimulaient des faiblesses bien plus structurelles.

Du côté des dépenses tout d'abord. Durant le règne de Louis XIV, la France avait été plus d'une année sur deux engagée dans une guerre extérieure. Ces conflits s'étaient avérés beaucoup plus coûteux que par le passé en raison de la masse inédite des hommes et du matériel mobilisés. Ils n'avaient guère été rentables du point de vue financier. Si les troupes stationnées hors des frontières vivaient largement sur le pays, les caisses de l'État n'y gagnaient de manière pérenne aucune recette nouvelle, excepté les produits fiscaux en provenance des territoires nouvellement conquis[1]. Et même en intégrant ces nouvelles recettes – mais aussi les nouvelles dépenses occasionnées –, un calcul rapide montre que le bilan financier de ces guerres était très négatif. Il faudra attendre les guerres napoléoniennes et la mise sous coupe réglée

1. Encore ces taxes étaient-elles réduites par rapport à celles qui étaient prélevées sur les territoires anciens.

d'une partie de l'Europe pour que l'expansionnisme militaire français devienne financièrement « rentable[1] ».

C'est cette situation de guerre perpétuelle davantage que les dépenses de la cour, ou même celles relatives à la construction des châteaux de Versailles ou de Marly, qui expliquait l'emballement des dépenses. Ainsi, tandis que les dépenses civiles de l'État – hors charges d'intérêt – étaient restées stables à environ 30-40 millions de livres par an tout au long du règne, les dépenses militaires n'avaient jamais été en deçà de 60 millions de livres en temps de paix et étaient allées jusqu'à tripler – à 180 millions de livres –, au plus fort de la guerre de Succession d'Espagne de 1701 à 1713. Au total, si l'on y ajoute des charges d'intérêt en constante augmentation depuis la mort de Colbert en 1683, les dépenses de l'État dépassaient 150 millions de livres en moyenne. Elles franchirent les 250 millions – 264 millions en 1711 – à l'occasion de ce dernier conflit.

Mais au-delà des facteurs militaires, c'est le fonctionnement de l'État lui-même qui interdisait toute maîtrise durable des dépenses. Celles-ci fluctuaient sans grand contrôle du fait d'un circuit politique et administratif éclaté échappant à la vigilance des bureaux du contrôleur général des finances. La notion de crédit limitatif n'existait évidemment pas et le seul document s'apparentant – de très loin – à un budget était un état prévisionnel des dépenses et des recettes établi en début d'année. Techniquement, le contrôleur général n'avait aucun pouvoir sur les multiples ordonnateurs de la dépense et ne dirigeait pas, contrairement à ses lointains successeurs de Bercy, une armée de comptables publics chargés du paiement effectif des dépenses partout sur le territoire. Redoutable lorsqu'il s'agissait d'actionner la machine fiscale ou monétaire, le contrôleur général était singulièrement faible en matière de maîtrise des dépenses, chaque ministre traitant directement avec le roi lors

1. De ce point de vue, les stratégies d'alliance anglaises furent sans doute plus payantes sur le long terme.

de séances bilatérales qui prenait le nom évocateur de « travail du roi ». Lorsqu'un ministre dépensier avait arraché un arbitrage favorable du roi, il se retournait ensuite, de manière parfois peu amène, vers le contrôleur général et le mettait devant le fait accompli[1]. Autrement dit, le roi était le seul ordonnateur des dépenses sous l'influence des ministres. Le contrôleur général était là pour trouver les fonds coûte que coûte, en assignant ces dépenses de manière acrobatique sur divers fonds ou caisses. Cette situation contrastait avec les procédures suivies en Angleterre où, à la même époque, le chancelier de l'Échiquier supervisait l'ensemble des dépenses et pouvait s'y opposer si les recettes s'avéraient insuffisantes pour les couvrir.

Cette tâche ingrate et épuisante, consistant à toujours faire en sorte que l'intendance suive, le contrôleur général Chamillart (1701-1708) se dit soulagé d'en avoir été déchargé. Montesquieu, dans les *Lettres persanes*, plaignit par persan interposé « les pauvres esclaves qui avaient la mauvaise fortune de servir à l'époque comme ministres des finances ». Dans un mémoire transmis au Régent quelques semaines après son avènement, Nicolas Desmarets, dernier contrôleur général de Louis XIV, revenait sur les circonstances de sa prise de fonction en 1708. Il y décrivait un roi à la fois très conscient de la situation de ses finances et de l'extrême difficulté de la tâche, au point de se montrer incroyablement bienveillant vis-à-vis de son serviteur : « Le Roi dit au nouveau Ministre qui voulut bien s'en charger qu'il ne lui demandait pas l'impossible, que s'il y réussissait, il lui en saurait gré et que si le succès n'était pas heureux, il ne lui en imputerait pas les événements. »

On retrouve ce thème à plusieurs reprises dans le discours des principaux acteurs de ce drame financier : effrayé par la lourdeur

1. On remarquera que ces phénomènes de cour et de court-circuit ne sont pas inconnus de la pratique gouvernementale de la France du début du XXIe siècle, ce qui, de toute évidence, n'est pas davantage un gage d'efficacité dans la maîtrise des dépenses publiques que ce n'était le cas au Grand Siècle…

de la charge, Saint-Simon déclina la proposition du Régent de le nommer ministre des finances. Au moment de la faillite du système de Law en 1720, Le Peletier des Forts refusera la même proposition, arguant de l'extrême impopularité qu'il encourrait et du risque mortel qu'entraînerait cette fonction. Il faut dire qu'au vu de la liste impressionnante des ministres des finances sèchement disgraciés, sacrifiés, livrés à la vindicte populaire ou à une justice servile, voire mis à mort, depuis Philippe le Bel, ces craintes n'étaient pas totalement infondées.

Pour financer les dépenses, il y avait tout d'abord les recettes récurrentes – dites « ordinaires ». Celles-ci ne suivaient évidemment pas le rythme des dépenses. Impôts et produits divers confondus, la somme totale des recettes de l'État pouvait être estimée entre 110 et 120 millions de livres à la fin du règne de Louis XIV, avant que la création de deux nouveaux impôts directs – dixième et capitation au tournant du siècle – élève ce montant à 165 millions en 1715.

L'écart entre les dépenses et les recettes, c'est le déficit. L'accumulation des déficits, c'est la dette, elle-même génératrice de dépenses supplémentaires – les charges d'intérêt. La tâche essentielle des contrôleurs généraux des finances consistait à financer cette dette et ces déficits par tous moyens imaginables, ce que l'on nommait les « affaires extraordinaires ». Quelques chiffres jettent une lumière crue sur l'impasse financière de l'État à la mort de Louis XIV. Enclenché dès le milieu des années 1680, le cercle vicieux de la dette, des charges d'intérêt et des déficits s'était accéléré au tournant du siècle. De fait, l'équilibre budgétaire ne fut jamais atteint à partir de la mort de Colbert en 1683 et la longue guerre de Succession d'Espagne acheva de ruiner les finances du royaume.

Certes, en 1715, alors que la France était en paix depuis deux ans avec ses voisins, les dépenses militaires étaient en forte diminution, ce qui permettait à l'État de dégager un solde budgétaire primaire – c'est-à-dire hors charges d'intérêt –

positif d'environ 50 millions de livres. Cet excédent substantiel permettait de supporter une dette publique importante, mais certainement pas à hauteur de celle dont héritait le jeune Louis XV. Il ne suffisait pas, en effet, à couvrir les immenses charges d'intérêt sur une dette publique dont le volume avait triplé depuis 1700, pour atteindre le montant inédit de 2,8 milliards de livres en 1715[1]. Le service de la dette effectivement déboursé se chiffrait précisément à 86,7 millions cette même année, un niveau jamais atteint. Encore ce montant n'incluait-il pas les intérêts sur la dette à court terme, dite « flottante » – les milliers de billets et papiers divers – que l'État devait théoriquement honorer[2], charges que l'on peut évaluer à environ 40 millions de livres supplémentaires.

Même en supposant que la confiance revienne et que le taux d'intérêt sur la dette publique soit ramené à des niveaux « hollandais » de 4 % – les plus bas d'Europe –, un peu d'arithmétique montre que le royaume devait dégager et maintenir sur la durée un solde budgétaire primaire excédentaire d'environ 100 millions de livres pour seulement stabiliser la dette en proportion du PIB et rompre le cercle infernal de l'endettement et des déficits[3]. Partant d'un solde primaire de 50 millions de livres, il s'agirait donc d'améliorer le solde de 50 millions via des réductions de dépenses ou des hausses de recettes.

Si l'on estime la production nationale – le PIB de l'époque – entre 2 et 2,5 milliards de livres[4], on aboutit à un taux d'endet-

1. Somme qui recouvre l'ensemble des dettes au sens large : rentes (dette à long terme), dette à court terme (les myriades de papiers portant reconnaissance de dette sur une caisse ou sur une autre) même lorsque les intérêts afférents n'étaient pas honorés, mais aussi les offices achetés par les officiers, dont les titulaires percevaient des gages.

2. Ce qu'il avait cessé de faire depuis plusieurs années.

3. On a supposé dans ce calcul que la croissance de l'économie était de l'ordre de la croissance de la population, soit 0,5 % par an en temps de paix, et que les prix étaient stables.

4. Vauban estime ce chiffre à 2,3 milliards pour l'année 1699, estimation qui n'est pas invalidée par les travaux des historiens modernes.

tement public compris entre 110 % et 140 % du PIB. Ce ratio semble familier et peu effrayant pour le lecteur d'aujourd'hui : en ce début de XXIe siècle, le bas de la fourchette n'est pas très éloigné du niveau atteint par la France, les États-Unis et le Royaume-Uni. Quant au haut de la fourchette, il est dépassé par la Grèce et pulvérisé par le Japon, tous pays qui n'ont pourtant pas l'excuse de la guerre.

Cette similarité avec les ratios d'endettement modernes est pourtant trompeuse. Les États ont aujourd'hui une capacité à accroître les impôts qui est sans commune mesure avec un État du XVIIIe siècle : bases fiscales larges, administration beaucoup plus performante, coûts de collecte plus faibles. Et, surtout, il faut remarquer que, compte tenu du faible niveau d'impôt existant à l'époque en proportion de la richesse créée, l'effort fiscal de 50 millions de livres auquel les Français auraient dû être appelés en 1715 pour redresser les finances aurait représenté un accroissement de l'ordre de 30 % de la pression fiscale. On peut facilement concevoir le désarroi du Régent en bas de ce mur financier.

Le grand capharnaüm fiscal

À première vue, la pression fiscale semblait extrêmement basse puisqu'elle pouvait être estimée à environ 6-7 % du PIB – contre 46 % aujourd'hui. Le régime des privilèges et exonérations faisait malheureusement porter cette charge sur une faible fraction des richesses, ce qui aboutissait à la situation paradoxale que certains, souvent les sujets les plus productifs du royaume, subissaient une pression fiscale très forte. L'inégalité devant l'impôt, inégalité territoriale aussi bien que sociale, était au cœur de la constitution financière de l'Ancien Régime et c'était aussi sa principale fragilité. Concrètement, les paysans, les artisans et les négociants étaient surchargés par les impôts directs – la taille –, tandis qu'à l'inverse, la noblesse et le clergé en étaient en grande partie exonérés.

Dans son économie générale, la fiscalité du Grand Siècle finissant possédait une assez grande stabilité. Et si l'imagination fiscale des contrôleurs généraux des finances et de leurs commis était bridée, ce n'était pas par mauvaise volonté, mais du fait de la nécessité, en cas d'impôts nouveaux, d'en passer par un enregistrement houleux par le parlement de Paris, voire par une convocation des états généraux dans le cas des réformes les plus hardies. Il y avait donc peu de créativité fiscale et les assiettes et les taux étaient relativement stables.

Les impôts directs consistaient essentiellement en la taille et en ces deux nouveaux impôts introduits sous le règne de Louis XIV qu'étaient la capitation et le dixième – ce dernier étant expressément destiné à couvrir les dépenses exceptionnelles de la guerre de Succession d'Espagne et ayant vocation à être supprimé ensuite. La taille était un impôt de répartition assis sur la propriété, ce qui signifiait que son montant en était arrêté chaque année par le roi en son conseil – par adoption du « brevet de taille » – et réparti ensuite dans les différentes circonscriptions administratives. Le produit de l'impôt était fixé par les intendants au niveau des généralités et pour les plus gros contribuables. Il l'était ensuite par les receveurs particuliers des tailles. Au niveau de la paroisse, c'était le « collecteur asséeur », volontaire élu par ses concitoyens, qui se rendait chez chaque contribuable pour procéder à l'établissement de l'assiette.

En l'absence de cadastre et de déclarations de revenu permettant d'objectiver l'assiette, le prélèvement de la taille était extrêmement lent, la collecte au titre d'une année donnée n'étant intégralement recouvrée que deux ou trois ans plus tard compte tenu des difficultés à établir les assiettes et de contraindre les contribuables à verser les sommes dues. Plusieurs campagnes de collecte se superposaient, ce qui, on le conçoit, aboutissait à des situations extrêmement complexes. Du reste, le recouvrement était sujet à de nombreuses discussions, contentieux et arbitraire, ce qui faisait bien les affaires des gens de robe. L'incitation à cacher ses biens était évidente, les fraudes et la corruption monnaie courante. Tous les spécialistes de la fiscalité, comme par exemple Vauban, dénonçaient vigoureusement cet impôt injuste et arbitraire pesant sur à peine un tiers de la population.

Venaient ensuite les très nombreux impôts indirects, qui portaient soit sur la consommation soit sur la circulation des biens. Outre une armée de collecteurs, ces taxes supposaient des barrières, des péages entre les régions, des contrôles tatillons et toutes sortes de restrictions dommageables au commerce. *A priori* plus égalitaires que la taille, ces taxes se caractérisaient toutefois par des inégalités territoriales importantes, avec toutes les incitations à la contrebande que l'on peut imaginer – consistant par exemple à faire passer le sel d'une région de forte gabelle vers une région de faible gabelle. Leur nombre et leur croissance étaient l'une des grandes caractéristiques du système fiscal de l'Ancien Régime pour une raison très simple : tandis que les taxes directes souffraient de nombreuses exemptions, les taxes indirectes avaient l'immense mérite de frapper toute la population. De ce point de vue, et contrairement à la perception que nous en avons aujourd'hui, les taxes indirectes étaient alors les plus égalitaires.

L'imposition indirecte la plus massive était la gabelle, impôt sur la consommation du sel qui remontait au XIVe siècle et dont le produit atteignait entre 40 et 50 millions de livres. Mais de fait toutes les catégories de consommation étaient touchées par des taxes spécifiques d'une grande variété – les aides – : les boissons, le poisson de mer à l'entrée de Paris et de Rouen, de même que le bétail à pied fourché. Des centaines de droits spécifiques et variables d'un territoire à un autre frappaient la marque du fer, de l'or et de l'argent, les huiles et savons, l'amidon, le papier, les cartes à jouer et, à partir de 1674, le tabac, dont l'État se réservait déjà le monopole de la vente dans tout le royaume. Ces droits entretenaient une armée de milliers de commis et d'officiers qui contrôlaient, inspectaient, collectaient tout en défendant jalousement leurs statuts et privilèges.

Contrairement aux taxes directes dont la collecte était supervisée par les intendants du roi et une classe particulière d'officiers propriétaires de leur charge – les receveurs généraux des finances et les receveurs des tailles –, les impôts indirects étaient prélevés par des sociétés privées auxquelles cette mission était affermée à l'issue d'une sélection par voie d'enchères. Les fermiers sélectionnés – habituellement regroupés en une compagnie privée – s'engageaient à restituer au roi un montant de recettes déterminé à l'avance et prévu dans le contrat d'affermage. S'il y avait un excédent de collecte par rapport à ce forfait, il revenait de droit aux fermiers au prorata de leur participation dans l'entreprise. En cas de perte, elle était supportée également par ces derniers. C'était donc eux qui portaient le risque de la collecte, ce qui permettait à l'État, comme pour les impôts directs, de compter sur des rentrées fiscales assez prévisibles. C'était d'ailleurs l'une des tâches essentielles du contrôleur général de négocier au mieux ces enchères, puis d'encadrer et de suivre la bonne exécution des contrats de ferme.

Toutes les taxes indirectes faisaient l'objet de tels arrangements. Au-delà de la célèbre Ferme générale chargée de la collecte de la gabelle, on comptait des fermes particulières, sur les postes, les tabacs, le timbre, le contrôle des actes notariés. La perception d'un péage ou la seule augmentation d'un péage – le droit principal étant déjà affermé – donnait lieu à la constitution d'une compagnie fermière. Si l'association d'entrepreneurs privés à l'opération de collecte n'apparaît pas forcément choquante aux yeux du lecteur moderne – pensons à feue notre moderne écotaxe – dans le cadre d'un partenariat public/privé, le système du forfait, par lequel une entreprise privée pouvait réaliser un profit du seul fait qu'elle collecte davantage que ce qui était prévu, nous paraîtrait difficilement admissible.

Malgré tous les aléas, retards et complexités pesant sur la collecte des taxes, la lourde machinerie administrative de l'Ancien Régime parvenait tant bien que mal à assurer des rentrées fiscales relativement prévisibles : tant le système du brevet de taille que l'affermage des taxes indirectes permettaient en effet de limiter les fluctuations des recettes « ordinaires ». Cette relative stabilité contrastait avec la grande cyclicité de l'activité économique, marquée par les disettes, les aléas climatiques et les guerres. Au total, on aboutissait à cette situation bien résumée par Desmarets, dans son mémoire précité : « Le particulier règle sa dépense sur ses revenus, mais le roi règle ses revenus sur la dépense nécessaire pour la conservation de l'État. » Et l'on sait combien les « dépenses nécessaires pour la conservation de l'État » pouvaient s'entendre largement…

Cette pratique budgétaire apparaît bien étrange à l'économiste moderne. La fixation à l'avance des montants des impôts signifie de fait que ceux-ci frappaient beaucoup plus douloureusement les assujettis lorsque la conjoncture économique était faible – et c'est peu dire qu'elle le fut dans les dernières années du règne de Louis XIV. À rebours de cette méthode, il est aujourd'hui unanimement considéré qu'une saine gestion des finances publiques suppose de piloter les dépenses et de laisser fluctuer les recettes fiscales en fonction de l'activité, c'est-à-dire « laisser jouer les stabilisateurs automatiques ».

Autrement dit, et contrairement à la stratégie poursuivie par les gouvernements d'aujourd'hui, on tentait de piloter ce qu'il serait anachronique de nommer le « budget de l'État » par les recettes fiscales, dont le produit était fixé à l'avance quel que soit l'état de la conjoncture, et non par les dépenses. Pilotage à faible intensité, à vrai dire, puisqu'en réalité la jonction entre les dépenses imprévisibles et soumises à l'aléa des guerres, d'une part, et, d'autre part, des recettes ordinaires relativement stables et prévisibles était opérée par cette masse opaque et bigarrée que constituaient les recettes ou affaires dites « extraordinaires ».

Le dédale des « affaires extraordinaires »

C'est avec les « affaires extraordinaires », qui comprenaient tous les flux monétaires vers le Trésor d'origine non fiscale, que les grands argentiers successifs jouaient les Fregoli pour éviter la cessation complète des paiements. Ils y épuisaient leur talent, mais aussi leur crédibilité. Ces recettes n'étaient rien moins que de l'argent de poche. Elles jouaient au contraire le rôle indispensable d'ajustement entre les recettes ordinaires et les dépenses. C'est par leur plus ou moins grande capacité à jongler avec ces masses financières que s'usaient et se mesuraient l'habileté et l'inventivité des contrôleurs généraux des finances. Ici, il n'était pas question de réforme fiscale ou de rationalisation administrative, il s'agissait d'une politique d'expédients, destinée très prosaïquement à « faire rentrer du cash », c'est-à-dire des espèces, pour faire face aux décaissements les plus urgents.

Ces affaires extraordinaires étaient bien le lieu privilégié de l'imagination technocratique. Elles prenaient des formes très diverses. La première, la plus ancienne et la plus rationnelle pour un esprit moderne, étaient les rentes. Ces titres d'endettement étaient, depuis François Ier, émis formellement par une institution respectée, l'hôtel de ville de Paris, qui servait d'intermédiaire entre l'État et les souscripteurs. Pour rassurer leurs détenteurs, les intérêts étaient assignés sur les produits d'impôts spécifiques, désignés à l'avance – rentes sur les gabelles, sur les aides, sur les tailles, etc. Rentes le plus souvent perpétuelles, ces titres avaient pour caractéristique, intéressante pour un Trésor royal toujours aux abois, que le capital n'était en pratique jamais remboursé. Il s'agissait en fait d'investissements à fonds perdus. C'est en connaissance de cause que les riches bourgeois aliénaient ainsi définitivement leurs revenus pour acquérir un revenu fixe jusqu'à leur mort – cas des rentes viagères – ou *ad vitam aeternam* – cas des rentes perpétuelles. Bon placement de père de famille, malgré les risques de « réduction » autoritaire par l'État

– diminution du taux d'intérêt servi – ou d'affaiblissement de la monnaie, la rente partageait la plupart des caractéristiques d'une valeur immobilière : immatriculation au nom de son propriétaire, transmissions et mutations requérant des formalités devant notaire aussi longues, coûteuses et solennelles que celles d'un bien fonds.

L'inconvénient des rentes pour l'État, qui totalisaient près d'un milliard de livres en 1715, était toutefois leur incapacité à subvenir aux besoins imprévus ou simplement urgents de trésorerie. C'était un instrument en quelque sorte trop lourd, trop encombrant : toute création de rente était initiée par un édit royal soumis à l'enregistrement du parlement de Paris. Leur placement se faisait avec lenteur, sans compter le temps nécessaire à l'encaissement effectif des fonds. C'est pourquoi cet instrument rationnel devait se voir adjoindre d'autres outils, plus souples et plus expédients.

La deuxième forme d'affaires extraordinaires était la vente d'offices, mélange subtil d'emprunt, de taxation et de construction d'une para-administration publique qui nous paraît aujourd'hui très original. On ne doit surtout pas en minimiser l'importance : pour la seule année 1696, la vénalité des offices rapporta 46 millions de livres, là où la collecte de la taille ne produisit que 40 millions. Par ce procédé, l'État vendait des monopoles réglementaires. Concrètement, il créait, souvent de toutes pièces, des charges investies d'autorité de la puissance publique, comportant la perception d'un droit, d'une taxe ou une mission de contrôle sur des activités commerciales. Il en limitait l'exercice aux personnes qui voulaient bien lui acheter l'office leur ouvrant le droit de l'exercer. En contrepartie, les titulaires de ces offices se rémunéraient d'une part par les droits qu'ils percevaient sur les administrés dans le cadre de l'exercice de leurs fonctions, d'autre part par des gages, sorte de salaire fixe que leur versait l'État. Dans certains cas, l'office ouvrait à terme la voie à un anoblissement, ce qui ajoutait aux rémunérations monétaires une rétribution symbolique très appréciée au pays du « bourgeois gentilhomme ».

Du reste, ces offices étaient héréditaires – moyennant l'acquittement d'une taxe, la « paulette » – et cessibles devant notaire à toute personne qui en remplissait les conditions – généralement un minimum d'études de droit. Si l'on ajoute que ces offices étaient des titres hypothécables, on peut affirmer qu'ils constituaient des quasi-titres financiers, certes très peu liquides et aux coûts de transaction très élevés.

Certaines de ces charges, de finance ou de judicature, étaient parfaitement légitimes et trouvaient naturellement leur place dans le fonctionnement de l'appareil d'État : conseillers de parlement, intendants des finances, maîtres des requêtes, receveurs généraux des finances. D'autres, en revanche étaient des créations plus pittoresques et purement guidées par la chasse aux espèces que devait désespérément conduire le Trésor royal. Si la pratique de la vénalité des offices remontait à François Ier, c'est peu dire que Louis XIV usa et abusa de cette technique. C'est le cas de la plupart des quelque 3 000 offices créés entre 1689 et 1712. Que l'on songe à la charge de vendeur de glace et de neige à Paris, office vendu pour 10 000 livres en 1701, ou encore d'inspecteur-gourmet en vins, d'inspecteur des langues de porcs, contrôleur inspecteur des perruques[1]… Ces excès justifiaient pleinement la réflexion attribuée à Pontchartrain, secrétaire d'État de la Marine, qui aurait dit à Louis XIV : « Chaque fois que Votre Majesté crée un office, Dieu crée un sot pour l'acquérir. »

L'intérêt financier pour l'État de ces opérations était clair. Les gages étaient versés sur de nombreuses années, tandis que le versement du capital à l'État était immédiat : recette immédiate en trésorerie en échange d'une hausse pérenne des dépenses. La vénalité des offices s'analysait donc très exactement comme un

1. On ne sait si existait déjà en 1715 la très énigmatique charge de « hâteur de rôt », que mentionnera Necker dans son mémoire à Louis XVI sur la situation des finances publiques.

emprunt perpétuel, une rente, et comme telle doit être comptabilisée dans la dette publique. Souplesse supplémentaire pour l'État, celui-ci pouvait à l'occasion décréter une « augmentation de gages », mesure faussement généreuse puisqu'elle impliquait en contrepartie le versement immédiat d'un nouveau capital correspondant à la valeur actualisée des suppléments de gages futurs. On quittait alors le terrain de la rente volontairement souscrite pour entrer dans celui de l'emprunt forcé.

Le troisième type d'affaires extraordinaires recoupe des formes tellement nombreuses qu'elles doivent être rangées dans la catégorie « divers », constituant la dette flottante de l'État, pour un montant estimé à 900 millions de livres en 1715. On trouve, dans cette catégorie, un nombre impressionnant de titres qui symbolisent plus que tous autres le caractère de politique d'expédients de la gestion financière du temps : récépissés délivrés à des collecteurs d'impôt donnant à leur détenteur des droits sur la collecte future en échange d'avances faites à l'État sur la collecte présente, billets de la caisse de Legendre – billets émis par une caisse en contrepartie de dépôts volontaires en espèces auprès d'une caisse publique… D'autres produits financiers, comme les loteries, utilisées de manière subsidiaire à la fin du règne de Louis XIV, peuvent se rattacher à cette catégorie. Enfin, on y trouve de nombreux expédients : ainsi les « dons gratuits » faits de temps à autre par le clergé en échange de son exemption de la taille ou encore les emprunts contractés auprès de banquiers internationaux ou de certains états provinciaux. Dans le même ordre d'idée, il pouvait arriver également que l'État réunisse un tour de table entre officiers de finance, leur demandant simplement une avance à titre exceptionnel.

L'importance croissante prise par les « affaires extraordinaires », qui étaient par définition des recettes non pérennes, rendait difficile tout redressement financier durable. En outre, elle remettait le sort des finances du royaume entre les mains d'une catégorie d'intermédiaires inconnus aujourd'hui : les financiers.

État et financiers : des liaisons dangereuses

On a peine à comprendre aujourd'hui comment un État aussi impécunieux, à la fois illiquide et insolvable, pouvait tant bien que mal faire face à ses obligations et, surtout, continuer de trouver des prêteurs ! C'est un système d'intermédiation complexe, celui des financiers, qui accomplissait ce miracle. Ensemble opaque et mystérieux, constitué de myriades d'entreprises établies au nom d'hommes de paille pour dissimuler l'identité des bailleurs de fonds ultimes, l'historiographie moderne a permis depuis les années 1980 d'en explorer les rouages, les réseaux et les tenants et aboutissants. Monde curieux que celui de la finance, monde sans visage, honni du peuple et dénoncé de manière démagogique comme bouc émissaire par le pouvoir royal. Ce groupe était en effet universellement accusé de pervertir toutes les valeurs révérées par les élites non financières. On reprochait pêle-mêle aux financiers leur malhonnêteté, leur absence de vertu, leur naissance méprisable, voire leur impiété. Le « laquais financier », laquais devenu maître en passant de l'arrière à l'intérieur du carrosse en évitant la roue, était un poncif de la littérature satirique de l'époque. Même un auteur aussi averti que Montesquieu se laisse facilement aller à ce type de considérations pourtant très éloignées de la réalité.

Qu'ils soient receveurs généraux des finances, receveurs des tailles, titulaires d'office ou fermiers, traitants ou banquiers, le rôle de ces personnages « intéressés dans les affaires du roi » pour reprendre l'expression de l'époque ne se limitait pas, loin s'en faut, à prélever l'impôt. L'État réclamait des espèces sonnantes et trébuchantes, ils lui en fournissaient en quantité et, en contrepartie, émettaient des dettes de papier gagées par des recettes fiscales futures. À charge pour eux de placer et de faire circuler ces papiers parmi leurs associés et les grandes fortunes du pays – la haute noblesse.

Cette intermédiation pouvait prendre plusieurs formes. La plus classique était celle d'avances sur le produit des impôts. Ainsi, l'État ne pouvant supporter les lenteurs de collecte de la taille, les receveurs généraux des finances mettaient à sa disposition le produit escompté avec plusieurs mois d'avance, moyennant naturellement le paiement d'un intérêt. Dans le cas des impôts indirects, les compagnies fermières émettaient des actions au moment de leur création, ce qui leur permettait de constituer le fonds de roulement nécessaire pour avancer au roi le produit de la collecte.

Autre modalité courante, la création d'une nouvelle taxe indirecte s'accompagnait parfois du versement par les fermiers auxquels elle était confiée de la valeur actualisée des recettes escomptées. Un système similaire existait lors de la vente d'offices. Des financiers – appelés partisans ou traitants – étaient chargés de « placer » les offices auprès du public, mais effectuaient des avances dûment rémunérées à un Trésor royal qui ne pouvait souvent pas attendre la réalisation de ces ventes. En attendant de trouver un acheteur, les droits et gages attachés à l'office leur étaient attribués. On ne peut pas comprendre autrement que par ce mécanisme de pompe à finances l'intérêt de créer des compagnies dont l'objet social était la vente d'offices de contrôleur général des suifs dans les généralités de Châlons et de Metz ou encore de jurés inspecteurs contrôleurs des portes dans les généralités de Caen, Alençon et Moulins.

Entre ce groupe multiforme et la monarchie absolue avait été conclu un contrat implicite. D'un côté, un État disposant de prêteurs compréhensifs capables de pallier son incurie financière et de lui procurer le précieux métal, avec cet avantage supplémentaire qu'il n'avait en pratique jamais à rembourser ces avances puisque les financiers se remboursaient eux-mêmes sur les revenus que le roi leur abandonnait. De l'autre, des financiers prélevant des marges confortables sur le système, mais dont les perspectives de renouvellement des fermes et des traites, ainsi que la réussite des démarches en vue d'un anoblissement dépendaient de la bonne volonté du prince. D'autres menaces, telles que la vérification de leur comptabilité ou la convocation d'une chambre de justice *ad hoc* destinée à leur « faire rendre gorge », participaient également de ce contrat.

Au pire moment des crises, des renégociations s'installaient entre l'État et les financiers, aucune des deux parties n'ayant intérêt à la disparition de l'autre. Ainsi, les forfaits des fermes dont l'atteinte devenait inaccessible pouvaient être revus à la baisse. Les financiers s'engageaient implicitement à continuer leurs avances au Trésor royal, bien qu'une bonne partie des intérêts leur étant dus ne soit plus payée. En contrepartie, le roi leur délivrait des surséances[1] ou des sauf-conduits afin de les prémunir contre la faillite et les protéger contre des recours en justice qu'ils pourraient subir de la part de leurs propres créanciers.

La réalité de ce système était donc plus complexe qu'une simple mise sous coupe réglée de la monarchie par les financiers. Davantage qu'un schéma de captation des ressources de l'État, il faut y voir un équilibre subtil, déplacé en fonction de la conjoncture. Cet équilibre n'excluait pas une intrication des pouvoirs qui pouvait aller jusqu'au népotisme le plus pur : les familles des contrôleurs généraux étaient souvent liées aux milieux de finance, le plus célèbre exemple étant celui du clan Colbert.

L'État royal était donc condamné à une épuisante cavalerie qui minait son crédit : inventer de nouvelles taxes, multiplier les nouveaux offices et si possible en recevoir les produits par anticipation. Bien entendu, tous ces procédés n'étaient que des astuces de court terme puisque le desserrement présent de la contrainte de trésorerie avait pour contrepartie la dégradation des rentrées fiscales futures, celles-ci étant préemptées pour le remboursement des financiers. D'après les comptes rendus du

1. Documents officiels permettant à des financiers d'être temporairement déchargés de leurs obligations vis-à-vis de leurs créanciers sans être poursuivis en justice.

contrôleur général Desmarets, l'ensemble du système fiscal français avait été hypothéqué au bénéfice des financiers sur trois ou quatre années après la mort de Louis XIV. L'État était donc virtuellement en faillite.

Finalement, la monarchie était bien dépendante de quelques milliers de financiers. Mais, en retour, la prospérité des financiers dépendait de la survie du système, ce qui les amenait à subir sans trop rechigner les mesures de répression financière auxquelles l'État recourait à l'occasion. Là où jamais un marché financier moderne et ouvert n'aurait permis au Trésor de suivre une trajectoire budgétaire aussi insoutenable, le couple État/financiers, agissant de manière opaque et en circuit fermé, accomplissait un miracle : permettre à l'État royal de vivre au-dessus de ses moyens dans la plus grande partie des XVIe, XVIIe et XVIIIe siècles.

Le discrédit public et ses conséquences économiques

L'État payait cher son jeu d'équilibriste. En 1715, les papiers de la dette flottante, dont les intérêts n'étaient plus honorés, se négociaient couramment au tiers de leur valeur d'émission. Par conséquent, l'État ne pouvait emprunter à court terme auprès des financiers qu'à des taux d'intérêt prohibitifs. Il en était de même de la dette de long terme : si les rentes de l'Hôtel de Ville en stock, après réductions autoritaires, ne coûtaient à l'État qu'un taux raisonnable de 4 %, leur prix dans les transactions affichait une décote de 50 %. Autrement dit, l'État ne pouvait guère espérer émettre de nouvelles rentes en dessous d'un taux d'intérêt déraisonnable de 8 %. Peu de temps avant la mort du roi, l'État résolut de contracter en urgence un prêt avec le banquier Samuel Bernard en échange de billets du Trésor. Compte tenu de la dégradation de ces effets, le banquier ne consentit à cette avance de 8 millions de livres qu'en échange de divers effets royaux d'une valeur faciale de 32 millions.

En l'absence de marchés financiers organisés, nous ne disposons pas de données précises sur le niveau des taux d'intérêt. Toutefois, divers témoignages contemporains rendent compte de leur niveau élevé, circonstance d'autant plus dommageable que, dans un contexte déflationniste, ces taux nominaux se traduisaient par des taux d'intérêt réels encore supérieurs. Desmarets rapporte ainsi que la crise de trésorerie de 1709 ne fut surmontée qu'à l'occasion du retour surprise d'un bateau en provenance des mers du Sud chargé de 30 millions de livres en espèces d'or et d'argent. La moitié de cette cargaison fut prêtée au roi à un taux d'intérêt de 10 %.

Au-delà, le discrédit public contaminait les papiers émis par ces satellites de l'État qu'étaient les financiers. En 1715, l'énorme masse des effets financiers émis par tous les comptables et financiers du royaume – récépissés du Trésor, assignations, billets de Legendre, billets des fermes… – qui formaient une sorte de monnaie professionnelle dans le petit monde de la finance, manquait de débouchés et encombrait les échanges. Les financiers eux-mêmes ne pouvaient plus emprunter qu'à des conditions ruineuses. Compte tenu du poids des papiers de l'État dans les patrimoines et dans les échanges entre manieurs d'argent privés, ses défaillances interrompaient les chaînes de paiement et généraient des faillites en cascade.

Dans la même veine, de nombreux témoignages indiquent que les taux usuraires les plus modérés, ceux auxquels se finançaient couramment les petits emprunteurs, se situaient entre 12 % et 15 %. Dutot, observateur attentif de toute la période, offre un témoignage accablant sur l'état du crédit et ses conséquences sur l'économie : « Le crédit qui supplée à l'argent comptant était entièrement évanoui. Le discrédit était universel, le commerce anéanti, la consommation affaiblie de moitié, la culture des terres négligée. Le peuple désolé, le paysan mal habillé et mal nourri, débiteur au roi, à son seigneur, à l'usurier, et ne pouvait payer personne. » Et le même auteur de poursuivre en rappelant une autre conséquence politiquement et socialement lourde de sens : les revenus des terres étant couramment valorisés à des taux d'au moins 5 % ou 6 %, le prix du foncier avait fortement baissé, appauvrissant la noblesse et rendant en retour les prêts hypothécaires plus coûteux.

Afin de restaurer le crédit public, Desmarets pratiqua une vigoureuse politique de déflation à partir de 1713 par une série de réévaluations échelonnées sur deux ans pour un total de 30 % et annoncées à l'avance. L'idée était de rassurer les créditeurs, dont les créances étaient libellées en livres, en réévaluant la quantité de métal précieux correspondant à une livre. De ce regain de confiance, on pouvait attendre une hausse des cours des multiples titres de la dette à court terme, donc une baisse du taux d'intérêt auquel l'État pourrait de nouveau emprunter. Malheureusement, cette politique eut exactement l'effet inverse : elle entraîna une fuite des espèces métalliques ainsi dévaluées vers l'étranger, ce qui aboutit à contracter davantage la masse monétaire en France et, partant, à déprimer encore davantage les prix et l'activité.

Mais le phénomène du discrédit public devait provoquer et en retour être amplifié par un autre désordre : celui de la monnaie.

Pénurie et jongleries monétaires

Sous les termes de « rareté », de « resserrement » ou encore de « disette » des espèces montait alors de toute l'Europe une complainte universelle. Celle-ci se retrouve abondamment dans la correspondance des contrôleurs généraux et des intendants, dans les rapports des délégués des villes de commerce à l'administration des finances, ou encore dans les exposés des motifs des faillites. La pénurie monétaire y était dénoncée comme une cause majeure du marasme économique. De ce fait, la soif du fabuleux métal, et tout particulièrement de la part du Moloch étatique, tournait à l'obsession chez les contemporains de Louis XIV. Et le malaise n'était pas prêt de cesser : dans un autre pays et une époque plus tardive – l'Écosse de 1776 –, Adam Smith remarquera qu'« aucune complainte n'est plus commune que celle concernant la pénurie de monnaie ».

Cette perception des contemporains est corroborée par les observations des mouvements de prix de la mort de Colbert au début du XVIIIe siècle, qui concluent toutes à une déflation régulière sur l'ensemble de la période. Une telle situation ne peut durablement s'installer qu'en cas de contraction de la masse monétaire. Les estimations qui ont pu être faites de l'évolution de la masse de monnaie métallique en circulation à partir des flux d'espèces apportés et enregistrés aux hôtels des monnaies à l'occasion des réformes monétaires vont dans le même sens. La masse monétaire globale semble bien s'être contractée durant les deux ou trois décennies précédant la régence.

Et si la cause de cette contraction n'était pas un tarissement des importations de métal précieux venant d'Amérique du Sud, il faut certainement incriminer des facteurs d'origine interne. Le premier était le comportement de thésaurisation des Français régulièrement dénoncé par les contrôleurs des finances et qui explique d'ailleurs que certaines manipulations monétaires aient eu pour objet de faire sortir les espèces de leurs cachettes : comportement de précaution, défiance vis-à-vis des placements financiers et, plus généralement, dans tous types de papier.

Le deuxième était vraisemblablement l'impact sur la circulation des espèces de la ponction considérable exercée par l'État et à travers les circuits financiers suivis par les deniers royaux. À la fin du règne de Louis XIV, les seules dépenses militaires ponctionnaient jusqu'à quelque 180 millions de livres sur un volume total d'espèces en circulation qui ne devait pas dépasser 800 millions. Cette énorme masse circulait largement en circuit fermé et était soustraite au commerce courant, lorsqu'elle n'était pas exportée pour payer les soldes des troupes stationnées à l'étranger.

Enfin, tandis que d'autres pays avaient trouvé dans les institutions financières des palliatifs à la pénurie des espèces et des méthodes pour accélérer la circulation monétaire – pensons aux comptes bancaires pratiqués à Amsterdam ou dans certains États italiens –, les Français restaient farouchement attachés au paiement en espèces sonnantes et trébuchantes, même pour des sommes considérables. Dès lors, de nombreux actes patrimoniaux supposaient des transferts physiques d'espèces d'un particulier ou d'un notaire à un autre. Transactions immobilières et dots entraînaient des voiturages malcommodes et dangereux. Tous ces mouvements longs retiraient en permanence de l'argent à la circulation et aggravaient la pénurie.

Dans ce contexte, le Régent et ses collaborateurs n'avaient pas la tâche facile. Sans que l'on puisse véritablement parler de désordre monétaire, c'est peu dire que la monnaie française souffrait d'un discrédit général à la mort du grand roi. Les manipulations monétaires fréquentes de la fin du règne avaient gravement miné la confiance en la stabilité de la monnaie. Et, très classiquement, la faiblesse de la monnaie était directement liée aux difficultés financières de l'État suscitant chez les détenteurs de titres de la dette publique un doute sérieux sur la capacité du roi à s'acquitter de ses obligations en bon argent sonnant et trébuchant.

Pour comprendre les mécanismes en jeu, il convient d'en rappeler quelques éléments essentiels. L'Ancien Régime, on le sait, ne connaissait pas de banques centrales indépendantes de l'État ayant pour mandat de stabiliser les prix via le contrôle de la masse monétaire et du crédit. Dans ces conditions, la création monétaire était réalisée par des hôtels des monnaies fabriquant des espèces ayant cours légal, en or ou en argent[1], sous le contrôle de l'État. Concrètement, n'importe quel particulier pouvait y porter

1. Ils fabriquaient également des pièces en cuivre ou en étain, de moindre valeur, dites billots, utilisées dans les transactions courantes de peu de valeur. La grande majorité de la population, paysanne, utilisait soit le troc soit les billots, jamais des pièces d'or et d'argent.

des lingots ou de la vaisselle d'or et d'argent pour les faire fondre en pièces ayant cours légal. À l'inverse, il était interdit de fondre les pièces pour en faire des lingots. Cette asymétrie s'expliquait par la volonté de l'État d'accroître tendanciellement le nombre de pièces en circulation dans un contexte où, précisément, ce nombre apparaissait comme insuffisant.

La monnaie était universellement considérée comme une marchandise, possédant une valeur intrinsèque égale à celle de la quantité de métal précieux contenue dans la pièce de monnaie : ainsi, une pièce de monnaie contenant deux fois plus de métal précieux aurait un pouvoir d'achat – *i.e.* une capacité à acheter des biens ou des services – deux fois plus élevé. Deux grandes justifications théoriques étaient données au choix d'un métal précieux comme marchandise. D'une part, ces métaux étaient censés avoir une valeur relativement stable par rapport aux autres marchandises, parce que la quantité de métal sur le marché relativement aux autres biens était peu fluctuante[1]. D'autre part, l'or et l'argent possédaient des qualités intrinsèques – leur pureté, leur inaltérabilité et leur homogénéité, notamment – qui en faisaient des moyens de paiement et de réserve de valeur assez pratiques[2].

Toutefois, les pièces ne portaient pas sur elles-mêmes une quantification de cette valeur intrinsèque permettant de connaître leur pouvoir d'achat au premier coup d'œil. C'est ici qu'intervenait une autre spécificité de la monnaie de l'Ancien Régime : à

1. Il en résultait un mécanisme économique stabilisateur encore mis en avant aujourd'hui par les – rares – partisans de l'étalon-or : la quantité de monnaie en or étant à peu près constante, une plus forte croissance économique stimule la demande de monnaie au-delà de la quantité disponible, ce qui diminue la valeur – le pouvoir d'achat – des espèces et donc freine automatiquement l'expansion. Le mécanisme inverse est évidemment à l'œuvre en cas de ralentissement économique.
2. On sait que, dans l'Antiquité, bien d'autres marchandises ont été utilisées pour servir de gage à la monnaie : le sel, le blé et même le bétail (*pecus* en latin, d'où dérive l'adjectif « pécuniaire »). Par rapport à ces marchandises, les métaux précieux ont l'immense avantage qu'une certaine quantité de matière a toujours et partout la même qualité, ne s'oxyde pas et ne se dégrade pas dans le temps.

côté des diverses espèces métalliques, qui constituaient la monnaie réelle, existait une et une seule unité de compte utilisée pour fixer le prix des biens, des services et des contrats. L'introduction d'une unité de compte était nécessaire du fait de la multiplicité des types de pièces d'or et d'argent, de taille, de poids et de titre très variables. Elle permettait d'utiliser un seul système de prix, là où la seule existence de monnaies métalliques très diverses aurait nécessité de nombreuses échelles de prix parallèles et fluctuantes.

Alors que nos pièces modernes portent une valeur quantifiée mais ne sont plus des marchandises – la valeur du métal qu'elles contiennent n'a aucune importance et la valeur qu'elles signifient est gravée une fois pour toutes sur leur face –, c'est la situation inverse qui prévalait à l'époque de Law. La monnaie était une marchandise faite d'une quantité bien déterminée d'un certain métal[1] fondant sa valeur intrinsèque. Mais la quantification de cette valeur, qui permettait de connaître son pouvoir d'achat, ne figurait nulle part. C'est une décision souveraine de l'État qui décidait combien d'unités de compte – la livre tournois en France, la livre sterling en Angleterre, le gros d'argent à Amsterdam… – valait une pièce donnée. Et bien entendu, cette valeur pouvait varier dans le temps.

C'est dans cette dualité monétaire – monnaie réelle, « sonnante et trébuchante », et unité de compte – que les États trouvaient une marge de manœuvre fort utile pour améliorer leurs situations financières. Et ils ne s'en privaient pas : au cours d'un peu plus de vingt ans, de 1686 à 1709, on changea près de quarante fois les valeurs légales du louis d'or et de l'écu d'argent.

Plusieurs techniques ont été utilisées à travers l'Histoire pour drainer du précieux métal vers les caisses de l'État grâce

1. C'est la frappe de la pièce à l'hôtel des monnaies qui garantissait auprès des acteurs économiques que la pièce en question était bien constituée de ce métal (quantité et degré de pureté déterminés), donc qui certifiait la qualité de cette monnaie-marchandise. Mais en aucun cas elle ne garantissait que ladite pièce vaille une certaine quantité d'unités de compte.

aux manipulations monétaires. La plus malhonnête consistait à tricher sur la qualité des pièces. Ainsi, l'État pouvait produire des pièces en trichant sur la quantité de métal et garder dans ses caisses l'écart entre la quantité de métal censée se retrouver dans les pièces et la quantité réelle. C'est la technique utilisée par Philippe le Bel, qui était très exactement un faux-monnayage légal.

Sans recourir à ces extrémités qui posaient un problème évident de crédibilité par rapport à tous les prêteurs potentiels qui se verraient ostensiblement spoliés au moment du remboursement par l'État de ses dettes, plusieurs techniques monétaires étaient couramment utilisées pour alimenter les caisses royales en précieux métal. La première consistait dans le droit de seigneuriage dont la justification originelle était de couvrir les frais engagés pour la frappe des pièces – une rémunération pour charge de service public, en quelque sorte. Concrètement, un particulier apportait un marc d'argent, par exemple sous forme de vaisselle. L'hôtel des monnaies prélevait 1/10e de marc pour son propre compte, frappait des pièces d'argent à concurrence des 9/10e de marc restants et les restituait à leur propriétaire. Avec le droit de seigneuriage de 1/10e de marc, l'hôtel des monnaies frappait des pièces au profit du Trésor royal ; quant au particulier, il avait bien été « délesté » de 1/10e de marc dans l'opération. Il va de soi que le taux de seigneuriage était décidé souverainement par l'État et pouvait aller bien au-delà de la simple couverture des frais nécessaires à la frappe pour devenir un impôt comme un autre.

Bien entendu également, cette opération si profitable pour les caisses publiques pouvait être encouragée, voire forcée, par l'État. Le contrôleur général des finances n'avait qu'à annoncer une réformation monétaire impliquant de refrapper les pièces existantes, celles-ci étant décriées, c'est-à-dire perdant leur cours légal à compter d'une certaine date. Les particuliers n'avaient alors pas d'autre choix que de porter leurs pièces à l'hôtel des monnaies pour cette refrappe et se voyaient taxés du droit de seigneuriage[1].

La seconde méthode, la plus couramment utilisée car la plus facile et la plus rapide à mettre en œuvre, était la dévaluation de l'unité de compte. Cette opération consistait à prendre un édit modifiant la valeur en unités de compte des pièces existantes. Ainsi, la pièce de 1 écu n'était pas altérée, l'État décidait simplement que son cours ne serait plus de 4 livres, mais, par exemple, de 5. Cette opération qualifiée de « rehaussement » revenait très précisément, en langage moderne, à dévaluer ou réévaluer l'unité de compte. Du jour au lendemain, la valeur de l'unité de compte exprimée en quantité de métal précieux était modifiée.

L'intérêt de cette opération était là encore de soulager les caisses du Trésor royal et s'apparentait au prélèvement d'un droit de seigneuriage. Concrètement, afin que l'opération n'apparaisse pas douloureuse pour les détenteurs d'espèces, l'État annonçait qu'un certain type d'espèce, valant par exemple 14 livres, vaudrait désormais 20 livres après nouvelle frappe. Cela étant, il décidait simultanément d'appliquer un prélèvement de 4 livres par pièce. Le bilan de l'opération était alors le suivant. Un détenteur apportait à l'hôtel des monnaies 10 pièces de 14 livres, soit 140 livres. Par la magie de la refrappe, la valeur de ses 10 pièces s'élevait à 20 livres chacune, soit 200 livres au total. Mais l'hôtel des monnaies prélevait 4 livres par pièce, soit 40 livres, c'est-à-dire 2 pièces nouvellement frappées. Le détenteur pouvait donc s'estimer heureux puisque, s'il ne repartait qu'avec 8 pièces,

1. En pratique, toutefois, les espèces décriées ne perdaient évidemment pas leur quantité de métal. Par conséquent, il était impossible qu'elles ne vaillent « rien »... ! Leur détenteur pouvait toujours les fondre ultérieurement, en espérant un report des dates limites pour le décri, pour les faire refrapper en nouvelles espèces à l'hôtel des monnaies. Il pouvait également les faire passer à l'étranger et les échanger contre des espèces étrangères de même poids métallique. C'est pourquoi le volume de pièces effectivement portées aux hôtels des monnaies au moment des réformations était bien souvent très en deçà des attentes du gouvernement. Et c'est pourquoi aussi certaines manipulations monétaires pouvaient encourager les comportements de thésaurisation que l'on condamnait tellement par ailleurs.

ces pièces valaient 160 livres, là où ses 10 pièces anciennes n'en valaient que 140. Quant à l'État, il réalisait un gain de 40 livres, matérialisé par l'encaissement de 2 pièces sonnantes et trébuchantes.

Évidemment, le détenteur d'espèces était perdant dans l'opération puisque, au passage, la quantité de métal en sa possession avait été diminuée. Quant à l'avantage qu'il croyait avoir obtenu en possédant 160 livres au lieu des 140 initiales, il serait bientôt anéanti par la hausse des prix que finirait par provoquer la dévaluation de l'unité de compte.

Bien sûr, les manipulations monétaires pouvaient avoir lieu en sens inverse. Un édit pouvait décider de « diminuer » les espèces : du jour au lendemain, et sans qu'il soit nécessaire de porter son argent à l'hôtel des monnaies pour une refrappe, les espèces voyaient leur valeur exprimée en livres réduite, ce qui revenait à réévaluer la livre. Dans ce cas, l'État n'encaissait aucun bénéfice de seigneuriage. Au contraire, comme tous les débiteurs, il voyait la charge de sa dette augmenter puisque après avoir contracté une dette en monnaie faible, il devait à présent l'honorer en monnaie forte. Défavorable à un État lourdement endetté au premier abord, la diminution avait toutefois l'intérêt de rassurer les créanciers et on pouvait en attendre un surcroît de crédibilité payant à terme. C'est tout l'esprit de la tentative de déflation à laquelle Desmarets avait procédé en 1713-1715.

Pour compléter le paysage, on peut noter que diminution et rehaussement des espèces pouvaient se combiner astucieusement de la manière suivante : l'État procédait tout d'abord à des diminutions, ce qui lui permettait de regagner ensuite des marges pour enclencher une plus forte augmentation. Et par cette combinaison, les détenteurs d'espèces étaient naturellement plus enclins à porter leurs espèces à l'hôtel des monnaies pour procéder à la refrappe.

Ce rappel des possibilités de manipulations monétaires permises par la dualité monnaie réelle-monnaie de compte pourrait laisser penser que les contrôleurs généraux des finances disposaient là d'une arme décisive. Malheureusement pour eux, tel n'était pas le cas.

La pratique du rehaussement – la dévaluation – avait *a priori* toutes les vertus possibles : outre les gains de seigneuriage qui ont été rappelés, on pouvait en attendre un allègement général des charges d'intérêt pesant sur les débiteurs et des agents « dépensiers », au premier rang desquels l'État, et au détriment des créanciers. On pouvait également tabler sur une relance de l'activité : une masse métallique donnée valant davantage de livres, l'opération s'apparentait à un accroissement de la masse monétaire en circulation susceptible de remédier à la pénurie d'espèces. C'est la raison pour laquelle les commerçants et négociants étaient souvent – ne le sont-ils pas encore aujourd'hui… ? – du parti de la dévaluation. Pourquoi s'en priver ?

Pour autant, cette opération n'était pas une panacée. Les rehaussements finissaient par se traduire en hausses de prix, ce qui limitait leur impact favorable sur l'activité. En diminuant la valeur de nos exportations exprimées en monnaie étrangère et en renchérissant les importations, ces dévaluations dégradaient la balance commerciale, donc entraînaient des fuites d'espèces hors du royaume, ce qui en retour atténuait l'effet favorable de l'opération sur la masse monétaire intérieure. Enfin, elles pouvaient saper la confiance des prêteurs, lassés de voir leurs créances remboursées en monnaie faible.

Si elles pouvaient être utilisées ponctuellement avec profit, les manipulations monétaires à répétition s'avéraient globalement un mauvais outil de gestion macroéconomique et financier. Pire, l'abus qui en était fait au tournant du siècle déstabilisait fortement l'économie, encourageant notamment la thésaurisation.

Au moment où le Régent accédait au pouvoir, la France n'était pas à proprement parler en proie à une crise monétaire – effondrement des changes, inflation ou déflation extrême, etc. –, mais elle souffrait depuis trop longtemps d'une pénurie d'espèces encore aggravée par les diminutions de Desmarets. Surtout, les nombreuses et récentes manipulations monétaires avaient sapé la confiance des acteurs économiques. La politique monétaire était intrinsèquement liée à la soif de métal précieux et aux crises de trésorerie qui grippaient le fonctionnement de la machine étatique. Finances publiques et politique monétaire étaient les deux faces d'une seule et même pièce, aux mains d'une seule et même autorité. Il était donc difficile de jongler avec l'une sans se soucier de l'autre.

Le temps du changement

Si l'économie française souffrait de nombreux maux, la mort de Louis XIV laissait espérer quelques changements favorables, tant à la tête de l'État que dans l'état d'esprit général.

Sous la monarchie absolue, et malgré des structures étatiques déjà pesantes et élaborées, le changement, c'était d'abord le fait d'une personne. L'arrivée sur le devant de la scène de Philippe d'Orléans, neveu du feu roi, sur qui retombait la charge de gouverner le royaume durant la minorité du jeune Louis XV[1], changeait considérablement la donne politique. Tâche redoutable, car les régences étaient toujours synonymes de fragilité du pouvoir royal, voire de troubles. Philippe le savait bien, qui connaissait parfaitement l'histoire de France et avait eu tout le temps de méditer sur les avanies subies par le petit Louis XIV pendant la Fronde ou par Louis XIII durant la régence de Marie de Médicis. Les Grands du royaume risquaient de réclamer leur réintégration au cœur d'un pouvoir dont le Roi-Soleil les avait consciencieusement écartés. Quant aux parlements, tout particulièrement celui de Paris, il était évident qu'ils allaient tenter de relever une tête qui avait trop longtemps ployé sous la volonté royale. Pour toutes ces raisons, Philippe devait faire preuve de

1. Rappelons que Louis XV, arrière-petit-fils de Louis XIV, était âgé de seulement 5 ans à la mort du grand roi.

qualités manœuvrières qu'il n'avait jusqu'à présent éprouvées, il y a fort longtemps, que sur les champs de bataille, lorsqu'il allait guerroyer en Italie.

L'historiographie, on le sait, a longtemps été très sévère avec Philippe d'Orléans. Ridiculisé par les pamphlétaires contemporains, puis assassiné par Michelet, étrillé par Lavisse et dans tous les manuels d'histoire de la Troisième République, le Régent n'est réhabilité qu'à partir du milieu du XXe siècle, avec la redécouverte de son action quotidienne et de ses réussites, notamment en matière économique et diplomatique.

Curieux personnage que Philippe d'Orléans, qui sera avec Law le personnage central des années 1716-1720. Tout a été dit et écrit sur la personnalité complexe du nouveau dirigeant du royaume. Nul mieux que son ami et confident Saint-Simon n'a dépeint les méandres de son caractère, lui qui y consacre dans ses Mémoires de longues pages où la finesse psychologique et l'admiration le disputent à l'horripilement. Car cet homme d'État surdoué et remarquablement instruit, exaspérant à bien des égards, tenait beaucoup du Sphinx, ce qui ne facilite pas la tâche de l'historien qui cherche à comprendre ses choix et à les suivre dans leur sinuosité.

La principale modernité du nouveau maître du royaume résidait sans doute dans sa relation personnelle avec le pouvoir. L'historiographie moderne a fait litière de l'image de débauché et de dilettante qui lui a longtemps été accolée. De fait, plus aucun historien ne conteste que Philipe fut un travailleur acharné et papivore, et un homme d'État globalement soucieux du bien commun et de laisser à Louis XV une royauté en bon ordre. Toutefois, son implication dans les affaires de l'État semblait s'arrêter là où commençaient les nécessités de sa vie privée et ce que l'on n'appelait pas encore un « droit à la poursuite du bonheur ». Pour lui, ces deux sphères, la publique et la privée, n'avaient tout simplement aucun espace de recoupement. La vie privée devait s'entendre dans une acception étendue, assez inouïe pour un dirigeant politique de cette époque. Ainsi, la religion – en l'occurrence l'irréligion – était pour lui une affaire privée, de même que les mœurs et les distractions. Provocatrices furent ses professions publiques d'insouciance vis-à-vis de la religion, tapageuses et outrancières ses débauches privées et ses apparitions comme quidam dans les bals publics, même à une époque où la licence des mœurs était tolérée voire encouragée dans la haute aristocratie. Mais aussi déroutante que soit pour nous cette double vie à la tête de l'État, nous avons des preuves que, dès le petit matin et une fois les vapeurs d'alcool dissipées, Philippe d'Orléans se muait en homme de dossier consciencieux et souvent inspiré.

Très longtemps tenu à l'écart du pouvoir et de la cour par un oncle qui ne voyait en lui qu'un « fanfaron du vice », il ne fut propulsé brutalement au sommet de l'État qu'à l'âge tardif – pour l'époque – de 42 ans. Ne disposant pas de l'onction divine, sa vie ne se confondait aucunement avec celle de l'État et de ses pompes, au grand dam du « petit duc » pour qui les symboles étaient au cœur de l'exercice du pouvoir. Profondément réformateur et d'une grande lucidité sur les failles du système louis-quatorzien, il n'était ni révolutionnaire, ni libéral au sens où ce qualificatif pourra s'appliquer à son arrière-petit-fils Louis-Philippe.

Les contemporains ont souligné son apparent défaut de caractère, voire son extrême versatilité. Il est certain que son comportement fut souvent déroutant, autant dans sa gestion des hommes que dans celle des événements. Ami des compromis et des « moyens termes » – les *mezzo termine* que lui reproche tant Saint-Simon à maints endroits de ses Mémoires –, fuyant les conflits, ondoyant et secret jusqu'à la dissimulation, il réussit pourtant à asseoir un pouvoir de plus en plus autoritaire. Il avait parfaitement saisi l'origine de son pouvoir, plus rationnel que charismatique, plus pratique que mystique. Louis XIV faisait de la politique en jouant avec son corps et avec des symboles. Philippe, lui, devait faire de la politique en homme d'État

« moderne », avec d'autres armes : des alliances parfois contre-nature, des mensonges pas toujours très pieux, ou du moins de simples paroles. Et pour lui, « les paroles n'étaient que des paroles, c'est-à-dire très exactement des bruits qui frappent l'air », asséna le mémorialiste.

Du reste, les mots et les symboles lui importaient peu pourvu que les résultats soient au rendez-vous. À l'exaltation majuscule de la grandeur de la France et au culte de la personnalité succédait la recherche de l'équilibre politique et, même si le mot est totalement anachronique, d'une certaine efficacité. Non pas que Philippe transigeât avec les rangs et les hommages qui lui étaient dus. Ambitieux, jaloux de son autorité et de son rang, il n'avait pas hésité à intriguer pour faire valoir ses droits à la couronne d'Espagne dans le cas où le souverain espagnol, à la santé fragile, viendrait à disparaître. Mais une fois parvenu au pouvoir après l'improbable série de décès qui avaient endeuillé les dernières années de Louis XIV, il considérait que son orgueil et la recherche de la gloire devaient céder le pas lorsque les circonstances l'exigeaient.

Le Régent avait suffisamment consulté et préparé son avènement durant les mois précédant la mort de son oncle pour être parfaitement au fait de la situation économique et financière du royaume. Mais il n'était pas assuré de pouvoir imposer ni son autorité ni les réformes nécessaires aux multiples intérêts particuliers. Il devait en effet composer d'une part avec les diverses composantes et revendications de la noblesse et d'autre part avec un parlement de Paris tenté par l'émancipation et qui entendait de plus en plus outrepasser son rôle de cour supérieure de justice auquel l'avait cantonné le vieux roi pour se poser en véritable législateur ou, du moins, en colégislateur.

Son énergie, et elle était grande, était toute tournée vers la préservation du système absolutiste en en corrigeant quelques défauts et, c'était une nouveauté, en garantissant la paix extérieure, le cas échéant au prix de renoncements diplomatiques. Il y jeta toutes ses forces, sa vive intelligence, son esprit manœuvrier, et enfin sa grande curiosité pour la nouveauté. Ce prince raffiné et cultivé, ami des sciences et des arts, dont Saint-Simon a écrit que « jamais homme [ne fut] né avec tant de talents de toutes les sortes, tant d'ouverture et de facilité pour s'en servir, et jamais vie de particulier si désœuvrée, ni si livrée au néant et à l'ennui », était en définitive de la race des conservateurs éclairés qui font souvent de solides hommes d'État.

Pour contrer ses adversaires – et ils étaient nombreux : bâtards de Louis XIV, « vieille cour » partisane de l'alliance espagnole et de la lutte à outrance avec l'Angleterre, parlement à l'affût… –, il devait passer des alliances. Il traita le parlement pour faciliter son accession au pouvoir dans de bonnes conditions et avoir les mains libres au conseil de régence, ce qui supposait de faire casser le testament de Louis XIV. Mais en contrepartie, il dut faire des concessions considérables, notamment le retour au droit de remontrance et la nomination de parlementaires dans les instances dirigeantes.

S'agissant de la noblesse d'épée, il était indispensable de lui redonner du lustre et de la considération, après tant d'années de domestication et d'humiliations. Le moment était mûr. Les projets de réforme tendant à associer la haute noblesse aux décisions du souverain s'étaient multipliés dans les dernières années du règne, notamment autour du Dauphin, duc de Bourgogne, et de Fénelon. Le Régent n'eut qu'à puiser dans les projets déjà bien élaborés de Saint-Simon. Mettant fin au système tant décrié des secrétaires d'État par lequel ces simples roturiers ou nobles de robe court-circuitaient les descendants des compagnons de saint Louis, le Régent mit en place un gouvernement par conseils, la « polysynodie ». Au lieu de ministres possédant chacun un département et ne rendant compte qu'au roi, le royaume se dota de sept conseils spécialisés, toujours présidés par un duc et pair de France et associant vieille noblesse d'épée et techniciens issus de l'administration – magistrats, maîtres des requêtes, intendants des finances, etc. La désignation des présidents et chefs de ces nouvelles instances et, plus généralement, la composition de ces conseils résultèrent d'un équilibre politique subtil. La politique était descendue de l'Olympe louis-quatorzien pour entrer dans l'univers des arrangements quotidiens.

Ces solutions apportées aux questions institutionnelles étaient une condition nécessaire mais non suffisante au redressement économique et social du pays. La possibilité pour le Régent de trouver ou non des soutiens à une politique de réforme parmi les élites du royaume était évidemment cruciale. De ce point de vue, le combat n'était pas gagné d'avance. Ce que l'on commençait à appeler l'« opinion publique » – on trouve cette expression sous sa plume – était peu porté à l'économie, dans les deux sens du terme. Tout d'abord, la culture économique et financière des élites dirigeantes était proche du néant. Ni les principes économiques élémentaires, ni même les mathématiques n'entraient dans la formation usuelle de la noblesse. Saint-Simon avouait sa grande ignorance en arithmétique et l'on peut penser que la plupart des nobles dirigeants étaient hermétiques à un calcul de pourcentage. Les patrimoines fonciers étaient parfois lamentablement gérés par les meilleurs esprits. Quant au parlement de Paris, il était exclusivement composé d'officiers titulaires de leur charge et évoluant dans un milieu rentier.

Cette situation contrastait avec l'Angleterre : le parlement issu de la « Glorieuse Révolution » de 1688 était, contrairement au parlement de Paris, un véritable organe législatif et comptait en son sein de nombreux hommes d'affaires très avertis des nécessités du commerce. En dehors de cette enceinte proprement dite, les économistes et scientifiques les plus en vue participaient aux débats publics sur les sujets économiques – que l'on songe à la commission pour le développement du commerce colonial à laquelle participaient les meilleurs esprits du temps.

Quant à la propension à « faire des économies », elle n'était pas vraiment dans l'air du temps. L'heure était plutôt aux fêtes et à la bagatelle après les années d'austérité morale du couple Louis XIV-Maintenon. À cet égard, Philippe d'Orléans ne se distinguait pas de la mentalité générale de son entourage. Homme d'État papivore, soucieux de laisser au futur Louis XV un royaume aussi prospère que possible, il n'était pourtant pas précisément du genre frugal. Tantôt par faiblesse, tantôt par calcul, il ne résistait que rarement aux demandes financières souvent extravagantes de son entourage. Les considérations financières n'avaient jamais été au cœur de la politique louis-quatorzienne, elles ne le seront que par moments, par nécessité impérieuse et la mort dans l'âme sous la régence.

Pour peu que l'on soit curieux des choses économiques, on pouvait, dans la France de 1715, lire des analyses assez convaincantes de la situation économique de la France et se convaincre de la nécessité de réformes radicales. Le nom de Vauban, disgracié en 1707 pour avoir proposé une réforme radicale des impôts basée sur l'universalité et le revenu des personnes, s'impose évidemment. Outre ses remarquables qualités statistiques sur la fiscalité, la production et la démographie du temps, son ouvrage *Projet d'une dîme royale* articulait pour la première fois des considérations de technique fiscale et d'efficacité économique. L'incurie du système fiscal, son iniquité et son inefficacité y étaient dénoncées avec virulence et avec force détails statistiques.

On connaît moins les tentatives du Normand Boisguilbert, par ailleurs proche de Vauban, qui alla bien au-delà de ce dernier dans son analyse générale du circuit économique et des malheurs du temps. À deux reprises, en 1699 et en 1707, ce magistrat de Rouen avait publié comme Vauban des ouvrages sans privilège royal. Sur le ton de l'imprécation, souhaitant, selon ses propres termes, instruire publiquement « le plus grand procès qui ait jamais été traité avec la plume depuis la création du monde », il y dénonçait une fiscalité mal répartie et corrompue, tombant de manière excessive sur les marchands et les artisans. Il évoquait les conséquences désastreuses des douanes et péages, générant des fraudes massives, et qu'il rendait responsables de la faiblesse des échanges et des mouvements de délocalisation de la production à l'étranger – il évoque le cas de manufactures de chapeaux, de cartes à jouer ou de pipes. Il stigmatisait également, pêle-mêle, l'excès des prélèvements ecclésiastiques, le gaspillage des consommations improductives. Quant à sa féroce dénonciation de la bureaucratie fiscale, elle mérite d'être citée : « il faut jusqu'à dix-sept déclarations sur les liqueurs en certaines villes et un paiement à cinq bureaux différents, quoique pour le même prince et sur la même marchandise ».

Théoricien intuitif et révolutionnaire des phénomènes économiques considérés comme un circuit, il diagnostiquait également une insuffisance de la demande, elle-même cause de la faiblesse des rentrées fiscales. En termes modernes, on dirait qu'il avait compris que l'économie française souffrait à la fois d'une insuffisance d'offre et de demande. Son programme de réformes économiques découlait de son diagnostic. Et elles étaient radicales : généralisation d'une taille assise sur les revenus, suppression des aides et des douanes intérieures, liberté des grains à l'intérieur et à l'extérieur du royaume et suppression des affaires extraordinaires. Joignant l'action au verbe, il chercha sans relâche à convaincre de ses thèses les autorités politiques, en l'occurrence les contrôleurs généraux. Il semble avoir été reçu par Chamillart, mais les mémoires produits à cette occasion restèrent tout naturellement dans les tiroirs du contrôle général.

Déçu et de plus en plus amer, Boisguilbert termina son dernier ouvrage, *Factum de la France*, par une philippique brûlante où, comme l'écrit Saint-Simon, « il étalait avec tant de feu et d'évidence un si grand nombre d'abus sous lesquels il était impossible de ne succomber pas ». Ses ouvrages et lui-même connurent le même destin que Vauban : un arrêt du conseil du roi en date du 14 mars 1707 condamna l'ouvrage au pilon et un exil de trois mois dans ses terres punit l'audacieux magistrat.

Il n'y a jamais de génération spontanée en politique. L'élite politique et administrative de 1715 était évidemment la même que celle de 1714. L'exil de tel ou tel serviteur de Louis XIV que l'on jugeait trop inféodé à Madame de Maintenon n'y faisait rien. Et pas plus que les ouvrages des économistes anglais contemporains, les réflexions de ces francs-tireurs ne se trouvaient dans les bibliothèques de l'entourage du Régent. Quand celui-ci consultait sur les questions financières, il ne devait pas trouver grand monde pour lui donner la réplique.

Est-ce à dire que la cause des réformes était perdue ? Certainement pas. Voltaire, rendu certes complaisant par une solide pension, décrivit le Régent et la France comme « un prince et un peuple amoureux des nouveautés ». N'importe quel diplomate – par exemple, l'abbé Dubois, intime du Régent et appelé à un destin de Premier ministre dans la seconde partie de la régence – savait que le vent du progrès soufflait fortement de l'autre côté de la Manche. En plus d'être le théâtre d'une intense fermentation intellectuelle qui ouvrait la voie à l'esprit des Lumières, l'Europe du nord-ouest était globalement entrée dans une phase économique ascendante au tournant du XVIIe siècle. Les héros en étaient la Hollande, qui confirmait son statut de grande puissance maritime, et surtout l'Angleterre, véritable pays « émergent » du moment et qui avait commencé à affirmer sa suprématie navale au moment où le roi de France avait de fait, faute de moyens, abandonné ses ambitions maritimes. Ainsi donc les deux principaux ennemis de la France louis-quatorzienne devenaient des modèles de développement économique.

Malgré l'absence d'un débat public en matière économique, le changement était dans l'air du temps, ne serait-ce que par réaction à la terrible fin du règne précédent. Une phrase à la mode était : « cela ressemble trop à l'ancien système ». Les armateurs, les négociants internationaux, les voyageurs, les penseurs cosmopolites – pensons au jeune Montesquieu – connaissaient au moins intuitivement les maux de l'économie française. La

France avait besoin d'une plus grande circulation monétaire, d'autant plus que les instruments de crédit y étaient sous-développés. Elle souffrait d'une insuffisance d'investissement productif et d'une prééminence de la rente stérilisant et, surtout, immobilisant l'épargne. Elle réclamait un pouvoir plus libéral, politiquement et économiquement. Enfin elle avait besoin d'une vaste réforme fiscale, le système hérité du Grand siècle étant manifestement à bout de souffle.

C'est pourquoi la régence ne pouvait se contenter de gérer les affaires courantes. Elle était condamnée à innover, peut-être en s'inspirant d'exemples étrangers. Et, de fait, on allait innover.

Chapitre 2

« Un Écossais de je ne sais quelle naissance... »

> *« Un Écossais de je ne sais quelle naissance, grand joueur et grand combinateur, et qui avait gagné fort gros en divers pays où il avait été, était venu en France dans les derniers temps du feu Roi. Il s'appelait Law ; mais, quand il fut plus connu, on s'accoutuma si bien à l'appeler Las que son nom de Law disparut. »*
>
> Saint-Simon, *Mémoires*

On a peine à imaginer aujourd'hui, malgré la construction européenne, comment un étranger parviendrait à se hisser au sommet de l'État, ou même à devenir un conseiller influent ou un ministre. Une telle ascension était pourtant loin d'être inconcevable aux XVIIe et XVIIIe siècles. Après l'Italien Giulio Mazzarini au milieu du XVIIe siècle, l'Europe connaissait à l'époque de la régence plusieurs hommes d'État, Premiers ministres ou conseillers de premier plan, ayant pour double caractéristique d'être étrangers et de ne pas appartenir par leur naissance à la classe dirigeante : l'Italien Alberoni en Espagne, l'Allemand Goertz en Suède. Il faut croire qu'en cette période où les sociétés européennes attendaient des changements de « gouvernance », les souverains recrutaient des hommes nouveaux, non conformistes et instruits des réalités de la vie, voire aventuriers. C'est évidemment à cette catégorie qu'appartenait l'Écossais Law. Il aura d'ailleurs comme lointain successeur le Suisse Necker au poste de contrôleur général des finances sous Louis XVI.

Si le détour par l'enfance et la jeunesse d'un héros apparaît parfois comme un hommage obligé rendu au genre biographique, tel n'est pas le cas ici. Chez cet homme, la vie était intimement liée à l'œuvre tant de théoricien que de praticien de la chose économique et financière. Et pour comprendre au mieux les ressorts profonds de son ascension et de son action, il est indispensable d'avoir quelques lumières sur les premières étapes de sa vie. Ce parcours est riche, peu ordinaire, romanesque. Il peut contribuer à éclairer certains traits de caractère qui vont s'avérer décisifs par la suite.

Certes, s'agissant d'un homme né il y a plus de trois siècles, dont aucune lettre intime non plus qu'aucun témoignage de confident ne nous est parvenu, nous en sommes souvent réduits à des hypothèses. Imaginer Law à une table de jeu, imaginer comment il pouvait exercer sa capacité de séduction auprès de tous ceux, hommes et femmes, qui l'approchaient, reconstituer sa virtuosité rhétorique dans une langue qui n'était pourtant pas la sienne. Certes, l'Écossais à l'énergie inépuisable nous a légué une œuvre théorique importante, quantité d'écrits techniques, des réponses à des mémoires concurrents, des documents administratifs divers, des lettres officielles ou d'affaires. Nous pouvons donc assez aisément pénétrer son fonctionnement intellectuel, replacer cette belle mécanique dans le mouvement des idées de son temps. Si aucun de ces documents ne permet évidemment de percer l'homme et ses mystères, l'examen de ses débuts permet d'en saisir quelques bribes.

Une jeunesse dorée

John Law fut baptisé le 21 avril 1671 à Édimbourg, ce qui laisse supposer qu'il y naquit quelques jours plus tôt. Il était le fils aîné de William Law, l'un des hommes les plus en vue et les plus riches de la ville. William était orfèvre, lui-même fils d'orfèvre. Les témoins de baptême de John étaient eux-mêmes de riches marchands amis de son père. On n'a aucune certitude concernant l'ascendance de sa mère Jane Campbell. Certains auteurs du XVIIIe siècle l'ont apparentée à la puissante et noble famille d'Argyll, grande pourvoyeuse d'hommes politiques écossais. L'étroitesse des contacts que John entretint avec le duc d'Argyll dans les années 1704-1705, puis de nouveau dans les années 1720, peut accréditer cette thèse.

Les biographes de Law n'ont évidemment pas manqué de relever la contradiction qu'il y aurait entre sa naissance dans un milieu d'orfèvres et sa volonté future et acharnée de fonder la monnaie sur d'autres bases que le métal précieux. C'est oublier qu'à la fin du XVIIe siècle, le métier d'orfèvre n'était plus seulement un métier d'artisan de haut vol et qu'à côté des activités d'orfèvrerie traditionnelle cette profession développait de plus en plus des activités financières et commerciales élaborées proches de celles d'un banquier. Dans un univers sans banque publique et où les marchands ressentaient l'insuffisance de la masse d'espèces en circulation, le nombre d'orfèvres augmentait considérablement en Angleterre et en Écosse dans la seconde moitié du XVIIe siècle et leur rôle passait de celui d'artisan à celui de banquier et teneur de comptes au profit des marchands. Les « billets d'orfèvre » étaient alors très recherchés, malgré le risque de défaut de ces nouveaux intermédiaires financiers. Leur impact sur la circulation monétaire était loin d'être négligeable puisqu'on a pu évaluer leur volume à environ 10 % de la masse monétaire en Angleterre en 1693. William Law lui-même comptait de grandes fortunes dans sa clientèle bancaire, un entregent dont John allait naturellement bénéficier dès ses premiers pas dans le monde.

Contrairement à une idée reçue, John Law fit donc très tôt l'expérience de la capacité du papier à faciliter les échanges commerciaux et ne fut certainement pas élevé dans la vénération de l'or. Il eut tout loisir de saisir les potentialités de cette création monétaire très empirique dans un contexte de pénurie des espèces métalliques. Mais il put également observer que ce papier n'était jamais déconnecté de tout ancrage réel puisqu'il était émis en échange d'un dépôt en monnaie sonnante et trébuchante ou de la mise en gage – hypothèque – d'un titre de propriété terrienne. Un beau sujet de réflexion pour la suite de sa carrière…

Peu de temps avant la mort de son père en 1683 à la suite d'une tentative ratée, à Paris, d'extraction d'un calcul rénal, John Law partit étudier au collège d'Eaglesham. Cet éloignement d'Édimbourg dans une petite ville très reculée pouvait avoir plusieurs motivations. La première était le souci d'éloigner John d'une capitale qui commençait à être de nouveau secouée par les conflits religieux entre presbytériens et épiscopaliens. De fait, une guerre atroce, opposant les « caméroniens[1] » aux Anglais fit de nouveau rage entre 1684 et 1688. La seconde motivation, c'est que le responsable de cette école, le révérend Robert Woodrow, était un ami de la famille.

Au collège, il suivit le cursus d'enseignement secondaire classique des écoles presbytériennes de l'époque, une institution qui était l'un des rares points forts de la pauvre Écosse[2] : enseignement religieux, rudiments de culture classique et mathématiques. Law ne sera jamais un homme de lettres et de culture. Aucune référence philosophique ou religieuse n'émaillera jamais ses écrits, contrairement à la plupart des auteurs de ce temps. Pourtant, il se serait montré un excellent élève durant son séjour à Eaglesham. Il aurait notamment révélé des dons exceptionnels en mathématiques, ce qui, au vu de sa carrière ultérieure de joueur et de financier virtuose, apparaît plus que plausible. Il aurait également développé des aptitudes particulières au tennis, sport apparu en Écosse quelques décennies auparavant.

1. Mouvement presbytérien mené par Richard Cameron.
2. On note dès cette époque une progression du taux d'alphabétisation en Écosse, qui deviendra le plus élevé d'Europe vers 1750, à l'époque des « Lumières écossaises ».

À sa sortie du collège, en 1688 ou 1689, un premier « trou noir » biographique apparaît. Élève brillant et fortuné, Law ne fut toutefois pas envoyé étudier à l'université. Il faut dire que, depuis la mort de son père, il était chef de famille et à la tête d'un patrimoine mobilier très substantiel estimé à 29 000 livres sterling, sans compter les propriétés foncières de Lauriston et de Randleston dont nous ne connaissons pas le prix d'achat. La logique voulait donc qu'il se consacre à gérer et si possible à faire prospérer ses affaires en bon hobereau écossais.

Il dut dans un premier temps rentrer à Édimbourg et partager son temps entre une résidence dans la capitale écossaise et l'accomplissement des tâches de châtelain des domaines de Lauriston et de Randleston. Il paraît évident qu'il se lassa rapidement d'Édimbourg, ville qui offrait peu de possibilités d'épanouissement tant intellectuel que pour les affaires et les plaisirs. Il se sentait irrésistiblement aimanté par Londres. Ainsi qu'il l'écrivit beaucoup plus tard, « Londres étant beaucoup plus qu'Édimbourg une ville de distractions, nos gentilshommes continueront toujours d'aller chercher à Londres les emplois et les plaisirs ».

Il faut dire que la capitale de l'Écosse n'était alors qu'un gros bourg de 30 000 habitants aux rues sales, à l'urbanisme anarchique. À part le Royal Mile, aucune rue n'était pavée, la plupart des fenêtres n'étaient pas vitrées. Quant à la vie intellectuelle, elle y était des plus réduites, l'Écosse n'ayant pas réussi à faire émerger une quelconque personnalité littéraire, artistique ou politique de premier plan tout au long du XVIIe siècle.

Londres, 1690

Le contraste avec Londres était saisissant. La capitale anglaise apparaissait comme l'une des villes les plus dynamiques et les plus peuplées d'Europe – 575 000 âmes selon des estimations modernes, soit plus que Paris et ses 500 000 habitants. Elle était la ville la plus riche d'Europe et avait supplanté Amsterdam comme plaque tournante du commerce international. Elle allait bientôt devenir, et de loin, la première place financière mondiale. L'économie-monde avait basculé du côté de la Tamise.

Au-delà des plaisirs et des opportunités d'affaires que Londres pouvait offrir, elle était aussi, au tournant des années 1690, le lieu de convergence de plusieurs champs du savoir dont l'imbrication allait ouvrir la voie au monde économique et financier moderne. Cette ouverture était considérablement facilitée par la nouvelle donne politique. Le pays venait en effet d'inaugurer la première révolution politique libérale de l'ère moderne – la « Glorieuse Révolution » de 1688 – en instaurant une séparation entre les pouvoirs législatif et exécutif mettant fin aux velléités des souverains Stuart de gouverner « à la française », sous l'empire de la monarchie absolue. Dorénavant, le monarque devait compter avec les prérogatives renforcées du Parlement. Là où les décisions monétaires et financières les plus graves se décidaient en France dans le secret des antichambres de Versailles ou lors des entretiens pluri-hebdomadaires entre le roi et son contrôleur général des finances, ces questions faisaient alors en Angleterre l'objet de débats publics et de votes du Parlement, lui-même divisé entre les factions Tories et Whigs. Et lorsque des réformes importantes étaient envisagées dans ces domaines, on réunissait des comités[1] associant des parlementaires, des hauts fonctionnaires du Trésor et des experts extérieurs, une pratique appelée à un bel avenir.

En outre, le pays sortait également de plusieurs décennies de guerres civiles et religieuses et le nouveau roi, Guillaume – ci-devant stadhouder des Provinces-Unies et qui ne parlait qu'un anglais approximatif –, était partisan de la tolérance religieuse, de la liberté de conscience et laissait la presse s'exprimer librement. Cette nouvelle tolérance, cette nouvelle politique, aucune institution ne les symbolisait mieux que celle des *coffee houses*, dont la mode se répandait extrêmement vite dans les deux dernières

1. Le mot « comité », traduction de l'anglais *commitee*, était alors importé en France.

décennies du XVIIe siècle, au point que Londres en comptait environ 500 en 1700. Cette institution, qui sera imitée en France sous la régence mais sous une forme moins ouverte et moins dédiée à la conversation publique, était par excellence le lieu du débat et d'une nouvelle forme de convivialité. Contrairement aux « clubs » très élitistes qui se développeront plus tard, les *coffee houses* brassaient indistinctement gens du peuple, affairistes, commerçants, journalistes, hommes politiques, littérateurs, universitaires et étudiants. Ils fournissaient ainsi la matrice d'une véritable opinion publique informée, sensible aux rumeurs, une opinion qui à la fois raisonnait et déraisonnait sur tous sujets d'intérêt général. Les débats y étaient ouverts – simplement soumis à un code de bonne conduite généralement respecté –, et empreints d'une excitation intellectuelle stimulée par le café très fort qui y était servi. L'alcool en était banni, ce qui favorisait la sérénité des débats. Ce n'est pas un hasard si le roi Stuart Charles II, qui y voyait des « séminaires de sédition », avait tenté – vainement, car il avait dû rapidement reculer – d'interdire les *coffee houses.*

Il en existait de plusieurs sortes. Certains étaient « généralistes ». On y discutait politique – mais non de manière polémique, sous peine d'être exclu – et, surtout, on y échangeait les nouvelles du jour, on y lisait les gazettes à haute voix et on les commentait. D'autres établissements étaient plus spécialisés : à dominante littéraire, artistique, scientifique. On raconte qu'Isaac Newton tint une conférence de biologie en disséquant un dauphin sur une grande table du café *The Grecian.* Les mathématiques n'étaient pas oubliées : le même Newton poursuivait volontiers à ce même café certaines séances de la Royal Society, auxquelles participait également le grand astronome Halley. Dans certains cafés, des cours étaient mêmes dispensés et organisés à l'avance avec force publicités. Au café *Slaughter's*, l'émigré français huguenot Abraham de Moivre, ami de Newton et de Leibniz, présentait ses découvertes en théorie des probabilités à partir de 1692. Il se proposait même, contre rémunération, de calculer des probabilités de gains pour les joueurs qui venaient lui demander conseil sur telle ou telle stratégie. Compte tenu de la qualité des prestations, on comprend pourquoi l'institution des *coffee houses* était parfois dénommée « l'université à un penny[1] ».

Au-delà, Londres jouait avec la Royal Society un rôle d'avant-garde dans le domaine des sciences de la nature et de leurs applications pratiques : astronomie, mathématiques, optique, chirurgie, mais aussi horlogerie – dont les progrès étaient étroitement corrélés à l'essor de la navigation moderne. Dans le domaine de la philosophie politique, elle accueillait les esprits précurseurs des Lumières, tout particulièrement John Locke, qui accumulait alors des contributions majeures dans la plupart des domaines de la philosophie politique – Constitution, droits naturels, droit de propriété – et dans le domaine plus strictement économique – théorie et pratique monétaire. Il est d'ailleurs significatif que l'esprit de changement qui animait l'Angleterre de cette époque fit que Locke ne se soit pas confiné à la réflexion théorique, mais qu'il ait été un propagandiste infatigable de ses idées et qu'il ait acquis le statut d'expert auprès des gouvernements, expert en législation et dans les affaires monétaires.

Même s'il n'avait pas reçu de formation académique, Law avait une culture générale et des prédispositions intellectuelles plus que suffisantes pour capter les nouveautés de l'esprit. C'est durant ce séjour à Londres qu'il se familiarisa avec les outils mathématiques qui lui furent si utiles par la suite tant pour sa carrière de joueur que pour ses entreprises financières. Certes, il n'existait pas à l'époque de traité complet sur la théorie des jeux de cartes – les premiers grands ouvrages sur le sujet sont postérieurs aux années 1710, certains deviendront des sortes de best-sellers plus tard au cours du XVIIIe siècle –, pas plus que sur l'application des mathématiques aux questions de finance et d'assurance. Cela étant, il y a fort à parier que Law ait beaucoup appris « sur le

1. L'entrée dans un *coffee house* coûtait un penny.

tas », notamment en fréquentant les cafés mathématiques. Il est plus que certain également qu'il y ait croisé, voire fréquenté, son compatriote écossais John Arbuthnot, l'un des plus curieux esprits du temps. Médecin, futur accoucheur et médecin personnel de la reine Anne, il se consacrait alors surtout aux mathématiques, domaine où il laissa une œuvre prolifique, baroque et inachevée, notamment consacrée aux statistiques et aux probabilités[1]. On lui doit en particulier plusieurs manuscrits relatifs aux jeux de dés, dont Law eut forcément connaissance.

Law, comme la plupart des jeunes gens de son âge et de sa condition, fréquentait les cafés où l'on traitait des affaires publiques ou privées. Des affaires qui, bien souvent, concernaient des opérations et des pays lointains : entreprises coloniales, variation des changes, évolution du cours de la rente de l'Hôtel de Ville à Paris, fonctionnement et évolution de la Bourse d'Amsterdam… Si ce mode de vie apparemment oisif ne peut à lui seul expliquer sa future virtuosité en matière économique et financière, il lui permit d'acquérir une culture non négligeable dans ce domaine, à partir de laquelle il put ensuite élaborer sa propre vision.

Des affaires, de l'entrepreneuriat et de la fréquentation assidue de certains *coffee houses* à la réflexion économique théorique, il n'y avait parfois qu'un pas. Londres était aussi le foyer de nombreuses réflexions sur le commerce et la monnaie que propageait une foule de pamphlétaires plus ou moins inspirés et plus ou moins originaux. Avec le retour de la paix religieuse, les

1. Arbuthnot publia en 1692 une traduction d'un ouvrage du grand physicien et mathématicien Huygens sur l'analyse combinatoire sous le titre *Of the Laws of Chance*, tout en le complétant par des développements personnels sur les jeux de hasard. Il semble que le terme *probability* y ait été employé pour la première fois. Ami de Jonathan Swift et des grands satiristes anglais du moment, on lui doit notamment le personnage pittoresque de John Bull, figure de « l'Anglais moyen », un peu pataud mais néanmoins animé d'un véritable esprit d'entreprise, repris dans de nombreux ouvrages de l'époque. Esprit décidément universel, il publia aussi des ouvrages de numismatique et de diététique. Musicien amateur, il fut également ami du compositeur Haendel.

réflexions se portaient sur la meilleure manière de développer le commerce pour apporter un peu de prospérité à une population en plein essor. Sans surprise, les questions relatives à la monnaie, à sa rareté et aux moyens de l'étendre par le crédit pour stimuler le commerce étaient au cœur des débats. Ainsi, dès les années 1680, les clients des cafés de Londres étaient aux premières loges pour débattre de l'utilité de créer une banque, ou encore des meilleures façons de gérer l'emballement de la dette publique et la hausse des taux d'intérêt qui en résultait. C'est pour améliorer la gestion de cette dette qu'un compatriote écossais de Law, William Paterson, faisait circuler des projets en faveur de la création en Angleterre d'une banque d'émission destinée à financer la guerre avec la France en procurant des avances au gouvernement de Sa Majesté.

Initiation aux questions monétaires

Au-delà de la vie des affaires proprement dite, la grande question économique qui agitait le microcosme londonien des années 1690, c'était la monnaie. L'Angleterre traversait à ce moment une double crise monétaire. En plus de la pénurie d'espèces si commune en Europe, le pays souffrait d'une diminution de la qualité des espèces en circulation : aussi bien les rognages intentionnels que l'usure naturelle des pièces avaient déconnecté leur valeur faciale – exprimée en livres sterling et en shillings – de la valeur marchande du métal qu'elles contenaient. Le rognage s'était accéléré depuis quelques années puisque c'était un moyen de pallier la pénurie de monnaie. On estime que vers 1690, les pièces d'argent avaient perdu en moyenne près de la moitié de leur poids ! Cette situation entraînait naturellement de graves perturbations dans les échanges : multiplication des litiges, thésaurisation des pièces non rognées – la mauvaise monnaie chassant la bonne –, affaiblissement du change de la monnaie anglaise. Pire, un cercle vicieux de rognage des espèces anglaises, de refonte puis d'exportation des métaux ainsi collectés vers l'étranger semblait s'être enclenché.

Une première commission d'experts fut réunie par le Parlement en 1689 pour proposer des solutions, sans résultat. Le débat prit de l'ampleur à partir de 1691 quand surgit une controverse entre John Locke et le secrétaire au Trésor William Lowndes. Si les deux auteurs s'accordaient sur la nécessité de procéder à une vaste refonte des pièces d'argent, ils divergeaient sur la parité argent-unité de compte à laquelle l'opération devait être effectuée. Pour Lowndes, la refonte devait prendre acte de la diminution constatée de la quantité de métal présent dans les pièces. Dès lors, il proposait une réforme inflationniste, consistant à réformer les pièces en diminuant de 20 % la quantité de métal par rapport au cours officiel, inchangé depuis 1601. Locke, à l'inverse, suggérait de les réformer sur la base de la parité officielle, ce qui revenait à renforcer la quantité de métal des pièces actuelles sans toucher à l'unité de compte, c'est-à-dire à procéder à une réévaluation de la livre sterling.

L'intérêt de ce débat était qu'il résumait à peu près toutes les grandes controverses monétaires de l'époque – et, à vrai dire, une partie des controverses des deux siècles suivants… ! : quels sont les effets d'un changement de la valeur de l'unité de compte sur les prix ? Quel impact redistributif sur les débiteurs et les créanciers ? Plus fondamentalement, qu'est-ce qui fait la valeur d'une pièce de monnaie ? Sa valeur intrinsèque en métal ou le nombre d'unités de compte que lui attribue l'autorité politique ? La victoire de Locke, qui aboutit en 1696 à la décision du Parlement de réévaluer la livre sterling – « *Great Recoinage* » –, dut fortement impressionner Law. En effet, celui-ci resta par la suite un fervent défenseur de la théorie de la monnaie-marchandise et un opposant aux dévaluations : c'est le gage métallique qui fournit *in fine* sa valeur aux espèces, non une décision arbitraire du pouvoir politique. Et cette valeur est réglée par la loi de l'offre et de la demande en métal précieux. Par conséquent, les dévaluations – rehaussement des espèces dans la terminologie de l'époque – sont vaines et ne peuvent que produire des effets redistributifs indésirables des créanciers vers les débiteurs. En outre, cette opération ne permet pas de résoudre durablement la question de la pénurie de monnaie, puisque la hausse des prix qu'elle induit finit toujours par annuler l'impact de cette mesure.

Un esprit aussi fertile que Law ne pouvait que s'imprégner de ce climat favorable aux idées nouvelles. Rien ne prouve qu'il ait lu beaucoup de lourds traités théoriques, mais tout laisse penser qu'il écoutait beaucoup et qu'il lisait au moins de nombreux mémoires et pamphlets. De nombreuses années plus tard, alors qu'il sera contrôleur général des finances, on remarquera que son bureau ne sera jamais embarrassé de nombreux documents ou de livres. Manifestement Law lisait relativement peu et, servi par une mémoire prodigieuse, préférait l'oralité.

C'est à coup sûr lors de ces années nonchalantes qu'il commença à former ses propres doctrines économiques et financières. Des idées encore très schématiques, rarement très personnelles, sans doute. Pour devenir l'un des penseurs économiques et financiers les plus féconds de son époque, il lui manquait à la fois la pratique des affaires, notamment de la banque, et la connaissance du milieu politique. Un incident imprévu allait lui donner l'occasion de les acquérir.

Le duel

Law aurait pu continuer à mener une vie oisive, mondaine et galante tout en s'instruisant. Peut-être serait-il finalement devenu à Londres un homme d'affaires très en vue prenant, comme tant d'autres, une part active aux débats économiques et financiers de la cité. Sans doute aurait-il participé à l'essor extraordinaire du marché financier londonien. Ce qui est sûr, c'est qu'il ne se serait pas exilé sur le continent, n'aurait pas acquis une visibilité internationale exceptionnelle et ne serait pas devenu l'artisan d'une vaste réforme financière en France sans son implication dans un duel et ses suites judiciaires.

À Londres, Law ne passait pas son temps uniquement dans les cafés à s'initier aux affaires. C'était également un dandy bien en vue, un « beau », selon l'expression de l'époque. Il avait débuté en parallèle une carrière de joueur aux meilleures tables de la ville. Cette activité lui avait d'ailleurs valu quelques déboires, au moins dans un premier temps, puisqu'il avait dû en 1692 demander à sa mère de lui racheter ses droits sur la propriété de Lauriston pour honorer des dettes de jeu. Mais joueur, il l'était aussi avec les dames de la haute société. Sans être libertin, il est certain qu'il était à cette époque un séducteur professionnel, aidé dans ses entreprises galantes par sa haute taille – 1,80 m –, la beauté presque féminine de son visage et la grâce de ses manières que soulignaient tous ceux qui l'approchaient.

C'est vraisemblablement à la suite d'une intrigue amoureuse que son destin bascula le 9 avril 1694, sur le gazon de Bloomsbury Square. Ce jour-là, en effet, il se battit en duel avec un dénommé Edward Wilson, dandy fréquentant sans doute les mêmes milieux que lui et dont le nom apparaissait régulièrement dans les gazettes londoniennes aux rubriques mondaines. Les causes exactes de ce duel resteront à jamais obscures. Les minutes du procès indiquent sobrement qu'il s'agit du règlement d'une querelle ayant pour objet une certaine Madame Lawrence, maîtresse de John Law. Des échanges de lettres peu amènes entre Wilson, Law et cette dame auraient provoqué un litige ne pouvant qu'être tranché par les armes, malgré l'inexpérience des deux protagonistes en matière d'escrime.

Face au manque de précision des documents du procès et au caractère assez banal de cette affaire, il est tentant d'évoquer d'autres hypothèses plus pittoresques ou plus sordides, ce que plusieurs biographes et romanciers se sont empressés de faire. On évoque le rôle joué par Elizabeth Villiers, favorite du roi Guillaume qui aurait été également la maîtresse de Wilson et qui se serait acquis les services de Law pour éliminer cet amant devenu gênant. Pour d'autres, qui se fondent notamment sur les arguments de la famille du défunt et la circonstance que Law était notoirement impécunieux, le duel serait la conséquence d'un différend financier entre les deux protagonistes.

Enfin, une autre piste, évoquée par des documents anonymes circulant dans les années 1750, passe par des relations homosexuelles que Wilson auraient entretenues avec un aristocrate très en vue à la cour qui, lui aussi, aurait voulu se débarrasser du fameux dandy. Là encore, Law aurait joué le rôle d'exécuteur de basses œuvres, un rôle qui magnifie le côté obscur et aventurier du personnage.

Ce qui est sûr, c'est que Law ne fit jamais rien par la suite pour clarifier les choses, estimant sans doute que l'évocation de ce passé embarrassant n'était pas de nature à servir sa réputation, qui est le principal actif d'un financier. Il n'évoqua jamais les circonstances de ce duel. Son mutisme fut payant puisque tant les dirigeants politiques européens qu'il fréquenta assidûment que les mémorialistes et les satiristes, qui ne l'épargnèrent pas par ailleurs, passèrent généralement cet épisode sous silence.

Quoi qu'il en soit, l'affrontement qui aurait dû se solder par quelques moulinets et une blessure légère lavant définitivement l'affront, comme c'était souvent le cas à l'époque, se dénoua tragiquement et accidentellement à la suite d'une maladresse. Ce qui accrédite cette thèse est la circonstance qu'Edward Wilson ait été mortellement blessé dès la première passe d'arme.

Dans l'incertitude où nous nous trouvons, nous pouvons raisonnablement privilégier l'hypothèse d'une banale dispute d'honneur entre deux dandys peu habitués à se battre en duel. Si l'on ajoute la circonstance qu'ils aient été peut-être passablement éméchés – un témoignage indique qu'ils avaient passé les instants précédents à une taverne –, on tient là une version, si ce n'est certaine, du moins vraisemblable.

Law fut immédiatement arrêté et passa en jugement en flagrant délit quelques jours plus tard devant le tribunal londonien d'Old Bailey. Malgré le soutien de témoins de moralité et ses dépositions tendant à prouver que la rencontre n'avait pas été préméditée et qu'il s'agissait d'un homicide involontaire, la thèse de la préméditation fut retenue par le jury. Dans de telles conditions, la loi anglaise était claire : le duel s'assimilait à un assassinat, dont la sanction était en théorie la peine de mort par pendaison. Pourtant, cette condamnation n'était jamais prononcée dans les faits. Il faut croire dès lors qu'au-delà d'une simple querelle à propos d'une femme, les accusations portées par la famille de Wilson tendant à décrire le duel comme résultant d'un odieux chantage financier qu'aurait exercé Law à l'encontre de son adversaire impressionnèrent fortement le jury. Certains ont même suggéré que certains jurés avaient été achetés. Quoi qu'il en soit, Law fut condamné à la pendaison le 20 avril 1694.

Law demanda aussitôt sa grâce au roi Guillaume et fit vraisemblablement jouer des soutiens assez influents à la cour, notamment le duc de Shrewsbury. On a beaucoup glosé sur les raisons pour lesquelles le souverain s'impliqua personnellement dans l'affaire et, après longue hésitation, accorda sa grâce au ressortissant écossais : affaire d'État ? volonté de dissimuler des liaisons dangereuses et de faire taire des témoins gênants… ? Là encore, la vérité est sans doute plus banale. Les condamnations pour duel étaient très rares, donc susceptibles de retenir son attention. En outre, le jeune Écossais pouvait mobiliser en sa faveur quelques compatriotes influents. Il n'est même pas exclu, compte tenu de l'implication personnelle de Warristoun, secrétaire d'État aux affaires écossaises, que l'affaire ait pu interférer dans les relations politiques compliquées entre l'Angleterre et l'Écosse. Quant à son infortuné adversaire, il était très connu des gazettes et sa famille pouvait elle aussi compter sur des soutiens puissants à la cour.

Sitôt la grâce royale accordée, le frère du défunt recourut à la procédure dite d'appel pour meurtre qui entraînait un nouveau jugement. Le recours n'étant pas suspensif, Law resta en prison, cette fois-ci à la prison du Banc du Roi à Newgate, réputée pour son assez grande porosité. C'est alors qu'intervient un second épisode, encore plus trouble que le duel et le procès eux-mêmes : l'évasion de Law. Ici encore, les avis divergent sur le déroulement des événements. Évasion rocambolesque pour certains – du style de celle de Casanova de la prison des Plombs à Venise quelques décennies plus tard –, achat des geôliers par Law ou par certains de ses partisans, peut-être même avec l'accord tacite du roi. D'après le témoignage tardif – 1719 – du secrétaire d'État aux affaires écossaises, Warristoun, Law aurait dû son évasion à ses soutiens extérieurs, avec l'approbation du roi, et aurait mis bien du temps à comprendre qu'il ne s'agissait pas d'un traquenard. Encore une fois, jamais l'Écossais ne se vanta par la suite de cet épisode.

Que retenir de ces épisodes de duel et d'évasion qui ont tellement retenu l'attention et parfois épuisé l'imagination des biographes ? La première impression qui domine, c'est la grande obscurité qui entoure les circonstances et les causes de ces deux événements. Les pièces du procès sont connues, mais peu disertes. Le personnage de Wilson apparaît assez mystérieux : très introduit dans le milieu mondain de Londres, l'origine de ses ressources – pourtant immenses au vu des signes extérieurs de richesse – est inconnue, ce qui laisse penser qu'il était entretenu et protégé par un puissant personnage. Le fait que toute sa correspondance ait été détruite vient accroître ce trouble. De là à penser que Law aurait été manipulé, que sa condamnation aurait été truquée pour faire taire ce témoin gênant, il n'y a qu'un pas que de nombreux biographes ont franchi sans jamais apporter la moindre preuve. Et puis, comme il est tentant de mêler histoire de cœur, affaire d'État et évasion spectaculaire… !

Au final, et même si l'on en reste à l'explication la plus terre à terre des événements – une histoire de cœur ou une affaire d'honneur, un accident stupide, des intrigues de cour en lien avec la notoriété des protagonistes –, il n'en reste pas moins, et c'est la seconde impression, que Law apparaît sous un jour inhabituel. Il semble traverser cet épisode comme un esprit léger et superficiel, doublé soit d'un joli cœur, soit d'un maître chanteur. Cela ne correspond pas vraiment au John Law qui va réapparaître quelques années plus tard en pleine lumière et dont les principales caractéristiques seront une froideur confinant à l'insensibilité, un esprit à la fois joueur et calculateur, ainsi qu'une passion évidente pour les affaires publiques qui, si elle n'est pas désintéressée, témoignera souvent d'un authentique sens de l'État. Que deux personnalités si différentes puissent coexister en un seul homme n'est pas le moindre des défis que doivent relever les biographes de l'Écossais.

Une décennie d'apprentissage

L'itinéraire de Law à sa sortie de prison est très incertain : retour en Écosse ? exil vers la France où il aurait fréquenté, voire aurait été accueilli par les jacobites[1] rassemblés autour du prétendant Stuart à la couronne d'Angleterre Jacques II ? exil en Hollande ? Plusieurs biographes ou romanciers, se copiant les uns les autres, ont suggéré qu'il s'était réfugié à La Haye et aurait travaillé quelque temps auprès du résident anglais Matthew Prior sur les questions financières et aurait percé le secret du fonctionnement de la banque d'Amsterdam. On a pourtant de la peine à imaginer un homme en cavale, condamné à mort, devenir un agent de son propre gouvernement. Sauf s'il s'agissait d'un espion anglais qu'on voulait envoyer sur le continent, l'évasion de la prison de Newgate devenant soudain moins mystérieuse…

1. Les jacobites, partisans du dernier Stuart Jacques II – le « Prétendant » –, avaient été accueillis par Louis XIV à Saint-Germain en 1688 après leur fuite hors de l'Angleterre. Reformant une cour autour de leur souverain en exil, ils préparaient un débarquement en Écosse où ils disposaient encore de nombreux soutiens.

Au-delà des incertitudes concernant son point de chute immédiat, il faut bien reconnaître que ses pérégrinations entre 1695 et 1704, et dans une moindre mesure entre 1705 et 1714, sont peu connues. Et il s'agit d'un trou noir biographique particulièrement dommageable, puisque c'est durant cette décennie que Law le dandy à la réputation de noceur se métamorphosa en un Law économiste et financier, à la tête d'une grande fortune et ami des puissants de ce monde. Aussi en sommes-nous réduits aux conjectures qui peuvent être formées au vu de documents de police, d'actes notariés ou de simples témoignages de contemporains qui indiquent son passage dans telle ou telle ville à telle ou telle date.

On retrouve à coup sûr sa trace à Paris en 1701 où il semble s'être préoccupé des questions monétaires et financières du royaume – il fit plus tard allusion à ses réactions, cette année-là, à la création des « billets de monnaie » par le contrôleur général Chamillart. Il est également certain qu'il séjourna un certain temps à La Haye avant 1702 puisque c'est cette année-là qu'il obtint le titre de bourgeois de cette ville.

Parallèlement, certains auteurs le décrivent comme s'instruisant sur les techniques bancaires auprès des banquiers des villes dans lesquelles il séjournait. Ainsi, il semble avoir longuement étudié sur place les opérations de la banque d'Amsterdam[1], dont les opérations étaient généralement inconnues des étrangers. Installé à Gênes, il ne peut pas avoir méconnu le fonctionnement de la célèbre Casa di San Giorgio. Cette institution, fondée au XIIe siècle, était à l'origine une association de marchands ayant financé un prêt à l'État. Pour recouvrer ses créances, la Casa avait obtenu la mainmise de diverses recettes publiques, la maîtrise du commerce maritime, entretenait des armées et des flottes et concluait des traités. Parallèlement, elle assurait aussi des

1. Des biographes plus ou moins romanciers vont jusqu'à imaginer qu'il aurait séduit la femme d'un banquier amstellodamois dans le but de lui soutirer des secrets concernant le fonctionnement de la banque…

fonctions plus classiques de banque de dépôt. Nul doute que Law ait eu en tête ce modèle dans la conception de son Système une quinzaine d'années plus tard.

Ses pérégrinations dans les États italiens le rendirent également familier de tous types d'opérations portant sur les titres de la dette publique. On peut même penser qu'il alla bien au-delà de l'observation et qu'il combina avec virtuosité ses activités de joueur avec celles, encore plus lucratives, de spéculateur professionnel : spéculateur sur les monnaies, sur les titres de la dette publique et – le fait est bien établi – sur les loteries publiques, qui étaient en vogue en Angleterre, en Italie et en Hollande.

Cette activité de joueur et de financier spéculateur est parfaitement cohérente avec le choix des villes de séjour successives qui ont pu être répertoriées, bien qu'elles varient selon les auteurs : Amsterdam, Gênes, Vienne, Venise, Turin et peut-être même Londres – *incognito* et vraisemblablement sous un nom d'emprunt dans ce dernier cas du fait de son statut de fugitif. Aucune grande place financière, aucune ville en avance sur les techniques bancaires et les échanges de titres d'État ne manque à l'appel. Durant toutes ces années, Law eut tout le loisir d'observer et de se former aux techniques financières de pointe, et aux meilleures écoles. Aucune innovation financière – rôle des banques et techniques bancaires, marché boursier, achats et ventes à terme – ne put lui échapper. Il eut également le loisir d'observer de près les problèmes relatifs à l'endettement public et aux changes et d'accumuler dans ce domaine des connaissances extrêmement pointues.

Faux dilettante, faux coureur de jupon, faux naïf à la table de jeu, Law devint donc, après un séjour à Londres complété par une dizaine d'années d'apprentissage sur le continent, l'un des Européens les mieux instruits des affaires monétaires et financières. Il n'est pas étonnant que ce personnage méthodique ait pu devenir un financier et économiste de grande valeur susceptible d'avoir l'oreille des souverains européens, surtout dans les pays où la culture économique et financière faisait le plus défaut. Il lui restait à accumuler du capital social pour diffuser ses idées et vendre ses projets. Telle fut l'étape suivante de son ascension qui devait faire de lui une sorte de consultant économique et financier de luxe très prisé des grands aristocrates européens.

Retour à la lumière

Après avoir vainement tenté d'obtenir le pardon de la reine Anne en 1703, Law réapparut en 1704 sur la scène publique, cette fois en Écosse. Il s'y concentra sur les questions économiques et monétaires écossaises dans le contexte d'une union de cette nation avec l'Angleterre, une perspective qui devenait chaque jour plus probable. Cette perspective préoccupait beaucoup la classe dirigeante écossaise dans laquelle lui et sa famille comptaient plusieurs protecteurs. Au moins autant que le conflit religieux concernant les libertés que conserverait l'Église presbytérienne, la question du jour était de savoir comment la petite et pauvre Écosse n'allait pas être économiquement submergée au moment de l'ouverture des frontières par son puissant voisin du sud, fort de ses manufactures et de son nouveau système monétaire et financier. Comment pouvait-elle s'assurer de retirer tous les gains possibles d'une union qui impliquerait avant tout une libéralisation des échanges ?

Parmi les faiblesses économiques de l'Écosse, l'une faisait l'unanimité des auteurs du moment : malgré la création d'une banque d'émission sur le modèle anglais en 1695, la Banque d'Écosse, la pénurie de monnaie continuait de se faire durement ressentir. Pire, victime d'une panique bancaire, cette banque avait dû suspendre la convertibilité de ses billets en espèces métalliques en décembre 1704. Les écrits du temps fourmillent d'anecdotes concernant des affaires, notamment dans le domaine maritime, auxquelles on renonçait à cause de la pénurie de monnaie.

La balance commerciale avec l'Angleterre était lourdement déficitaire et le chômage extrêmement élevé. L'échec dramatique de la tentative d'établissement d'une colonie écossaise dans l'isthme de Panama, dont l'élite politique et financière écossaise attendait beaucoup, avait encore aggravé la situation. La voie était donc libre aux porteurs de projets visant à remédier à ce mal écossais.

Le commissaire de la reine aux affaires écossaises, le duc d'Argyll, ouvrit la session du Parlement écossais de juin 1705 en indiquant qu'il avait reçu une commission royale en vue de « préparer l'union afin d'amener la paix religieuse et de prévenir la ruine du Royaume ». Dans cette perspective, l'assemblée organisa un véritable appel à projets, invitant toute personne ayant étudié ces questions à faire connaître ses préconisations économiques pour améliorer le sort de l'Écosse. Comme à Londres quelques années plus tôt, cette initiative suscita les contributions de dizaines de *projecters* – c'était le mot de l'époque –, parmi lesquels John Law figurait naturellement en bonne place. C'est à cette occasion qu'il intervint pour la première fois, et au grand jour, dans le débat public.

Se jetant dans la mêlée avec toutes ses forces intellectuelles et son savoir-faire, il y consacra son œuvre majeure, *Money and Trade Considered with a Proposal for Supplying the Nation with Money*. Publié anonymement selon l'usage du temps[1], ce document assez court faisait le point sur les controverses monétaires de l'époque et se terminait par une proposition précise faite au Parlement écossais tendant à remplacer la monnaie métallique par une monnaie de papier émise par une banque foncière. Outre son volet monétaire, l'ouvrage recommandait également la création d'une commission commerciale destinée à orienter les activités

1. Il fut présenté comme l'œuvre d'un « gentilhomme écossais » et, si son attribution à Law fut reconnue dès cette époque, elle ne le fut formellement qu'en 1720, à l'occasion de sa première traduction en français et de sa publication en Hollande.

économiques du pays et à laquelle serait affectée une partie des taxes indirectes.

Enregistré au Parlement d'Édimbourg le 10 juillet 1705, le projet de John Law fut rejeté dès le 27. Autant dire qu'il fut à peine examiné, malgré les soutiens politiques dont l'auteur bénéficiait, notamment de la part du duc d'Argyll et de son frère Lord Islay. Il ne faut sans doute pas imputer ce rejet à une frilosité particulière des parlementaires, mais plutôt au constat que chacun pouvait faire de l'échec des banques foncières créées à Londres quelques années plus tôt. Lorsque Law écrivait sur ce sujet en 1704, ce type de projet était déjà rebattu et ce n'est certainement pas sur ce terrain qu'il faut chercher de l'originalité dans la pensée de Law.

Traversée du désert

John Law quitta son pays natal après cette déconvenue et après un nouveau refus opposé à sa demande de grâce. Il ne pouvait d'ailleurs pas rester en Écosse dans la mesure où l'acte d'union était sur le point d'être signé et comporterait évidemment une union judiciaire. Il reprit alors ses périples sur le continent, mais cette fois avec une visibilité et une notoriété accrues. On sait qu'il continua à sillonner l'Europe financière tout en poursuivant une carrière très lucrative de joueur professionnel. Il est signalé notamment à Bruxelles et, de nouveau, à Gênes, deux villes où ses talents de joueur faisaient merveille aux dires de plusieurs contemporains.

Multipliant les contacts au plus haut niveau dans ces grandes métropoles, il gagna la confiance de nombreux aristocrates. On rapporte qu'à Florence, il devint très proche du prince de Conti et du duc de Vendôme. Ce dernier, joueur invétéré et peu chanceux, devint même son obligé à la suite d'un prêt que lui consentit l'Écossais et qui lui permit de combler pour un temps ses dettes de jeu. Dans le même temps, Law continuait de travailler sans relâche à ses projets de développement du crédit public jusqu'à parvenir à des plans beaucoup plus aboutis et opérationnels que les schémas encore assez théoriques de *Money and Trade*.

C'est également durant cette période qu'il fit la connaissance de celle qui allait devenir la compagne de sa vie, Catherine Knowles. Les circonstances de cette rencontre sont mystérieuses. Catherine Knowles était une Anglaise de petite noblesse, peut-être descendante indirecte d'Anne Boleyn. D'après les rares témoignages dont nous disposons à son sujet, elle n'était ni d'une grande beauté ni financièrement un bon parti. Et, comble de difficultés, elle était mariée – à un gentilhomme anglais dénommé Seigneur, dont nous ne connaissons rien.

Quelles que soient les circonstances de leur rencontre, il est certain que la suite prit la forme d'une véritable cavale. Certains récits évoquent une sorte d'enlèvement de ladite Catherine par Law, puis une fuite en Italie, à Gênes, avant un séjour à Paris en 1706-1707. Catherine avait des parents éloignés établis en France et on ne peut exclure qu'elle les ait rejoints à cette occasion car elle semble avoir été aperçue à Paris début 1707 en compagnie d'un « Anglais » dont la description correspond assez bien à Law, si l'on en croit la correspondance du lieutenant général de police d'Argenson.

John ne quitta jamais Catherine. Il ne se maria jamais avec elle, même lorsqu'il sera parvenu au sommet du pouvoir, et quels que soient les commentaires venimeux que ce comportement pourrait susciter. Ils eurent deux enfants, qui n'eurent pas de descendants. Tout incline à penser que l'enlèvement de Catherine par Law fut un acte d'amour désintéressé et témoigne d'une audace extraordinaire pour un homme de cette ambition, à une époque où une bonne stratégie matrimoniale était un atout décisif pour une ascension sociale. Cela étant, nous ne disposons d'aucune correspondance intime et nous entrons dans une zone d'ombre dès lors que nous voulons pénétrer les sentiments de notre héros.

On ne peut savoir exactement quand Law se rendit à Paris entre 1706 et 1708 où il est signalé plusieurs fois. Il faut dire qu'il y était étroitement surveillé par la police en raison des succès étonnants qu'il obtenait à la table de jeu, et qui éveillaient nécessairement les soupçons de triche. Il fut également dénoncé en 1708 comme espion anglais au secrétaire des affaires étrangères Torcy par un membre de l'entourage du prétendant jacobite. À la suite de cette dénonciation, il fut recherché, mais sans succès, par le lieutenant général de police d'Argenson – il avait semble-t-il déjà quitté Paris pour Gênes peu de temps auparavant.

Paris était alors la capitale européenne du jeu. Les actuels 1er et 5e arrondissements regorgeaient de maisons de jeu clandestines – on en comptait entre 200 et 300 dans l'ensemble de la capitale. On jouait aussi chez les particuliers, dans les cabarets, les arrière-boutiques, les foires, et même en prison. Peu d'activités étaient aussi réglementées en théorie et aussi libres dans les faits. Ainsi, de nombreuses enclaves parisiennes échappaient à la loi commune : la cour, bien sûr, mais également les ambassades étrangères, le Palais-Royal, les bailliages de l'Arsenal et du Temple. Dans ces lieux privilégiés et souvent clandestins, la possibilité de jouer ne dépendait que du bon plaisir du maître de céans. Lieux de brassage social, les aventuriers et les filous de la plus basse extraction y voyaient s'encanailler les nobles les plus titrés et les fils de famille les plus prodigues. Sans surprise, Law y devint un joueur extrêmement réputé et prisé de la haute aristocratie. On sait qu'il fréquentait trois maisons de jeu parisiennes parmi les plus courues du moment : l'hôtel de Gesvres, l'hôtel Poisson et la résidence de la célèbre comédienne Duclos. Il jouait non pas aux sages « jeux de commerce », qui supposaient d'élaborer une stratégie, mais plutôt aux jeux de hasard, où tant sa mémoire que ses capacités en calcul de probabilité faisaient merveille.

Son jeu de prédilection était le jeu de cartes le plus simple et le plus banal de l'époque : le pharaon. Ce jeu de hasard pur faisait s'opposer des joueurs – « pontes » –, misant sur des cartes, et un « banquier » soldant les comptes. Les règles du calcul de probabilité font que les espérances de gain étaient plus élevées pour le banquier, mais celui-ci prenait en contrepartie des risques plus importants que les joueurs. Ces mécanismes commençaient justement à être découverts par les mathématiciens. L'un d'eux, le Français Pierre Rémond de Montmort, lui-même formé en Angleterre, en Hollande et en Allemagne et en correspondance épistolaire avec les probabilistes Nicolas Bernoulli et Abraham de Moivre, venait de publier en 1708 un *Essai sur l'analyse des jeux de hasard*. Dans cet ouvrage particulièrement clair, il appliquait les nouveaux outils de l'analyse combinatoire inaugurés par Blaise Pascal cinquante ans plus tôt à des situations de jeu de cartes concrètes.

Conformément aux recommandations découlant du calcul des probabilités, Law tenait le rôle du banquier et, à ce titre, manipulait des sommes considérables qui pouvaient atteindre 100 000 livres d'après certains témoignages. On raconte que, ne pouvant matériellement se déplacer avec de telles sommes en pièces d'or, il s'était fait fabriquer des jetons frappés à son effigie et représentant chacun 18 louis d'or – une monnaie purement fiduciaire avant la lettre…

On ne dispose pas de description de première main de John Law à la table de jeu. Dans un climat pourtant tendu et propice aux effusions et aux excès de langage, on sait toutefois qu'il impressionnait beaucoup par son impassibilité et la parfaite maîtrise de ses émotions. Tant sa haute taille que ses manières très policées, son élégance et son accent[1] en faisaient une véritable attraction. Plusieurs chroniqueurs contemporains notent ses manières « douces et insinuantes[2] », expression toutefois très rebattue à l'époque, et dont on doit se garder de

1. Selon Saint-Simon, « il avait une très bonne élocution » et « il se faisait parfaitement entendre et comprendre, quoiqu'il y eût beaucoup d'anglais dans son français »…
2. Le terme « insinuant » avait une connotation très positive, synonyme d'« attirant » ou d'« engageant ».

tirer des conclusions définitives. On peut cependant en déduire que Law possédait au plus haut point ces qualités de sociabilité qui étaient alors la marque du véritable homme du monde sûr de lui-même et de ses valeurs.

Ces activités nocturnes – et lucratives – ne l'empêchaient pas de poursuivre avec ténacité ses vastes projets de réforme financière. Bien au contraire, elles lui procuraient l'occasion d'entrer en contact avec des personnalités politiques françaises qui allaient l'amener progressivement à jeter son dévolu sur notre pays.

Ainsi, il fit la connaissance du duc d'Orléans dès 1707 par l'intermédiaire de l'intrigant abbé de Thésut, proche de la princesse palatine et conseiller du duc pour les affaires religieuses. Il approcha aussi le prince de Conti auquel il présenta des projets de banque, lequel en informa le duc de Bourgogne, petit-fils du roi, mais apparemment sans suite.

Surtout, il parvint à entrer en contact avec le contrôleur général des finances Chamillart, ou du moins à lui faire passer fin 1706 un *Mémoire touchant les monnaies et le commerce*, premier document de sa main qui nous soit connu depuis *Money and Trade*. Ce mémoire développait, en français, ses thèses sur l'intérêt de créer une banque publique. Chamillart l'étudia et l'annota minutieusement, ce qui confirme que Law jouissait déjà d'une solide réputation et n'était plus considéré par les autorités françaises comme un simple joueur professionnel et espion potentiel dont les allées et venues devaient être surveillées par la police.

De retour à Gênes, il continua, par l'intermédiaire des relations qu'il avait nouées à Paris – notamment avec le marquis de Lassay – ou en Italie – avec le prince de Conti – à transmettre des mémoires sur les banques au nouveau contrôleur général des finances, Nicolas Desmarets. Mais de nouveau ses tentatives restèrent infructueuses.

Ses activités de 1709-1710 restent inconnues. On retrouve sa trace à partir de 1711 à Gênes puis à Turin comme conseiller très écouté du duc de Savoie Victor-Amédée II dans le domaine des finances publiques. Lors de ce séjour, il écrivit en italien un mémoire détaillé prônant la création d'une banque d'État permettant à la fois de développer le crédit et de faciliter l'amortissement de la dette publique. Les discussions allèrent très loin et Law semble avoir entretenu des relations quasi amicales avec ce souverain. Toutefois le projet n'aboutit pas, sans doute en raison des réticences de l'entourage de Victor-Amédée II.

Sans doute déçu par ce nouvel échec, Law s'en retourna ensuite à La Haye où il avait déjà longuement séjourné quelques années plus tôt. On retrouve la trace d'un achat d'une maison dans cette ville et l'ouverture d'un compte à son nom à la banque d'Amsterdam au premier semestre 1712. Il s'y adonna à diverses activités spéculatives, notamment sur les loteries publiques, et réalisa des profits considérables par des procédés qui nous sont inconnus mais qui suscitèrent l'indignation des autorités.

L'installation en France

À partir de la mort du duc de Bourgogne en 1712, dernier héritier direct de Louis XIV en âge de régner, la régence du duc d'Orléans pouvait être tenue pour acquise et Law savait que la curiosité et l'ouverture d'esprit de ce prince ne pouvaient que faciliter ses entreprises. Dès lors, pour mettre en pratique ses idées innovantes, la France devenait une cible beaucoup plus intéressante que le petit et pauvre duché de Savoie ou que la riche Hollande déjà très avancée en matière d'ingénierie financière. C'est pourquoi il intensifia ses contacts avec la France en 1712 et 1713. Il choisit finalement de s'installer à Paris fin 1713, bien décidé à saisir les opportunités que portait en lui le prochain changement de régime. Il investit dans des rentes de l'Hôtel de Ville en novembre. L'ambassadeur d'Angleterre en France, Lord Stair, comme lui gentilhomme écossais et avec lequel il s'était lié d'amitié en 1705 lors de son séjour en Écosse, rapporte qu'il dîna avec lui à Paris fin janvier 1714. Du reste, dès le mois de décembre 1713, Law sollicita de nouveau, et à plusieurs reprises, une audience auprès de Desmarets pour lui exposer ses projets. On ne sait s'il obtint satisfaction au cours de l'année 1714 mais, en tout état de cause, cette nouvelle tentative ne déboucha sur aucun résultat tangible avant le printemps 1715.

Ses affaires françaises ne devaient d'ailleurs pas avancer selon ses souhaits puisque la mort de la reine Anne survenue durant la même période l'incita à refaire une demande de grâce – et, au passage, une offre de service – auprès de la couronne britannique. Son ami Stair plaida sa cause auprès de ses supérieurs à Londres, estimant qu'un homme aussi compétent dans les matières financières pourrait bien rendre de signalés services à l'Angleterre. Une nouvelle fois, cette démarche fut un échec, mettant fin de manière définitive à une carrière financière outre-Manche. C'est donc en France, et en France seulement, qu'il fallait forcer le destin. Pour ne laisser aucun doute sur ses intentions, il acquit un logement place Vendôme, acheta un équipage somptueux et mena grand train.

Son horizon s'éclaircit subitement à la suite d'une audience que le contrôleur général lui accorda enfin au mois de mai 1715. Quelques jours plus tard, il transmit à un Desmarets désemparé face au vide de ses caisses et submergé par un flot de papiers d'État discrédités un *Mémoire sur l'acquittement des dettes publiques*. Dans ce document assez abscons, il se gardait de préciser ses projets, réclamant avec un aplomb déconcertant qu'« avant de s'ouvrir sur la nature de son projet ou de la manière qu'il se propose de le conduire, il plaise au Roi d'agréer qu'il en aura l'entière direction[1] » ! Sur le fond, et après avoir cruellement rappelé à quel point la diminution des espèces de 1713 n'avait en aucune manière ramené la confiance, il se contentait de faire miroiter une entreprise dont il aurait la direction, dont il

1. Dans ses écrits, Law parle curieusement de lui le plus souvent à la troisième personne.

se réserverait le quart des profits et dont les trois autres quarts seraient dédiés à l'amortissement de la dette publique sur vingt ans. L'auteur ajoutait sur un ton mystérieux que cette entreprise permettrait également de fournir du crédit aux négociants du royaume à un intérêt modique.

On ne sait quel rôle joua ce texte dans l'accélération des événements au cours de l'été. Coup sur coup, c'est dans deux lettres ultérieures également adressées à Desmarets, en date respectivement des 25 et 31 juillet, et dans un *Mémoire sur les banques* daté du même mois que son projet prit forme. Dans ces documents très pédagogiques, il rappelait les expériences bancaires étrangères et traçait les contours de la banque qu'il souhaitait établir en tenant compte du contexte français particulier – monarchie absolue et méfiance du public pour la monnaie de papier. Le *Mémoire sur les banques* se concluait par un projet de lettre patente créant ladite institution. Le projet était donc suffisamment avancé et le « projeteur » prétendait avoir obtenu suffisamment de garanties pour affirmer que la banque pouvait ouvrir dès le 10 août... ! Solidement installé dans l'*establishment* monarchique, John Law était désormais placé sur une trajectoire ascendante qui pourrait sans difficulté traverser les tourbillons politiques créés par le décès inévitablement proche du vieux roi. À partir de cette date, et malgré plusieurs déconvenues ultérieures, Law entra dans les premiers cercles du pouvoir pour ne plus en sortir.

Law, penseur économique et financier de 1715

Durant les derniers mois du règne de Louis XIV, Law était donc devenu un conseiller fort écouté du contrôleur général. Il est probable que ses projets aient été évoqués par ce dernier devant Louis XIV en personne, même si le déclin du vieux roi ne lui permit pas de prendre une décision. À 45 ans, Law était au meilleur de ses capacités intellectuelles et de sa créativité. De son propre aveu, il avait eu le loisir de méditer longuement et d'acquérir une expérience pratique des lois de la finance et de la monnaie. Et même si l'avenir allait l'obliger à corriger ses conceptions initiales, son système intellectuel était déjà bien arrêté en 1715. Ces conceptions étaient-elles vraiment novatrices et hétérodoxes ? Comment s'inscrivaient-elles dans les écrits du temps ?

Money and Trade et les multiples mémoires de Law qui nous sont parvenus et qui couvrent la décennie 1705-1715 constituent de toute évidence une œuvre économique de premier plan. Malgré ses fulgurances, elle n'est toutefois pas entièrement originale et doit être replacée dans le mouvement d'une pensée économique alors en pleine fermentation, au sein d'un milieu que Law avait fréquenté de près ou de loin, tant lors de son séjour à Londres que lors de ses pérégrinations en Europe. Aussi génial soit-on, on n'écrit pas une œuvre économique majeure sans avoir au préalable été profondément imprégné des débats contemporains et avoir éprouvé ses idées au contact de quelques-uns des meilleurs esprits du temps.

La difficulté que l'on rencontre pour évaluer l'apport spécifique de Law réside dans ce que l'analyse économique au tournant du siècle peinait à se dégager d'une sorte de soupe primordiale où se formaient toutefois quelques astres de grande magnitude. Loin d'être une discipline universitaire, l'économie n'était alors qu'un genre intellectuel mineur, pratiqué par des aventuriers de la pensée et, surtout, par des praticiens. Nous sommes encore loin des systèmes économiques abstraits et complets bâtis à partir de la seconde moitié du XVIIIe siècle qui tentent de rendre compte à la fois des variations de la balance commerciale, de la croissance des populations, ou encore des mouvements des salaires et des prix, des profits et des rentes.

Maniant une langue profuse, des expressions maladroites, des concepts approximatifs et des raisonnements parfois naïfs, c'est peu dire qu'aucun économiste de l'époque n'était capable d'exprimer une pensée parfaitement claire, encore moins de bâtir un système explicatif global. Aucun de leurs écrits n'approche de la limpidité d'un Turgot, de la puissance synthétique d'un Adam Smith ou de la capacité d'abstraction d'un Ricardo.

Ces auteurs, venus d'horizons intellectuels et professionnels très disparates, ne formaient absolument pas un groupe homogène, encore moins un milieu scientifique. Leurs métiers et compétences d'origine étaient pour le moins divers. Ils cumulaient souvent de nombreuses activités : ils étaient chirurgiens, hommes d'affaires, mathématiciens, commerçants, ingénieurs, physiciens. Les textes en circulation étaient souvent anonymes – Law n'échappe pas à la règle et l'on n'est pas sûr de la paternité de certains des écrits que la tradition lui attribue. En outre, les ouvrages étant peu diffusés et ne comportant que très peu de citations d'auteurs économiques – les références bibliques ou à de grands classiques de l'Antiquité l'emportent largement sur les citations de contemporains –, il est à peu près impossible d'établir des filiations entre auteurs, encore moins d'identifier des écoles de pensée.

Dans sa monumentale *Histoire de l'analyse économique*, Schumpeter s'est pourtant essayé à classer en deux catégories les auteurs économiques du tournant du siècle. La première est celle des « administrateurs-consultants ». À cette classe appartiennent les Vauban et les Boisguilbert en France sous le règne finissant de Louis XIV, Dutot, Melon et Montesquieu sous la régence et jusque dans les années 1730. En Angleterre, Petty, Locke, Davenant et le Franco-Irlandais Cantillon sont à ranger dans cette mouvance. Bien introduits dans l'*establishment*, ces auteurs étaient le plus souvent banquiers, créanciers de l'État, négociants, responsables administratifs, magistrats, ou encore membres du parlement. Ils avaient par leurs titres ou leurs capacités d'expertise reconnues un accès direct aux puissants. En Angleterre, ils siégeaient dans les multiples commissions et autres enceintes qui traitaient des questions économiques et financières.

La seconde catégorie est celle des « pamphlétaires » – au sens anglais du terme, qui serait plutôt un intermédiaire entre « essayiste » et « polémiste ». Selon Schumpeter, « les pamphlétaires constituaient une foule très mélangée » et étaient des « auteurs de plans – souvent des maniaques – mus par une idée fixe », hommes d'une seule idée qu'ils essayaient littéralement de « vendre » aux dirigeants politiques. Le rapide développement des possibilités d'impression et de publication facilitait leur prolifération et la propagation de leurs idées en Europe. L'Angleterre et l'Écosse étaient un terreau naturel pour cette catégorie. Car, comme le souligne encore Schumpeter, « il n'existait nulle part ailleurs d'incitations aussi fortes pour tous ceux qui avaient personnellement intérêt à influencer l'opinion publique ». Tel était le cas, par exemple, des nombreux promoteurs de banques publiques ou privées et les nombreux *projecters* d'Édimbourg savaient concilier dans leurs projets leurs intérêts bien entendus et le souci du bien public. Les exemples typiques en étaient des hommes aussi hauts en couleur que Chamberlen ou Paterson, inlassables promoteurs de projets bancaires en Angleterre.

La grande originalité de John Law tient à son appartenance à ces deux catégories à la fois. De l'administrateur-consultant, il a l'envergure intellectuelle, la prétention d'appréhender le fonctionnement du système économique dans son ensemble et, pour atteindre ses fins, la capacité de se lancer dans le grand bain de la grande et de la petite politique. Du pamphlétaire, il a l'énergie bonimenteuse, la capacité inépuisable à monter des projets, relancer ses interlocuteurs et chercher des financements.

Au-delà de leur extrême diversité, ces auteurs possédaient un point commun important : ce qu'ils étudiaient, c'était les problèmes pratiques immédiats qui se posaient à la politique économique, problèmes qui étaient ceux des États en pleine affirmation d'eux-mêmes : Quel est le bon niveau de la masse monétaire métallique ? Faut-il dévaluer ou réévaluer la monnaie ? Faut-il interdire l'exportation des espèces et des lingots d'or et d'argent ? Faut-il recourir à des loteries pour financer un déficit public ? Faut-il plafonner le taux de l'usure ? En revanche, ils négligeaient les analyses plus théoriques, dont certaines devaient être au cœur des préoccupations économiques des grands auteurs classiques à partir d'Adam Smith, comme la répartition du revenu national entre salaires, rentes et profit ou encore le fondement de la valeur d'échange d'une marchandise.

Malgré toutes leurs imperfections, les écrits de cette époque recèlent parfois des trésors. C'est le moment où, selon la belle formule de Schumpeter, « le capitalisme commença à prendre analytiquement conscience de lui-même ». La principale réussite de cette génération est l'intégration de la question monétaire dans l'étude des phénomènes économiques. Les auteurs de l'époque analysaient en effet l'économie en termes monétaires, ne considérant pas comme leurs successeurs classiques à partir de la fin du XVIIIe siècle que la monnaie était un voile. Pour eux, la monnaie, tant par sa qualité que par sa quantité, pouvait troubler durablement le jeu des échanges et engendrer le marasme économique ou au contraire favoriser l'activité.

En particulier, ils analysèrent avec soin l'impact des manipulations monétaires sur les changes, la balance commerciale et les prix, sans oublier leurs effets redistributifs entre les créanciers et les débiteurs. On doit à Locke, au moment de la controverse avec Lowndes, la première tentative de formulation de la théorie quantitative de la monnaie selon laquelle les mouvements des prix sont déterminés par les évolutions de la masse monétaire. Pour autant, ces auteurs étaient suffisamment pragmatiques pour se rendre compte qu'à court terme, et en situation de dépression économique, un accroissement de la masse monétaire pouvait entraîner une hausse de l'activité et une baisse du chômage plutôt qu'une montée des prix.

De ce point de vue, c'est certainement Law qui, dans *Money and Trade*, va le plus loin dans le raisonnement, en analysant les effets bénéfiques à court terme d'une relance monétaire. Il identifie deux canaux de transmission des mouvements monétaires à l'économie réelle : un effet d'encaisses préalables – le financement du besoin en fonds de roulement des entreprises – et l'évolution des taux d'intérêt. Il n'est pas excessif de voir dans ses réflexions les prémisses des analyses keynésiennes et monétaristes du XXe siècle, suggérant un rôle important des banques centrales dans la régulation macroéconomique. On peut même soutenir, à la suite de Keynes et de Schumpeter que, de ce point de vue, les analyses des auteurs classiques des générations suivantes – Smith, Ricardo, Mill… – furent une sorte de régression dans l'histoire des idées. Quelle que soit la puissance conceptuelle des classiques dans d'autres domaines, il est certain que leur volonté d'aborder l'ensemble des phénomènes économiques uniquement en termes réels – la monnaie n'étant qu'un « voile » et les biens semblant s'échanger directement contre d'autres biens – paraît éloigner l'économie de la vraie vie.

Mais c'est sans doute sur la question du crédit qu'apparaît avec le plus de clarté la rupture conceptuelle d'avec les générations antérieures. Il est évident que le problème lancinant de la pénurie monétaire amenait la plupart des auteurs anglais à réfléchir au crédit bancaire comme levier de multiplication des moyens de paiement. Même s'il est difficile d'avancer des chiffres précis, on peut estimer que l'Angleterre de la seconde moitié du XVIIe siècle connaissait une phase de croissance économique portée à la fois par la paix religieuse retrouvée, la hausse – avérée – de la population et l'amélioration de la productivité agricole. Cette évolution favorable se traduisait par une autosuffisance alimentaire, par une modération des prix de l'alimentation courante et par l'accroissement d'un commerce extérieur soutenu par la politique coloniale initiée par Cromwell et poursuivie systématiquement par la suite. Dans ce contexte, il apparaissait clairement aux observateurs que la masse monétaire métallique serait structurellement insuffisante quelles que soient les manipulations que l'on pouvait faire. Quant aux multiples formes de crédits privés basés sur la confiance interpersonnelle qui s'étaient développés aussi bien en France qu'en Angleterre – billets d'orfèvre, billets émis par les financiers –, elles n'étaient pas une solution appropriée. Si elles possédaient bien quelques caractéristiques d'une « monnaie professionnelle » entre spécialistes, elles ne pouvaient en aucun cas faire fonction d'un véritable crédit public fondé sur l'acceptation universelle d'un nouveau moyen de paiement non métallique.

C'est sur le terrain de la monnaie et du crédit et non pas, comme on pourrait le penser, sur celui des avantages et des inconvénients du libre-échange qu'eut lieu la véritable rupture entre nos auteurs et les générations précédentes mercantilistes. Pour la plupart des auteurs des années 1650-1680, en effet, le monde économique était comme fini et immuable : le volume d'activité était plus ou moins borné, les classes sociales hiérarchisées et séparées, les échanges limités et dédiés pour l'essentiel à la reproduction sociale. Prisonniers d'une conception aristotélicienne de la monnaie conçue comme une simple marchandise, ces auteurs n'envisageaient pas, ou marginalement, le recours au crédit et à la monnaie de papier comme moyen privilégié d'accroissement de la masse monétaire. Pour pallier la pénurie monétaire, la politique économique devait se fixer comme objectif de dégager une balance commerciale positive. En effet, un excédent commercial impliquait que davantage de métal précieux entre qu'il n'en sorte – l'écart entre ces deux flux étant précisément égal au solde de la balance –, ce qui avait pour effet de gonfler la masse de métal disponible.

Tout autre était la vision, certes maladroite, certes peu conceptualisée, de John Law et de ses contemporains anglais du tournant du siècle. À l'instar de la toute jeune physique de Newton où l'univers infini avait succédé au monde clos[1], l'espace économique, pour ces auteurs, se dilatait sans autres bornes que

1. Pour reprendre le titre du célèbre ouvrage d'Alexandre Koyré, *Du monde clos à l'univers infini*, rendant compte des conditions épistémologiques de l'émergence de la physique classique.

celles de l'imagination et de l'inventivité humaines. Et pour peu qu'il ne soit pas entravé par une insuffisance de monnaie et de crédit, le monde recélait des potentialités illimitées. En témoignait d'ailleurs le fabuleux développement de la petite Hollande, qui avait acquis une richesse que ne pouvaient expliquer ni sa géographie ni ses conditions naturelles.

Dans ce contexte intellectuel, John Law pouvait valablement en appeler au développement du crédit. Plutôt que de tirer sa valeur de la quantité de métal qu'elle contient, la monnaie pouvait tout aussi bien tirer sa valeur de la croyance de son détenteur selon laquelle elle pourrait lui permettre d'acheter à l'avenir des biens ou des services en même quantité qu'aujourd'hui. La valeur de cette nouvelle monnaie serait donc davantage déterminée par le futur, par nature incertain, que par le présent et le passé. Plutôt qu'une valeur fixe et intrinsèque, la monnaie serait avant tout une valeur en puissance. Si l'économiste écossais admettait, après bien d'autres, que le travail et la population étaient les seules véritables sources de richesse, il était convaincu que le crédit était, en retour, une manière de stimuler l'activité, donc la population. Il n'hésita pas à affirmer que le sous-emploi pouvait s'expliquer directement par une insuffisance de monnaie circulant dans l'économie, là où la plupart des auteurs précédents et même de ses contemporains incriminaient la paresse particulière de certains peuples.

Cette rupture théorique avait une autre conséquence : dès lors que la question de la pénurie monétaire était résolue grâce au crédit, l'objectif d'excédent commercial extérieur qui avait dominé toute la doctrine mercantiliste passait au second plan. Et de fait, Law et ses contemporains ne se montrèrent globalement pas favorables aux restrictions au commerce extérieur et aux exportations de monnaie métallique. Sans avoir perçu clairement le mécanisme vertueux de la division internationale du travail et sans être, à l'exception de Boisguilbert, des libre-échangistes doctrinaires, ils basaient tellement leurs raisonnements sur des mécanismes de marché que les prohibitions portant sur les échanges extérieurs ne leur étaient pas naturels. Toutefois, ils retenaient de certains auteurs mercantilistes l'intérêt de créer des organismes publics ou parapublics orientant les politiques commerciales, notamment coloniales. Ainsi, dans son ouvrage séminal, Law soutint la création d'un organisme subventionnant les exportations, à la suite de nombreux prédécesseurs.

Ces considérations monétaires conduisent à un dernier point commun à ces esprits pourtant si divers : l'optimisme. Plusieurs décennies avant que les philosophes politiques examinent la possibilité même d'un progrès du genre humain et d'une amélioration générale des conditions de vie, les auteurs économiques du tournant du XVIIe siècle considérèrent qu'une politique économique appropriée pouvait améliorer le commerce, les revenus de l'État, et même accroître la population. Par exemple, si l'on adaptait en France les recettes déjà testées en Hollande – *horresco referens* pour Louis XIV et son entourage –, pourquoi ne pas envisager, comme le fait Law dans une étonnante lettre au Régent de décembre 1715, un avenir où la production du royaume serait poussée à 3 milliards de livres, les revenus du roi à 300 millions ou encore le nombre d'habitants à 30 millions ?

Loin de se ranger dans les promoteurs de la « science lugubre[1] » – rendements décroissants, stagnation démographique, salaires fixés irrévocablement au niveau de subsistance… – que deviendra la science économique de l'âge classique, John Law considérait qu'une politique économique fondée sur une alimentation raisonnable des circuits économiques en monnaie était la solution clé pour améliorer le sort des hommes. Vision naïve des ressorts de la croissance à long terme ? Sans aucun doute. Vision dépourvue de pertinence dans le contexte déflationniste et récessif de l'époque ? Certainement pas.

1. C'est ainsi que l'historien victorien Thomas Carlyle avait rebaptisé l'économie politique de son temps, notamment les travaux de Malthus et de ses successeurs.

Il restait évidemment à bâtir les conditions concrètes d'un crédit public maîtrisé et de résoudre la redoutable question du gage. Car si ce n'est pas la quantité de métal qui fait la valeur de la monnaie, qu'est-ce qui peut bien la fonder ? Quelles sont les bonnes institutions bancaires ? Comment établir un crédit public et le faire perdurer ? Comment s'assurer de la stabilité de la monnaie ? Une fois la rupture conceptuelle réalisée, le débat économique se déplaça donc pendant plusieurs décennies vers la recherche du meilleur gage possible pour la monnaie de papier. C'est donc à une véritable quête de ce Saint-Graal monétaire que s'attellent au tournant du siècle les économistes et aventuriers financiers anglais. C'est tout ce bagage théorique et pratique que Law emmène avec lui lors de son installation à Paris. Et il faut bien admettre que le retard de la réflexion en France dans ce domaine pouvait lui conférer un avantage certain sur ses contradicteurs dans les débats qui s'annonçaient.

Chapitre 3

Une politique de rigueur

> *« Capable d'améliorations de détail efficaces et même humaines, l'Ancien Régime était tout à fait incapable de réformes profondes. »*
>
> Pierre Goubert

Sitôt levées les hypothèques politiques les plus pressantes – le soutien du parlement, la remise à leur place des bâtards de Louis XIV, le ralliement de la noblesse… –, le Régent dut porter son attention sur la situation calamiteuse des finances du royaume. Il opta sans état d'âme pour une politique assez classique, que l'on pourrait qualifier de « rigueur » –, et s'entoura pour la mener de techniciens courageux et compétents, quoique peu imaginatifs. Ces derniers utilisèrent tous les outils à leur disposition. Bénéficiant du retour de la paix, ils organisèrent une remise à plat des finances du royaume sans précédent depuis Colbert.

C'est l'échec partiel de ces remèdes orthodoxes, administrés sans modifier le « système des finances », qui explique l'engagement ultérieur de Philippe d'Orléans sur les voies beaucoup plus radicales d'une « autre politique ».

L'heure du duc de Noailles

Nicolas Desmarets, dernier contrôleur général des finances de Louis XIV, figura parmi les premières victimes de l'arrivée du Régent aux affaires. Son sort fut scellé au cours de l'agonie du grand roi, lorsque le duc d'Orléans commença à constituer son gouvernement. Si personne ne mettait en question ses compétences techniques, ce neveu de Colbert était à l'évidence trop lié à la vieille cour. Il était par ailleurs particulièrement impopulaire aussi bien pour sa politique monétaire déflationniste que pour sa proximité avec les milieux financiers. Pour toutes ces raisons, il aurait été un ministre des finances bien encombrant pour le nouveau pouvoir. Il dut promptement se retirer sur ses terres de Maillebois, non sans avoir reçu de la part du Régent une généreuse compensation de 350 000 livres. Le *Mémoire sur les finances depuis mon accession au contrôle général* qu'il transmit au nouveau maître de la France donne la mesure tant de sa maîtrise des sujets que des difficultés considérables qu'il avait eu à surmonter durant son mandat et de la situation financière désastreuse à laquelle son successeur allait être confronté.

Le cas Desmarets une fois réglé, le héros de la séquence économique et financière qui s'ouvrait est incontestablement Adrien Maurice, duc de Noailles. Ce personnage âgé de 37 ans en 1715 et assez délaissé par les historiens suscite d'emblée une certaine sympathie. Il est décrit par ses contemporains comme un personnage au physique assez massif, un peu bourru, à la démarche lourde et peu étudiée. Les jugements sur son caractère véhiculés par les chroniqueurs du temps sont plutôt positifs : ce rejeton de la plus haute noblesse d'épée et pair de France est volontiers dépeint comme énergique, courageux, immensément travailleur, précis, clair dans son expression orale, maître de ses émotions. Il avait des manières très simples et très directes, à l'image de sa sobre tenue d'officier. Sa vie privée semble avoir été plutôt rangée, ce qui tranchait avec les standards de l'époque et de son milieu. Tout au plus lui prête-t-on une liaison avec une actrice de l'Opéra. Encore le dénonciateur[1] précise-t-il qu'il ne s'agissait par ce comportement que d'imiter le Régent et de chercher à lui plaire.

Ayant prématurément interrompu une carrière militaire très honorable mais sans éclat à laquelle son nom le destinait, il s'était intéressé très tôt aux questions financières, au point de travailler quelque temps auprès de Desmarets au contrôle général des finances. Une telle démarche aurait pu sembler banale s'il s'était agi d'un département diplomatique ou militaire, de ceux que peuplait la noblesse d'épée. Mais s'agissant de finances, cette attitude témoignait d'un esprit singulièrement ouvert et laborieux, voire d'une grande humilité. Et même s'il n'avait produit aucun écrit et ne passait pas pour un théoricien de la finance ou de la politique, il n'avait jamais dédaigné la réflexion et ne semblait pas considérer que son rang le dispensait d'assimiler les matières les plus techniques et les plus ingrates.

De fait, ses années de formation auprès de Desmarets semblent avoir été studieuses. Tant ses écrits que ses actions ultérieures confirmèrent sa bonne maîtrise technique des dossiers, ainsi qu'une excellente connaissance des rouages de ce que l'on n'appelait pas encore le « ministère des finances ». Il devint même le seul représentant de la haute noblesse à pouvoir naviguer dans les arcanes monétaires et financiers, ce qui, dans le contexte de la polysynodie où le pouvoir devait passer des mains des grands commis bourgeois ou robins à la haute noblesse d'épée, en faisait une recrue de choix pour le Régent.

Politiquement, et si l'on ne craint pas les anachronismes, Noailles possédait en 1715 un pedigree très « centriste ». Proche des cercles de réflexion qui se réunissaient autour du duc de Bourgogne, donc commensal occasionnel de Fénelon et du duc de Beauvillier – donc ouvert aux projets de réformes institution-

1. L'incontournable Saint-Simon.

nelles –, il restait néanmoins fidèle à Madame de Maintenon – donc compatible avec la « vieille cour » –, dont il avait épousé une nièce. Frère et allié du très gallican cardinal de Noailles, il cultivait de bonnes relations avec le parlement dont il était très proche du procureur général, d'Aguesseau. Il cultivait depuis plusieurs années de bonnes relations avec Philippe d'Orléans, quoique n'en ayant jamais été un intime. Ayant acquis son estime par ses compétences évidentes et son entregent, il put se dispenser de lui faire, contrairement à tant d'autres, une cour assidue pour se faire valoir auprès de lui. Plus difficile encore, il fut l'un des seuls membres de la haute noblesse à bénéficier de l'estime de Saint-Simon durant les dernières années du règne de Louis XIV, au point que le terrible duc plaida ardemment en faveur de sa nomination à la tête du conseil des finances[1], un poste que selon ses dires Philippe d'Orléans voulait avec insistance lui attribuer.

Cet œcuménisme dénotait un esprit souple et ondoyant qui n'allait pourtant pas jusqu'à la compromission. Son action démontrera que son tempérament modéré n'était pas davantage le signe d'une faiblesse de caractère ou d'un arrivisme particulièrement prononcé. Quant à sa posture de « force tranquille », elle devait fortement contribuer à le rendre indispensable aux yeux du Régent. Noailles s'imposa donc comme une évidence, et comme l'étoile montante au sein de la nouvelle constellation dirigeante.

Conscient d'être placé au centre de l'échiquier, eut-il envie de pousser son avantage et de devenir de fait ou de droit le Premier ministre du Régent, poste abandonné comme on le sait depuis le commencement du règne personnel de Louis XIV en 1661 ? Cette prétention, rapportée par Saint-Simon comme première

1. Non peut-être sans quelque exagération quant à sa propre importance dans le circuit de décision, puisqu'il affirme crânement, dans ses Mémoires : « Le conseil des finances était la place que je destinais au duc de Noailles. »

manifestation de leur brouille[1] quelques jours avant le décès du roi, paraît plausible. Le Régent était constitutionnellement faible, il était entouré d'une troupe de personnages qui, pour être fidèles, n'étaient pas toujours du meilleur niveau. En outre, il devait, dans la composition de son « gouvernement », respecter des équilibres subtils entre les grands féodaux polysynodiques, ce qui, là non plus, ne garantissait pas le talent. Dans un tel contexte, Noailles, par ses alliances familiales[2], par son modérantisme et aussi du fait du caractère essentiel des questions financières dont il serait chargé, savait pertinemment qu'il allait occuper une place centrale dans le dispositif. Et pourquoi alors n'aurait-il pas sondé discrètement le petit duc, ami et confident du Régent, qu'il respectait et dont il se méfiait comme analyste et conseiller politique mais qu'il ne considérait certainement pas comme un rival crédible sur un tel poste ?

Comme tout politique ambitieux, le duc de Noailles faisait savoir qu'il n'était candidat à rien et feignit de s'émouvoir du poids des fonctions qui lui étaient confiées : « Je vous dirai, Madame, que c'est avec la dernière peine que je me suis rendu aux instances de Monseigneur le duc d'Orléans », écrivit-il

1. Plus exactement à l'origine de la haine tenace de Saint-Simon envers le duc de Noailles, ce dernier n'ayant apparemment jamais conçu un tel sentiment en retour. On peut prendre la juste mesure de cette acrimonie à travers le portrait halluciné que le petit duc dresse de Noailles dans ses Mémoires : « Le serpent qui tenta Ève, qui renversa Adam par elle, et qui perdit le genre humain, est l'original dont le duc de Noailles est la copie la plus exacte, la plus fidèle, la plus parfaite, autant qu'un homme peut approcher des qualités d'un esprit de ce premier ordre, et du chef de tous les anges précipités du ciel. » (t. V, p. 283). On peut penser que le regret – Saint-Simon parle même de sa propre « sottise » dans cette affaire – d'avoir dans un premier temps poussé un si triste personnage auprès du Régent avait décuplé son ressentiment.

2. Noailles était apparenté à tous les présidents des conseils de la polysynodie, à l'exception de celui des affaires étrangères. Son oncle le cardinal devenait le président du conseil de conscience – gérant les affaires ecclésiastiques –, le duc de Guiche, président du conseil des armées, était son beau-frère, de même que le maréchal d'Estrées Orthographe à confirmer, président du conseil de la Marine. Quant au duc d'Antin, président du conseil du Dedans – l'Intérieur –, son fils avait épousé la sœur de Noailles.

immédiatement après sa nomination à Madame de Maintenon. Pour autant, il prit très rapidement la mesure de sa fonction, se mit au travail avec énergie et présida au Louvre le premier conseil des finances le 20 septembre.

Sous sa présidence, ce conseil était composé de neuf membres et mêlait des représentants de la noblesse et des robins technocrates. Compte tenu de la technicité de la matière, la majorité de cette assemblée fut choisie dans cette seconde catégorie. Si le vieux marquis d'Effiat était nommé au poste de vice-président, trois conseillers d'État et cinq maîtres des requêtes, la plupart anciens intendants des finances, en constituaient la colonne vertébrale.

Chacun des membres se voyait confier des dossiers particuliers, correspondant à peu près aux différents départements de l'administration des finances. La majorité des affaires traitées étaient relatives aux relations avec les financiers et traitants – adjudications des traités, surveillance de leur bonne exécution – et aux contentieux fiscaux, sans oublier les questions concernant l'administration des eaux et forêts, traditionnellement rattachées au département des finances.

Outre un président, ce conseil, comme celui de la Marine, comportait un « chef », titre essentiellement honorifique, mais qui faisait de son titulaire également un membre du conseil de régence où il pouvait rapporter sur les dossiers qu'il souhaitait. Cette place échut au maréchal de Villeroy, en charge de l'éducation du jeune roi, éminent représentant de la « vieille cour » et défenseur jaloux des intérêts des bâtards du feu roi. Ce vieil animal de cour était radicalement incompétent en matière de finance et il faut évidemment voir dans cette nomination une sorte de gage donné aux conservateurs, gage d'ailleurs peu coûteux[1].

1. Du reste, le maréchal de Villeroy occupait depuis 1714 le poste très honorifique de président du conseil royal des finances, enceinte purement consultative et tombée quasiment en désuétude dans les dernières années du règne de Louis XIV.

Noailles n'eut aucune difficulté à s'imposer et travailla en bonne intelligence avec les technocrates. De fait, le conseil des finances fonctionna peu ou prou comme une réunion des directeurs d'une administration moderne sous la présidence du ministre. Contrairement à la volonté initiale de ses promoteurs, ce conseil, comme les six autres, vit rapidement décliner son rôle politique et se trouva fort encombré par les affaires les plus techniques : plus de la moitié des dossiers qui lui étaient portés concernaient les complexes relations contractuelles avec les traitants et les fermiers. En revanche, les grandes décisions de politique économique et financière étaient traitées dans des réunions *ad hoc*, le plus souvent en tête à tête entre Noailles et le Régent.

La banqueroute n'aura pas lieu

La première question posée au Régent était de savoir si l'État devait faire défaut sur sa dette. Du point de vue de l'analyse économique, une banqueroute publique n'est jamais qu'une taxation ponctuelle pesant sur les créanciers de l'État et permettant d'éviter des hausses d'impôts étouffant l'économie. Plusieurs considérations amenaient à envisager une telle solution en 1715. Politiquement, la voie d'une augmentation des taxes était difficile à pratiquer. L'imposition du dixième, censée n'être qu'exceptionnelle, se poursuivait malgré la fin de la guerre, prolongation qui était très impopulaire. Les nobles, en particulier, détestaient son caractère inquisitorial – les collecteurs, pour le prélever, devaient avoir une connaissance assez fine des revenus du foyer. Plus généralement, les impositions étaient jugées extrêmement élevées au regard de la faiblesse de l'assiette fiscale. À l'inverse, une spoliation ponctuelle entraînant la ruine de quelques milliers de créanciers mais soulageant l'immense majorité du fardeau de la dette et évitant un surcroît permanent d'imposition était une solution plutôt attractive.

D'un point de vue moral, l'opération permettait de taxer des spéculateurs qui avaient racheté des titres de la dette flottante à 25 % ou 30 % de leur valeur initiale à des détenteurs en manque de liquidités en escomptant que l'État leur rembourserait à un niveau bien plus élevé. Enfin, on pouvait, comme Saint-Simon, alléguer un troisième argument, politico-financier : ni le caractère prodigue du Régent, ni la faiblesse de son assise politique, ni, surtout, les habitudes de train de vie de l'État, même en temps de paix, prises sous Louis XIV ne permettaient vraiment d'envisager un scénario de diminution drastique des dépenses. Le petit duc lui-même, bien représentatif de sa caste, n'était d'ailleurs pas prêt à soutenir une politique de restriction budgétaire visant à dégager des marges de manœuvre pour honorer le service de la dette. Il faisait justement remarquer que « plus le roi a de rentes à payer, moins il a de pensions et de grâces pécuniaires à répandre sur la noblesse qui sert et qui ruine ses terres en servant ». La conclusion coulait de source : il valait donc mieux cesser de payer les rentes… !

Au total, pesant et soupesant les inconvénients de la banqueroute, Saint-Simon aboutissait à la conclusion suivante : « Entre deux effroyables injustices, tant en elles-mêmes que par leurs suites, la banqueroute me paraissait la moins cruelle des deux, parce qu'aux dépens de la ruine de cette foule de créanciers, dont le plus grand nombre l'était devenu volontairement par l'appât du gain, et dont beaucoup en avaient fait de grands, très difficiles à mettre au jour, encore plus en preuves, tout le reste du public était au moins sauvé. »

En outre, Saint-Simon, en parfait connaisseur de la Constitution de l'Ancien Régime – il n'hésitait pas, pour conforter ses raisonnements, à en appeler à des événements ou des précédents historiques datant des premiers Capétiens… –, considérait que le roi n'était pas tenu, dans le domaine financier comme dans toutes autres matières, par les engagements de ses prédécesseurs. Il y voyait même un principe fondamental garantissant la sagesse des gouvernements. Selon lui, « tout engagement pris par le roi prédécesseur périt avec lui et n'a aucune force sur le successeur, et nos rois payent le comble du pouvoir qu'ils exercent pendant leur vie par l'impuissance entière qui les suit dans le tombeau ». Cette théorie, selon laquelle la monarchie n'était juridiquement qu'un fidéicommis, pouvait certes paraître étrange s'agissant d'un pouvoir transmis par voie héréditaire. Mais elle était parfaitement acceptée dans d'autres matières : on a vu à plusieurs reprises les dispositions testamentaires des souverains foulées aux pieds par leurs successeurs – on venait d'en avoir une illustration éclatante à travers l'annulation sans phrase de certaines clauses du testament de Louis XIV par le parlement[1].

D'autres arguments allaient pourtant en sens contraire. Outre les risques politiques inhérents à la nécessaire convocation des états généraux, outre la crise de confiance majeure que la banqueroute créerait avec les financiers soutiers du régime, l'observation des exemples étrangers pouvait faire sérieusement douter le Régent : l'Espagne, championne d'Europe des défauts de paiement – six défauts depuis le XVIe siècle – était l'homme malade du continent : une économie anémiée, une fuite continue des espèces, des taux d'intérêt élevés… À l'inverse, l'éternelle rivale de la France, l'Angleterre, n'avait plus fait défaut depuis 1594 et avait, comme on le sait, surmonté les graves difficultés dues aux guerres récentes par une stabilisation de ses finances et de sa monnaie plutôt que par une telle fuite en avant. La diminution sensible des taux d'intérêt, la bonne tenue du change et un dynamisme économique palpable de l'autre côté de la Manche en avaient été la récompense. La question était donc de savoir si la France, qui figurait déjà parmi les pays les plus défaillants – on comptait cinq banqueroutes totales ou partielles depuis le

1. Il en avait été de même du testament de Louis XIII. Du reste, cette théorie s'inscrivait dans le sillage des analyses du grand juriste Jean Bodin, qui écrivait au XVIe siècle : « Il est bien certain que les lois, ordonnances, lettres patentes des princes n'ont aucune force que pendant leur vie, s'ils ne sont ratifiés par consentement exprès ou du moins par souffrance du prince. »

XVIe siècle[1] – allait rejoindre son voisin le plus faible économiquement, ou plutôt imiter l'Angleterre qui parvenait à vivre avec un niveau d'endettement très élevé tout en restant crédible.

Au-delà des questions de crédibilité internationale, le projet de banqueroute risquait d'entraîner des conséquences intérieures très dommageables. En effet, si elle ne toucherait directement que quelques milliers de financiers dans l'incapacité de voir leurs avances remboursées, elle pouvait aussi provoquer les faillites en cascade de tous ceux qui détenaient des créances sur ces mêmes financiers. Nul doute que l'activité économique s'en serait trouvée affaiblie. Tels étaient les arguments du très orthodoxe Noailles.

C'est pourquoi le Régent, arguant du « déshonneur » qu'il y aurait à déclarer la banqueroute, refusa le plan de Saint-Simon. Cette fois-ci, l'État royal, même au bord du gouffre, assumerait ses engagements financiers. En contrepartie, Noailles mit en place un véritable plan de stabilisation monétaire et financier, comportant certes un défaut partiel sur la dette, mais que l'on pouvait essayer de déguiser en une sorte d'apurement coercitif. Cet exercice supposait lucidité, courage et persévérance. Le président du conseil des finances n'en manquait pas, qui actionna durant les deux premières années de la régence tous les leviers classiques qu'il avait à sa disposition, avec plus ou moins de bonheur.

Maîtriser les dépenses

Le retour de la paix était une bénédiction pour les finances royales. Il signifiait une démobilisation d'une partie des 300 000 à 400 000 hommes maintenus en permanence sous les armes durant les trois décennies précédentes. Cela induisait une diminution sensible et assez indolore des dépenses. Si l'on revenait à des niveaux du temps de paix, on pouvait en attendre une économie annuelle d'environ 80 millions de livres par

1. La dernière banqueroute partielle datait de 1661, suivant de près la disgrâce de Fouquet.

rapport à l'année 1715. En y ajoutant les économies résultant d'une gestion avisée de la dette publique et un effort de rigueur particulier sur les dépenses civiles, le retour à l'équilibre des comptes n'était pas hors de portée.

Parmi les premières mesures de Noailles figurèrent de très symboliques coupes claires concernant le nombre de violons du roi ou encore les dépenses relatives au manège. Dans le même esprit, on pouvait s'attendre à des économies de fonctionnement à l'occasion du retour du roi et de la cour à Paris et de la désaffection de Versailles. Plus significativement, Noailles supprima un certain nombre de charges d'officiers afin de diminuer le montant des gages. Ce fut le cas en particulier d'une cinquantaine de charges de trésoriers de départements ministériels par un édit de décembre 1716. Outre la suppression des gages afférents à ces offices, cette réforme mettait fin à la confusion des comptes et appliquait un principe sain selon lequel il n'y aurait plus qu'un trésorier par nature de dépense.

En janvier 1717, Noailles posa des règles draconiennes en matière de pensions. Aucune pension nouvelle ne devait être accordée tant que la charge annuelle sur ce poste ne serait pas ramenée en dessous d'un plafond de 2 millions de livres. Dans la même catégorie d'économies « de poche », Noailles avait obtenu du Régent de ne plus payer les pensions qu'à terme échu plutôt qu'au fil de l'eau, ce qui représentait une économie en trésorerie pour l'État. Cette même année, emporté dans son élan, le duc pouvait s'élever à l'occasion jusqu'à des conceptions chimériques. On rapporte qu'il envisagea et convainquit un temps le Régent de détruire le château de Marly, dont l'entretien était une ruine pour l'État.

Sur le front des charges d'intérêt, on recourut également à l'outil de la consolidation partielle des dettes, déjà largement utilisé à la fin du règne de Louis XIV. Ainsi Noailles résolut dès le mois d'octobre 1715 de réduire autoritairement de 8,33 % – « denier 16 » – à 4 % – « denier 25 » – les intérêts versés sur les rentes de l'Hôtel de Ville. Compte tenu des masses concernées, on pouvait attendre de cette conversion une économie annuelle de presque 20 millions de livres. Cette opération ne souleva pas d'opposition particulière de la part du parlement, pourtant très sourcilleux sur la question des rentes, dans la mesure où elle ne faisait qu'entériner la diminution du cours de ces titres sur le marché et mettre en quelque sorte le droit en conformité avec les faits. Et, après tout, mieux valait détenir une rente à intérêt réduit mais dont le produit serait versé à peu près régulièrement qu'une rente à intérêt très élevé mais sur laquelle l'État faisait défaut.

Malgré ses efforts, Noailles ne parvint jamais à une maîtrise structurelle de la dépense, faute de réformer en profondeur la machinerie étatique. Comme avant lui le contrôleur général, le conseil des finances n'avait pas la possibilité de maîtriser les dépenses des autres départements ministériels. Il n'avait pas davantage la main sur les trésoriers gérant les multiples caisses particulières des ministères. Comme Louis XIV, le Régent s'était attribué le rôle d'ordonnateur et la pratique de la « liasse », par laquelle il traitait les questions financières en direct avec les chefs de départements, se perpétua.

Surtout, les velléités de Noailles pesaient peu face au caractère prodigue du Régent. Les Mémoires de Saint-Simon regorgent de listes de faveurs accordées par Philippe d'Orléans à sa famille, à des proches, voire – au grand dam de Saint-Simon – à des personnes qui le méprisaient ouvertement. Le Régent souhaitait, selon son expression, qu'« on soit content ». Et de fait, les principaux courtisans n'eurent aucune raison de se plaindre, y compris lors de cette première phase de la régence pourtant si contrainte par les finances publiques. Pour reprendre une distinction très moderne, il y eut donc bien une politique de rigueur, mais on n'était pas prêt à une politique d'austérité. Dans ces conditions, le volet des recettes acquérait une dimension essentielle.

Trouver des recettes

Trouver des espèces coûte que coûte. Tel fut le mot d'ordre des premiers mois de la régence et l'obsession du duc de Noailles qui, à l'instar de ses prédécesseurs, fut contraint de jouer les acrobates financiers. À son arrivée aux affaires, l'urgence était incontestablement de trouver le moyen de payer les troupes, d'honorer les dettes les plus pressantes, et également de s'acquitter des menus cadeaux faits par le Régent aux uns et aux autres pour s'assurer des soutiens indispensables au bon déroulement de la prise du pouvoir. Noailles, en bon élève de Desmarets, déploya une énergie considérable dans la recherche d'expédients.

On pouvait s'attendre à ce que les financiers fassent spontanément des offres de service pour se ménager les faveurs du nouveau maître du royaume, et prendre de l'avance sur leurs concurrents. Tel ne fut pas le cas et seul le financier Antoine Crozat se proposa pour venir au secours des caisses de l'État. Trop content de se rendre indispensable au nouveau régime, ce dernier consentit à avancer en quelques semaines la somme de 3 millions de livres – 1 million seulement au comptant, le reste à venir.

Compte tenu de l'urgence, le conseil des finances actionna quelques-uns des leviers habituels entrant dans la catégorie des « affaires extraordinaires ». Lors de sa deuxième réunion, le 22 septembre 1715, il décida d'effectuer des démarches auprès du clergé, qui pouvait toujours accroître volontairement le « don gratuit » qu'il faisait au roi en échange de son exemption de la taille. Cette démarche ayant échoué, on sollicita au mois d'octobre les états du Languedoc, aux finances notoirement excédentaires, pour obtenir une avance, sans grand succès.

Finalement, Noailles passa un accord avec les receveurs généraux des finances, obtenant qu'ils fassent remonter au roi une partie de leur collecte, alors même qu'ils auraient dû la conserver pour se rembourser des nombreuses avances qu'ils avaient faites au Trésor. En échange, ils purent bénéficier de garanties sur le remboursement de ces nouvelles avances, prenant la forme de nouvelles assignations sur des recettes futures et de l'autorisation de reporter leurs propres dettes sur leurs créanciers pour éviter la faillite. Cet accord, qui drainait vers les caisses de l'État quelque 30 millions de livres par an en trésorerie pour les années 1715 à 1719, s'avéra relativement efficace à court terme. Mais il renforçait encore l'emprise des financiers sur un État dont la quasi-totalité des recettes futures se trouvaient maintenant préemptées jusqu'en 1719.

Il serait toutefois injuste de résumer l'œuvre de Noailles à ces mesures d'urgence. Car en matière de recettes et de fiscalité, le duc allait se révéler un réformateur éclairé et plutôt heureux, même s'il n'eut pas le temps de mener à bien tous ses projets.

Les dépenses étant manifestement en décalage avec les recettes, et les affaires extraordinaires s'avérant très coûteuses compte tenu des charges d'intérêt, on pouvait théoriquement penser à accroître la pression fiscale – les « recettes ordinaires » –, voire à créer de nouveaux impôts. Mais pour Noailles comme pour ses prédécesseurs, cette voie était sans issue. C'est que le traumatisme des guerres louis-quatorziennes et les hausses récentes de la pression fiscale obligeaient le président du conseil des finances à une certaine retenue en la matière. Sans compter qu'avec le retour de la paix, il devait intégrer dans ses plans la nécessité de supprimer le « dixième », impôt direct universellement détesté et établi à titre exceptionnel en 1710 pour soutenir le dernier effort de guerre du règne précédent[1]. Du

1. Cet impôt était assis sur le revenu de tous types de propriétés – foncière, mobilière, immobilière, industrielle et commerciale – et englobait pour la première fois ce public jusque-là largement exempté d'imposition directe qu'étaient la noblesse et le clergé. En pratique, cet impôt fut souvent contourné, les intendants et collecteurs ne résistant pas toujours aux pressions. Les fraudes furent nombreuses et les assiettes souvent malaisées à déterminer. Ce qui déchaîna l'hostilité des deux premiers ordres contre cet impôt, « moderne » à bien des égards, était moins le principe même de la taxation – du moins à titre provisoire – que la nécessité d'avoir à déclarer au fisc les revenus de leurs propriétés. Saint-Simon, toujours aussi peu modéré dans son expression quand on touchait aux principes, n'hésitait pas pour cette raison à qualifier le contrôle général de « bureau d'anthropophages ».

reste, tout accroissement significatif du rendement des impôts devait passer par un élargissement de l'assiette, c'est-à-dire une remise en cause des innombrables exemptions et privilèges, voire par l'instauration d'un impôt sur le revenu quasiment universel sur le modèle du projet de « dîme royale » de Vauban. À supposer que Noailles et le Régent aient voulu s'engager dans cette voie, elle était proprement impraticable. En l'état des forces politiques en présence, elle aurait suscité l'opposition unanime de la noblesse, du clergé et du parlement de Paris.

À défaut d'augmenter les impôts, le président du conseil des finances et ses collaborateurs mirent en chantier plusieurs réformes structurelles de l'administration des finances qui s'inscrivaient dans la continuité des projets de Desmarets. Une telle continuité n'était du reste pas étonnante puisque Noailles avait étroitement collaboré avec le dernier contrôleur général de Louis XIV dans les années 1713-1714.

La première série d'innovations eut trait à la comptabilité et au contrôle financier. Elle mettait en scène un petit groupe de financiers amenés à jouer un rôle important par la suite dans la gestion des finances publiques : les frères Pâris. Cette famille de notables du Dauphiné avait prospéré dans le commerce des fournitures aux armées au tournant du siècle avant d'accumuler des charges d'officier de finance[1]. Particulièrement versés dans la comptabilité, ils partageaient le souci de Desmarets d'améliorer l'administration des finances et en étaient devenus des conseillers très écoutés. Renouant avec les principes colbertiens qui avaient été bien perdus de vue, leur idée était à la fois de disposer d'une plus grande clarté dans les comptes – « y voir clair », comme disait Colbert – et, par une plus grande rigueur comptable, de limiter l'accumulation abusive de fonds entre les mains des financiers, notamment les receveurs des finances. On sait que l'invérifiable

1. Parmi ces quatre frères, Antoine occupait le poste de receveur général des finances du Dauphiné, Claude était secrétaire du roi, Joseph était entré dans la ferme des tabacs, Jean était trésorier général des ponts et chaussées.

retard dans les recouvrements justifiait qu'ils fassent des avances coûteuses à l'État. À défaut d'accroître les impôts, on pouvait toujours réduire l'intervalle de temps séparant leur collecte du reversement effectif des fonds dans les caisses publiques. Et pour cela, il fallait connaître à peu près en temps réel l'état exact de leur position comptable vis-à-vis de l'État.

Généralisant ce que les frères Pâris avaient expérimenté dans leurs fonctions financières, Noailles décida d'encadrer plus fermement l'activité des receveurs des finances. En juin 1716, un édit obligea « tous les officiers comptables, de quelque qualité qu'ils puissent être », à tenir un « registre journal » de leurs recettes et de leurs dépenses selon une comptabilité en partie double. Les informations qui devaient y être portées étaient précisées. En outre, les comptables étaient désormais tenus d'en transmettre tous les quinze jours une copie au conseil des finances. Enfin, il était prévu de nommer dans chaque généralité un contrôleur chargé de vérifier ces documents. En consolidant les copies des journaux de ces officiers, les bureaux du contrôle général pouvaient avoir une vision consolidée des flux de trésorerie. Sous une apparence très technique s'opérait en fait une révolution silencieuse : à un faisceau de relations contractuelles décentralisées entre l'État et les financiers, on tentait de substituer une administration bureaucratique centralisée utilisant une comptabilité rénovée aux fins de surveillance et de contrôle.

La seconde série d'innovations concerne la fiscalité. Dans ce domaine, la méthode de Noailles se révèle étonnamment moderne. Ainsi, dès octobre 1715, il adressa à chaque intendant de province une lettre circulaire lui demandant, à partir de sa propre expérience, ses réflexions sur le régime des impositions. Par-delà ces représentants directs du pouvoir royal, tout le personnel fiscal fut sollicité, en premier lieu les receveurs des tailles qui officiaient au niveau des paroisses. À Paris, une commission fut créée le 21 avril 1716, présidée par le conseiller d'État Amelot de

Gournay, pour centraliser, examiner ces « remontées de terrain » et en faire rapport au conseil des finances.

Les intéressés durent avoir conscience que le royaume était à la croisée des chemins car la centaine de mémoires qui nous sont parvenus témoignent d'un esprit libre et inventif, une véritable libération de la parole. Au point que la commission Amelot fut surnommée par dérision la « commission des rêves ». De cette quantité impressionnante de matériaux, Noailles ne retint toutefois que les propositions les plus sages. Résolument hostile à un « grand soir » fiscal, Noailles choisit un angle d'attaque consensuel : l'amélioration de l'administration de l'impôt le plus décrié, la taille, et la lutte contre les abus.

C'est ainsi qu'il entreprit un chantier de réforme d'une portée considérable : la taille proportionnelle. Il s'agissait ni plus ni moins que d'objectiver l'assiette de la taille et de la rendre effectivement proportionnelle aux revenus. Noailles laissa libre cours à son esprit rationnel et clarificateur, mit au point un projet d'établissement de cette assiette et le soumit pour avis aux intendants à la fin de l'année 1716. Même si les objections de principe à cette réforme étaient très rares, les modalités techniques d'application se révélèrent rapidement d'une redoutable complexité.

Ce projet ouvrait certes la voie – mais à très long terme – à une profonde réforme fiscale qui aurait pu donner à la monarchie les bases fiscales qui lui manquaient pour assainir durablement sa situation financière. Mais il aurait fallu maintenir cet effort administratif dans la durée pour en recueillir les fruits. Or Noailles avait peu de temps et devait obtenir des victoires rapides sur le front des déficits et de la dette. C'est pourquoi son grand dessein resta à l'état de projet et la politique d'expédients reprit le dessus.

Une banqueroute partielle : visa et chambre de justice

Quand les acrobaties financières, les mesures de rationalisation ou les rêveries ne suffisaient plus, l'État royal pouvait recourir à un autre outil : la justice. Une justice qui ne s'embarrassait pas de détails et dont le respect des droits de propriété n'était pas la première des qualités. Comme aurait maugréé Louis XIV, de retour de la fameuse fête de Vaux-le-Vicomte qui devait perdre le surintendant Fouquet en août 1661, il s'agissait de « faire rendre gorge à tous ces gens-là ». C'est dans cette optique que les créanciers se voyaient périodiquement en partie spoliés. Cette spoliation pouvait prendre plusieurs formes : des conversions de dettes comportant une diminution unilatérale du taux d'intérêt servi et un réexamen de la validité des papiers détenus. Enfin, de manière plus spectaculaire voire théâtrale, les financiers pouvaient, comme en 1661, subir les rigueurs d'une chambre de justice *ad hoc* chargée d'examiner les causes de leur enrichissement et de traquer leurs abus et malversations. Dans tous les cas, sous couvert d'une moralisation du système, l'État procédait à un défaut partiel sur la dette publique. Le public applaudissait et les gazettes étaient remplies d'anecdotes édifiantes relatives aux turpitudes ainsi mises au jour et dûment sanctionnées.

De ce point de vue, Noailles et le Régent ne firent pas preuve d'une grande imagination. Deux procédures furent mises en œuvre. La première consista à réexaminer les titres de la dette publique dite « flottante » – c'est-à-dire de reconnaissances de dettes émises par les multiples trésoriers publics en manque d'espèces. Ces papiers, dont personne ne pouvait même connaître le montant exact, constituaient un fatras invraisemblable qu'il était indispensable d'apurer. Leur discrédit était total – ils se négociaient généralement avec une décote de plus des trois quarts de leur valeur faciale – et empêchait l'État d'émettre de nouveaux emprunts à des taux d'intérêt raisonnables. Ce fut le rôle de l'opération dite du visa.

Le but du visa était double : d'une part, consolider et unifier tous ces titres en des créances standardisées, plus facilement gérables, que l'on créait pour l'occasion – des « billets d'État » ; d'autre part, diminuer la masse totale des sommes dues par un tri sélectif destiné à supprimer les titres à la validité douteuse ou acquis à des fins strictement spéculatives – l'argument moral faisait toujours recette en ces circonstances, dans le double sens du mot « recette ».

L'opération fut lancée par une déclaration du conseil de régence du 7 décembre 1715 et s'étendit sur la plus grande partie de l'année 1716. Concrètement, tous les détenteurs de titres de créance sur l'État, quel que soit le type de support juridique, devaient les déposer chez un notaire à fins d'expertise. Leur validité – quantité de faux circulaient –, la qualité du porteur – simple particulier ou financier – et leur origine – comment ils avaient été acquis, à quel prix, contre des espèces ou du papier, etc. – étaient ensuite examinées. Enfin, un barème de conversion était appliqué. Selon les résultats de l'examen, les détenteurs voyaient leurs titres remboursés intégralement, en partie, ou purement et simplement annulés. Conduite sous les auspices des incontournables frères Pâris, l'opération fut menée avec efficacité par des commissions spécialement nommées à cet effet. Il semble que des arrangements, voire des pots-de-vin purent avoir lieu dans certains cas litigieux.

Au total, le visa permit de rationaliser considérablement la dette de court terme. Les titres déclarés valables furent partiellement convertis en un nouveau produit standardisé, les « billets d'État », portant 4 % d'intérêts et remboursables à une échéance indéterminée. Plutôt que de recevoir de manière très irrégulière des intérêts à des taux très élevés et sur des titres anciens dont la décote sur le marché avoisinait les 50 %, il valait peut-être mieux détenir ces nouveaux titres assurant un intérêt encore substantiel de 4 %. Il n'en reste pas moins que le visa permit surtout à l'État de diminuer considérablement le montant de la dette flottante. Celle-ci, estimée à 600 millions de livres fin 1715, avait littéralement fondu un an plus tard et avait été ramenée à 250 millions en billets d'État[1]. Il s'agissait donc d'une belle opération de défaut partiel, un « *haircut* » en termes modernes. Mais compte tenu de la décote des titres annulés, l'opération ne surprit personne et ne souleva pas de protestations particulières. Elle ne faisait au total que mettre le droit en conformité avec la réalité du marché.

Si la seconde procédure, la chambre de justice, fut beaucoup plus spectaculaire, elle fut également bien moins efficace. Placé sous l'autorité du très technicien Hilaire Rouillé du Coudray, directeur des finances, principal collaborateur de Desmarets jusqu'à sa disgrâce et membre du conseil des finances, ce tribunal d'exception poursuivait et jugeait au pénal toute personne suspectée d'avoir détourné les finances de la couronne à son profit. Créé par un arrêt du conseil du 14 mars 1716, il passa au crible les patrimoines de tous les manieurs de deniers publics afin de traquer et de corriger les malversations et les fraudes. Dans son préambule, cet arrêt fustigeait « les fortunes immenses et précipitées de ceux qui se sont enrichis par ces voies criminelles [...] leurs richesses sont les dépouilles de nos provinces. Les restitutions permettront de payer les dettes, de supprimer les nouvelles impositions, de rouvrir la riche source de l'abondance par le rétablissement du commerce et de l'agriculture [...] ». Pour faire bonne mesure, on examina les comptes en remontant jusqu'à l'année 1661, année de la précédente chambre de justice. Sur un an, environ 8 000 personnes firent l'objet d'une enquête, la moitié furent « taxées » – selon l'expression de l'époque – par le tribunal, pour un total de 220 millions de livres.

Comme lors des chambres précédentes, l'action fut spectaculaire et les gazettes du temps sont remplies d'anecdotes colorées témoignant d'abus et de malversations invraisemblables,

1. Dont 180 millions correspondant à la conversion de la dette existante et 70 millions à un endettement supplémentaire.

de fils dénonçant leur père, de trésors cachés dans des caves et des arrière-boutiques. Quelques financiers furent exposés au pilori et subirent les injures et les crachats de la foule. L'un d'entre eux, aux mœurs particulièrement répréhensibles, fut condamné à mort, mais la peine ne fut pas exécutée. Quelques fraudeurs de petite envergure furent jetés au cachot pour l'exemple. Le Grand-Guignol faisait partie du jeu, pour le plus grand plaisir des Parisiens.

Pourtant, malgré l'activisme de la chambre et de son président, les résultats concrets furent aussi décevants que lors du précédent de 1661. C'est que les possibilités d'échapper à la taxe ou de l'atténuer étaient multiples : exemptions, pots-de-vin, échanges de bons procédés entre financiers appartenant aux mêmes corps d'officiers…

L'attitude pour le moins ambiguë du Régent contribua également à affaiblir l'institution. Il donna des instructions, tout au moins dans un premier temps, tendant à épargner certains des financiers les plus en vue, notamment des fermiers généraux et des receveurs généraux des finances – par exemple Samuel Bernard, les frères Pâris et les frères Crozat –, avec lesquels il était ou avait été en affaires. Sur l'insistance du duc de Bourbon, qui lui objectait que ces exemptions décrédibiliseraient l'ensemble du processus, il finit par consentir à laisser les procédures suivre leur cours. Ainsi, le nom d'Antoine Crozat n'apparaît que sur le quatrième rôle de taxes délivré par la chambre, fin novembre 1716, pour la somme record de 6,6 millions de livres. On avait perdu un temps précieux et le crédit de l'institution était déjà bien entamé.

Au total, sur les 220 millions initialement escomptés, seuls 95 millions rentrèrent effectivement dans les coffres de Sa Majesté, dont une grande partie acquittée en papiers d'État très dépréciés. Dans un mémoire datant de mars 1717, Noailles chiffre à 50 millions de livres la totalité des recettes récupérées par l'action de la chambre de justice. Des historiens modernes ont été beaucoup plus sceptiques et ont avancé que les rentrées payées en espèces furent de l'ordre de 1,2 million de livres. Suivi dans un premier temps avec passion, le feuilleton s'était éternisé et les acteurs aussi bien que les spectateurs étaient maintenant fatigués.

Si l'on considère que ces opérations avaient contribué à décrédibiliser le Régent, incité les financiers à diminuer leurs dépenses, à cacher au maximum leurs espèces ou à les envoyer à l'étranger, on peut douter que cette opération « mains propres » ait été globalement favorable à l'économie et aux finances du royaume. Il était donc temps que cessent les opérations. Un édit de mars 1717 mit fin à ce qui était de plus en plus ressenti par l'opinion comme une mascarade.

À l'issue de cet épisode, Noailles, désabusé, déclara au conseil de régence : « Comme on a vu d'abord le public irrité contre eux [les financiers], ensuite par un effet de l'inconstance française, les regarder avec compassion, le temps n'est pas loin qu'on le reverra reprendre ses premiers sentiments à leur égard. Le peu de changement qui paraît dans leur dépense, le même nombre de domestiques qui subsistent chez eux et qui pourraient être occupés ailleurs plus utilement annoncent ce qu'on en doit attendre. »

Orthodoxie monétaire

Un bon plan de stabilisation économique comporte toujours un volet monétaire substantiel, surtout lorsque la monnaie est arrimée à un étalon métallique, ceci au moins pour deux raisons. La première est que, dans un contexte de dépression économique, il est important de s'assurer que la monnaie est suffisamment abondante pour soutenir l'activité. De ce point de vue, une dévaluation de la monnaie par rapport au métal rend meilleur marché les achats effectués depuis l'étranger, ce qui stimule les exportations et, partant, doit engendrer un afflux d'espèces vers le territoire national. La seconde, c'est que cette manœuvre peut procurer à court terme un surcroît de recettes pour l'État, ne serait-ce que par la taxe de seigneuriage et la diminution de ses dépenses exprimées en espèces, ce qui, en retour, facilite l'ajustement budgétaire.

Le très orthodoxe Noailles n'était pas spontanément enclin aux manipulations monétaires. Ainsi refusa-t-il catégoriquement, pendant les premiers mois, le recours à de tels expédients pourtant réclamés avec insistance aussi bien par les négociants français que par les financiers étrangers et certains intendants qui se faisaient l'écho des revendications de leurs administrés. L'argent était rare, les taux d'intérêt élevés. Les espèces, faute de confiance, se cachaient dans les bas de laine ou fuyaient vers l'étranger. Dans un tel contexte, une hausse de la valeur des espèces – autrement dit une dévaluation de la livre –, permettrait d'attirer de la monnaie étrangère et encouragerait les thésaurisateurs nationaux à « sortir » leurs pièces de monnaie. Une telle mesure, équivalente à une augmentation de la masse monétaire, pouvait aisément se justifier.

Telle n'était pas la position de Noailles et de son entourage, qui considéraient que la meilleure façon de retrouver la confiance et de stabiliser le change était de déclarer l'intangibilité de la valeur de la monnaie par rapport au métal. Ainsi pourrait-on espérer reconquérir la confiance des bailleurs de fonds du régime, qui risqueraient de bouder les futurs emprunts s'ils craignaient de voir leurs créances passées remboursées en monnaie dévaluée. Pour justifier cette position de principe, Noailles pouvait s'appuyer sur les réflexions de la plupart des économistes et sur l'expérience réussie de l'Angleterre, pays qui était parvenu à rétablir le crédit public dans un contexte de grande stabilité monétaire. Du reste, les réflexions de John Law, qui étaient forcément connues du président du conseil des finances, s'inscrivaient parfaitement dans ce courant.

Comme c'est toujours le cas dans les économies du XXIe siècle, une dévaluation est toujours une ponction sur le pouvoir d'achat de la nation. Elle n'est pas, à elle seule, une mesure susceptible de ramener la confiance et ne peut porter ses fruits que si elle est accompagnée par ailleurs par des mesures « structurelles » favorisant l'activité et le rétablissement des comptes publics. En tant que telle, elle a des effets ambigus sur la production et les flux monétaires. Malgré une connaissance très fruste de ces mécanismes économiques, Noailles en avait parfaitement conscience. Pour toutes ces raisons, il résista aux pressions, multipliant les déclarations et les courriers à ses interlocuteurs français et étrangers pour convaincre de l'intangibilité de la livre en poids de métal.

Des deux arguments traditionnellement avancés pour la dévaluation – accroître la masse monétaire et procurer des recettes exceptionnelles à l'État – nul ne sait lequel finit par l'emporter dans son esprit. Toujours est-il que Noailles changea brutalement d'opinion, convainquit le Régent de prendre le contre-pied de ses déclarations les plus récentes et de procéder à un rehaussement des espèces – donc une dévaluation de la livre. Cette décision pourtant décisive fut prise à l'improviste lors de la séance du conseil de régence du 24 décembre 1715[1] et sans délibération préalable du conseil des finances.

Malheureusement, si cette décision pouvait se justifier dans son principe, son exécution fut conduite maladroitement et, au total, elle n'atteignit pas le résultat escompté. En effet, compte tenu du niveau élevé du seigneuriage, de la facilité avec laquelle il était possible de remarquer les anciennes monnaies[2] et des anticipations de futurs haussements des espèces, les détenteurs

1. Selon Saint-Simon, « on opina assez confusément, entre la répugnance et la crainte de déplaire ».

2. Il suffisait pour cela de refrapper les anciennes monnaies avec un marteau en utilisant un « coin » dérobé à un hôtel des monnaies. Pour échapper aux poursuites, les faux-monnayeurs s'installaient près des frontières du royaume, tout particulièrement en Suisse.

ne se précipitèrent pas aux hôtels des monnaies pour porter leurs anciennes pièces et les faire remarquer. Malgré l'énergie de Noailles et sa volonté de traquer les faux-monnayeurs, les régnicoles continuèrent de bouder les hôtels des monnaies durant toute la durée de l'opération. À tel point qu'il fallut reporter plusieurs fois les dates au-delà desquelles les espèces non remarquées se verraient diminuées, puis décriées. La date limite fut fixée en définitive au 1er octobre 1716.

Pour mettre fin à cette anarchie et stopper les remarques sauvages, Noailles décida une refonte des monnaies en novembre 1716, consistant en la création de louis d'or, qu'on appela bientôt « Noailles », et d'écus d'argent, de poids et de taille nouveaux. Mais, résistant encore aux pressions, il refusa obstinément d'en profiter pour procéder à une nouvelle dévaluation : le poids de la livre en métal ne bougea pas. Seule concession de sa part, et afin de rendre l'opération plus attractive tout en faisant remonter le cours des billets d'État et d'en « éponger » une partie, Noailles autorisa les détenteurs d'espèces à compléter leur apport aux hôtels des monnaies par des billets de l'État, pris à leur valeur faciale, dans la limite d'un cinquième.

Cette opération très lourde fut naturellement plus efficace que la précédente pour faire sortir les espèces de leurs cachettes. Mais elle contribua à diminuer pour un temps la quantité d'espèces en circulation – le temps qu'elles soient reformées à l'hôtel des monnaies.

L'enlisement

L'année 1717 vit pâlir l'étoile du duc de Noailles, et avec lui sa conception à la fois technocratique et prudente de l'action de l'État en matière économique et financière.

Le premier coup vint au moment où la chambre de justice jetait ses derniers feux à la satisfaction de tous. Après tant de mois passés en rodomontades, procès, saisies, enquêtes et expositions de financiers au pilori qui alimentaient les gazettes, l'heure du bilan était venue, un bilan extrêmement décevant. Signe des temps, le duc de Noailles ne fut pas chargé du recouvrement de ces taxes, cette tâche étant confiée au duc de La Force, récemment promu au titre de vice-président du conseil des finances. Dans ses déclarations et sa correspondance, Noailles s'échauffait de plus en plus fréquemment contre « les personnes puissantes usant de leur crédit pour ne pas contribuer aux charges publiques ou pour en faire exempter ceux en qui ils s'intéressaient, faisant retomber tout le poids des impositions sur ceux qui méritent le plus d'être soulagés ».

Le second coup vint de la dégradation de la situation économique et financière. Ni la dévaluation de fin 1715 ni la refonte des monnaies de 1716 n'avaient eu les effets escomptés : l'anarchie régnait toujours et on n'enregistrait pas un afflux d'espèces métalliques vers le royaume. Les mesures de défiance prises contre les financiers – visa, dévaluation surprise et, surtout, chambre de justice – avaient même plutôt amplifié le mouvement de thésaurisation. Un comble pour une politique qui se voulait en tous points orthodoxe…

De manière plus anecdotique, tant les courriers des intendants que des observateurs étrangers ne laissaient que peu de place au doute. L'équipe au pouvoir n'avait ni la confiance des financiers – ce qui était assez logique compte tenu de la cour de justice et des mesures de rationalisation comptable des frères Pâris –, ni celle des principaux commerçants et négociants de province, ni celle des banquiers internationaux. Les agents économiques ressentaient toujours une grande pénurie d'espèces, situation aggravée par les fuites de métal vers l'étranger. Du reste, la balance commerciale restait déficitaire, ce dont témoignait un cours du change défavorable. Les faillites étaient nombreuses, tant dans le commerce que dans l'industrie. Une certaine agitation régnait dans les milieux populaires. On rapportait des révoltes contre les agents des fermes, et les bandes de faux-sauniers, auxquelles se joignaient parfois des soldats réformés, étaient de mieux en mieux organisées.

Conscient de son affaiblissement, Noailles tenta de trouver des alliés. Son premier mouvement fut de suggérer au Régent de convoquer les états généraux, solution à laquelle, on s'en souvient, il s'était fermement opposé en 1715. L'idée était de faire endosser à cette assemblée un certain nombre de décisions difficiles, et qu'il savait indispensables, dans le domaine fiscal. Saint-Simon fit énergiquement campagne contre une telle résolution. Dans un remarquable mémoire transmis et annoté par le Régent, le mémorialiste expliquait que si la convocation des états généraux eût été opportune pour inaugurer et conforter le nouveau règne, la tenue d'une telle assemblée deux ans plus tard ne pourrait que focaliser l'attention sur les échecs du régime, notamment en matière financière. Dès lors, le Régent aurait inévitablement à se justifier, rendre des comptes, voire *in fine* consentir à une limitation de son pouvoir. La boîte de Pandore eût été ouverte, et ceci dans un contexte de mécontentement et d'agitations particulièrement peu propice. Le Régent vit le danger et trancha en faveur de son conseiller et ami.

Face à ces difficultés et aux critiques de plus en plus pressantes de la haute noblesse, Philippe d'Orléans convoqua une réunion extraordinaire – on ne disait pas encore un séminaire gouvernemental ! – des présidents et chefs des différents conseils afin de faire un point sur les questions économiques et financières et d'envisager des solutions. Cette assemblée, qui se réunit à quatre reprises du 19 au 26 juin 1717, entendit les exposés longs et circonstanciés du président du conseil des finances, mais ne résolut rien. Le seul débouché concret de cet exercice fut, sur proposition de Noailles, de renvoyer le sujet à une commission spécialisée chargée d'approfondir la question et de faire un rapport proposant des solutions. Cette instance, constituée essentiellement de personnes plutôt incompétentes en matière économique et financière, fut placée sous l'autorité du chancelier d'Aguesseau.

À la demande expresse de Noailles, Saint-Simon fut désigné par le Régent pour en faire partie. Par cette manœuvre tactique, le duc entendait très certainement faire endosser par celui qui était devenu l'un de ses pires ennemis les conclusions de cette instance, qu'on pouvait pressentir politiquement douloureuses. Et l'accord du Régent, malgré l'opposition virulente de l'intéressé, témoignait une nouvelle fois de son art de marier les contraires, de se donner du temps, voire de diviser pour mieux régner.

Ce « comité d'Aguesseau » à la mode anglaise remit ses conclusions à la fin du mois d'août. Sans surprise, il recommandait bravement une rigueur accrue sur les dépenses, notamment une division par deux des dépenses relatives aux bâtiments, des retranchements sur un certain nombre de pensions, des restrictions sur le budget des « menus plaisirs » ainsi que sur la garde-robe du roi. En sens inverse, du côté des recettes, il préconisait une suppression de l'impôt du dixième, à la fois pour respecter l'engagement pris de le supprimer une fois la paix revenue, et parce que son rendement était jugé décevant.

Ces décisions, plus symboliques que spectaculaires, furent acceptées par le Régent et un édit reprenant ces mesures fut transmis au parlement pour enregistrement. Signe supplémentaire de l'affaiblissement du régime, les hauts magistrats profitèrent de cette occasion pour exiger une revue complète des recettes et des dépenses du roi avant de procéder à l'enregistrement. De manière surprenante, le Régent accéda à cette prétention inédite dans les annales de la royauté et tint personnellement une réunion avec une délégation de parlementaires au cours de laquelle le duc de Noailles ouvrit ses comptes devant cette commission d'enquête avant la lettre.

Au total, Noailles et son équipe de technocrates n'avaient pas démérité. Une partie de la dette avait été consolidée. Une proportion non négligeable de la dette flottante avait été effacée sans douleur insupportable. Le budget n'était pas loin de l'équilibre, même si c'était largement dû aux recettes exceptionnelles provenant du seigneuriage. Mieux, il avait entrepris des réformes de structure permettant de mieux contrôler les dépositaires de deniers royaux et ouvert la voie à une réforme de grande ampleur de la fiscalité directe.

Il n'en reste pas moins qu'il avait été incapable de remédier aux problèmes les plus graves. La pénurie d'espèces n'était pas enrayée. La confiance n'était pas revenue, comme en témoignait la persistance d'une très forte décote sur les quelque 350 millions de dettes flottantes – billets d'État et papiers divers – qu'on ne parvenait pas à éponger. La chambre de justice avait été un échec et avait fini par tourner à la farce. Enfin, la politique monétaire, un peu chaotique, avait montré ses limites.

À la fin de 1717, le Régent devait donc absolument retrouver un second souffle. Concrètement, il devait choisir entre l'approfondissement de la politique de rigueur d'un Noailles de plus en plus impopulaire et sous contrôle du parlement et l'inauguration d'une « autre politique », plus autoritaire, mais surtout beaucoup plus risquée. Les difficultés économiques et financières persistantes, les débuts de fronde parlementaire, le mécontentement général, la perspective d'une guerre avec l'Espagne potentiellement dispendieuse, tout lui imposait de trancher.

Chapitre 4

La première banque française

« L'influence d'un établissement si sage et si nécessaire se fit sentir presque dès les premiers jours. »

Mémoires du duc d'Antin

Créer une monnaie de papier suppose une institution émettrice. C'est le plus souvent une banque. La création d'un tel établissement, qu'il soit public ou privé, était devenue l'un des principaux sujets de la réflexion économique en Europe à la fin du XVIIe siècle, et ceci pour deux raisons. D'une part, parce que l'essor économique qui s'esquissait et les nécessités de l'investissement butaient sur la rareté du métal précieux en provenance des pays producteurs. Cette pénurie faisait ressentir chaque jour davantage l'intérêt de démultiplier les moyens de paiement au-delà des seules encaisses métalliques. D'autre part, parce que les finances publiques étaient généralement dans une situation alarmante du fait de guerres de plus en plus longues et coûteuses et que les États étaient bien en peine de trouver des financements à des conditions satisfaisantes. Dans ce contexte, la création d'une banque capable de prêter à l'État était une option particulièrement alléchante pour les souverains.

Confrontés de manière aiguë à ces deux contraintes à la fin du règne de Louis XIV et au début de la régence, il n'est pas étonnant que les dirigeants français de l'époque se soient très sérieusement penchés sur la question. John Law, tant par ses écrits que par son entregent, pouvait être l'homme de la situation. C'est parallèlement à la « politique de rigueur » que fut lancée cette première entreprise de Law. Sans être au cœur de l'action de Noailles, sa Banque générale en fut un complément utile qui monta en puissance au moment précis où cette politique atteignait ses limites. Mais nul ne pensait, au moment où se dessinait ce projet raisonnable, qu'il n'était qu'une pièce d'un ensemble beaucoup plus vaste.

Banques et monnaies de papier

Ni la banque ni la monnaie de papier n'étaient des idées neuves en Europe au début du XVIIIe siècle. Des établissements de crédit existaient depuis le Moyen Âge en Italie et cela faisait plusieurs siècles que les banquiers connaissaient l'art de contourner la condamnation par l'Église du prêt à intérêt. Depuis longtemps, de puissants réseaux bancaires internationaux avaient vu leur croissance – et parfois leur effondrement – étroitement liée à la capacité des États européens à rembourser ou non leurs emprunts. Certains établissements permettaient également aux négociants d'escompter des traites sur des clients. Par ce procédé, un crédit était consenti immédiatement au porteur d'une créance générant un revenu futur. Il y avait bien création monétaire, dont le gage était une créance privée.

La monnaie de papier proprement dite n'était pas davantage une création récente. Elle ne supposait d'ailleurs pas la création d'une banque. Les négociants italiens avaient ainsi inventé la lettre de change dès le XIIIe siècle, permettant à un débiteur – le « tiré » – de s'acquitter d'une dette auprès d'un créancier – le « tireur » – en l'autorisant à retirer une quantité déterminée d'espèces auprès d'un tiers. Il s'agissait en quelque sorte d'un chèque généralisé, dans la mesure où il ne supposait pas nécessairement un intermédiaire bancaire. Les lettres de change pouvaient bien entendu, comme tout effet commercial, être escomptées par une institution de crédit. Et lorsque le tiré et le tireur utilisaient des monnaies de nationalités différentes, la banque faisait la conversion de change et prélevait une commission au passage.

L'Ancien Régime connaissait bien d'autres papiers pouvant faire office de quasi-monnaie. En Angleterre, les orfèvres émettaient des billets représentatifs du métal précieux qu'on déposait auprès d'eux. Ces billets étaient ensuite mis en circulation et utilisés dans les échanges. Le Trésor britannique émettait également des papiers – *tallies* –, sorte de bons du Trésor gagés par des recettes fiscales futures, qui, eux aussi, étaient utilisés comme monnaie par les négociants. En France, comme on l'a vu, les divers billets émis par le Trésor et gagés eux aussi – on disait « assignés » – sur des recettes fiscales futures étaient achetés par des financiers, qui les faisaient ensuite circuler.

Il reste que les banques, quand elles existaient, étaient le plus souvent de simples institutions de dépôt. On venait y déposer des espèces en échange de récépissés ou de billets. Dans certains cas, on pouvait y détenir de la monnaie scripturale, donc dématérialisée – dépôt d'espèces sur un compte, liquidation de créances par virement sur un autre compte –, à l'image des opérations effectuées par la banque d'Amsterdam depuis le début du XVIIe siècle. En revanche, la pratique consistant à prêter une partie des espèces déposées était peu répandue par crainte que des demandes de retraits massifs ne puissent être honorées et que la banque fasse faillite. Des banques aussi importantes que celles d'Amsterdam et de Hambourg, notamment, ignoraient délibérément cette possibilité, bien connue aujourd'hui, de multiplicateur du crédit à partir des dépôts. Dès lors, les prêts n'étaient généralement pas accordés par des banques à partir des dépôts de leurs clients, mais plutôt à partir de fonds propres de riches prêteurs individuels – une activité de type « *private equity* » avant l'heure.

De ce point de vue, la France apparaissait singulièrement en retard par rapport à ses voisins. Pour la grande majorité des négociants et autres acteurs économiques français – armateurs, munitionnaires, etc. –, l'utilité de l'activité bancaire consistait essentiellement à solder des échanges pour limiter le transport effectif, si coûteux, des espèces, non à faire des prêts. Or ces opérations de compensation pouvaient parfaitement être réalisées en dehors de tout établissement bancaire dans des lieux dédiés, à des dates particulières. Cela avait été le rôle des foires, si prisées dans notre pays depuis le Moyen Âge, dont les opérations financières survivaient, malgré son déclin, dans ce grand centre français et européen des affaires qu'était la place de Lyon. Les banquiers, souvent issus de la diaspora huguenote, étaient certes présents dans la vie des affaires. Mais leur métier de banquier se confondait généralement avec celui de négociant et de financier à la fois collecteur d'impôt et prêteur de fonds au Trésor royal. Quant aux particuliers, ils avaient le plus souvent affaire aux usuriers. Pour résumer, notre pays avait bien des banquiers sur son territoire, mais pas de banques.

Par conséquent, si une masse non négligeable de quasi-monnaie existait aussi bien en Angleterre qu'en France à la fin du XVIIe siècle, elle ne circulait que dans un cercle assez restreint, celui des financiers et des grands négociants. Quant à la création monétaire par les banques *stricto sensu*, elle restait d'ampleur limitée. L'activité économique demeurait donc fortement contrainte par la quantité de pièces en circulation.

Au tournant du siècle, cette prééminence absolue des espèces métalliques était pourtant battue en brèche par de nombreux auteurs, John Law figurant parmi les critiques les plus radicaux. On sait que dans *Money and Trade*, l'Écossais s'attaquait au système métallique là où on le croyait le plus fort : sa capacité à assurer la stabilité des prix. Au-delà des défauts pratiques –

poids et coût des transports, pratique du rognage des pièces –, Law observait en effet l'instabilité de la valeur des espèces métalliques par rapport aux autres marchandises et l'incapacité de l'État à en maîtriser l'offre, celle-ci dépendant largement d'événements extérieurs – découverte de nouvelles mines d'or ou d'argent notamment. La masse monétaire pouvait dès lors connaître une croissance excessive, ce qui diminuait sa valeur relativement aux autres marchandises et, par conséquent, provoquait une hausse générale des prix. Ainsi, Law constatait que la production de monnaie avait tellement augmenté au cours des deux derniers siècles à la suite de la découverte et de l'exploitation des mines en Amérique du Sud que les prix des biens échangeables internationalement avaient été multipliés par vingt quand ils étaient exprimés en espèces d'un poids de métal donné. Law dénonçait vigoureusement ce phénomène, y voyant une spoliation injustifiée des rentiers, en tout premier lieu des propriétaires terriens – ces derniers percevant des fermages dont le montant était fixé contractuellement en livres au pouvoir d'achat amputé par l'inflation.

Law notait également qu'à l'inverse la quantité d'espèces en circulation pouvait croître de manière insuffisante. Dans ce dernier cas, la pénurie des espèces provoquait une hausse du prix relative du numéraire par rapport à toutes les marchandises. Surtout, en entravant les échanges et en provoquant une hausse des taux d'intérêt, cette situation conduisait à une contraction de l'activité économique, à de moindres rentrées fiscales, à un alourdissement du poids des intérêts de la dette publique et au chômage. Certes, la logique voulait qu'en cas de pénurie monétaire les prix et les salaires s'ajustent à la baisse. Mais Law observait avec justesse que ce mécanisme était inopérant en pratique, ne serait-ce que parce que les prix des marchandises étaient en grande partie fixés par le marché international.

Pour notre auteur, les prix ne peuvent pas s'ajuster à la conjoncture aussi rapidement qu'on le voudrait. Il faut donc que la quantité de monnaie circulant dans l'économie s'adapte elle-même, de manière souple. Là était justement la faille du système métallique : la quantité d'espèces fluctue en fonction de nombreux éléments qui n'ont rien à voir avec la conjoncture économique – par exemple la découverte ou, au contraire, l'épuisement de gisements d'or et d'argent, le comportement de thésaurisation des détenteurs d'espèces, les manipulations de l'État pour remplir ses caisses, tous facteurs qui introduisent un élément de rigidité dans l'économie. Le rôle d'une banque n'est donc pas uniquement d'accroître par le crédit la quantité de monnaie en circulation, il est aussi de donner à la puissance publique la possibilité de réguler cette quantité et de l'adapter aux « nécessités du commerce ». Ce sera le rôle principal dévolu aux banques centrales modernes post-Bretton Woods.

Une histoire de gages

Passer d'une monnaie métallique possédant une valeur intrinsèque, qui est donc à elle-même son propre gage, à une monnaie de papier supposait évidemment de trouver de nouveaux gages. S'il existait un relatif consensus sur l'intérêt qu'il y avait à contourner l'insuffisance de la masse monétaire métallique en lui adjoignant une monnaie de papier, le *modus operandi* et la question du gage de ces nouvelles monnaies étaient vivement débattus. Il s'agissait de ne pas se contenter d'une vague confiance que l'on peut placer dans l'institution émettrice – par exemple parce que les personnes placées à sa tête auraient bonne réputation –, mais de trouver un gage objectif à cette monnaie de papier. Dans un univers intellectuel très marqué par la pensée de Hobbes, les auteurs anglais cherchaient à tout prix à se dégager du face-à-face potentiellement destructeur entre créancier et débiteur et insistaient sur l'importance qu'il y avait à instituer des intermédiaires présentant des gages de solidité et d'impartialité.

Immergé dans ces débats au cours de sa jeunesse londonienne, Law avait assimilé toute la littérature du temps sur ces questions. Ces réflexions allaient former le socle de tout son futur système. Dès les années 1650-1660, des dizaines de projets, dont beaucoup demeuraient anonymes, se diffusèrent et furent abondamment discutés. Tous les types de gages furent envisagés, y compris les plus loufoques. Ainsi, dans les années 1680, Killigrew, conseiller économique de Charles II et – accessoirement – auteur de théâtre, défendit un projet consistant à autoriser l'État à émettre une monnaie de papier gagée par des recettes fiscales futures. Ces billets auraient été librement transférables et auraient eu cours légal[1]. Pour éviter les falsifications, chaque billet aurait été numéroté et aurait été convertible en espèces sur demande auprès du Trésor public. D'autres auteurs envisageaient de faire émettre de la monnaie de papier par un groupe de marchands privés, le gage étant alors leur patrimoine. Plus original, Hugh Chamberlen, médecin accoucheur de son état[2] et membre de la Royal Society, proposa vers la même époque la création d'un institut d'émission *ad hoc* – baptisé « Office of Credit » – émettant des billets représentatifs de marchandises immobilisées dans des entrepôts. Son plan prévoyait tous les détails – un droit de visite du marchand pour prendre soin des marchandises, une durée d'immobilisation ne pouvant excéder un mois… – et envisageait une émission de billets représentant une fraction de la valeur des marchandises entreposées.

Law examina également avec attention l'expérience de la Compagnie écossaise pour le commerce avec l'Afrique et les Indes, plus connue sous le nom de « Compagnie du Darien ».

1. À noter que cette proposition est très proche de la version modernisée exposée par l'économiste grec Yanis Varoufakis. Dans un papier intitulé « Thoughts for the Post-2008 World », publié sur son blog en 2009, le futur ministre des finances du gouvernement Syriza en appelait à la création d'une monnaie électronique parallèle à l'euro, un « Future Tax Bitcoin » qui serait explicitement un droit sur une recette fiscale future… !

2. Il est surtout connu pour être l'inventeur d'une nouvelle technique d'utilisation du forceps…

Cette compagnie, créée en 1696 par son compatriote William Paterson, avait reçu par acte du Parlement écossais le monopole du commerce entre l'Écosse, la Chine, l'Afrique, l'Asie et l'Amérique pendant trente et un ans. Lancée comme une société commerciale, elle avait eu également une activité bancaire en accordant aux souscripteurs des prêts sous forme de billets gagés sur leurs actions. Ainsi était née une monnaie gagée sur les actions d'une compagnie coloniale. Même si Law ne mentionna jamais cette expérience par la suite[1], il est certain qu'elle fut pour lui une source d'inspiration, dont on retrouvera les traces dans son Système.

La mode des banques foncières

De tous les gages susceptibles de germer dans l'esprit fertile des pamphlétaires, c'est la terre qui eut le plus de succès. La terre étant la principale ressource économique du pays, il n'est pas étonnant que les meilleurs experts monétaires de l'époque aient envisagé de gager une émission de monnaie sur de la terre, ou plus précisément sur les revenus d'une propriété foncière. Certes, la constitution d'hypothèques n'était pas une pratique nouvelle et existait dans les échanges privés depuis le XVIe siècle. Il était loisible, par exemple, à un propriétaire terrien de se voir verser un capital par un autre particulier en échange de la cession pour une durée déterminée ou indéterminée des revenus de sa terre. La terre jouait bien un rôle de gage. Cela étant, l'opération ne faisait qu'utiliser de l'argent disponible – celui de l'acheteur de l'hypothèque – et ne faisait que lier deux particuliers. Aucune

1. Il faut dire que cette compagnie cessa ses activités à la suite de la malheureuse expédition de Darien, du nom de la région de Panama où elle lança une expédition calamiteuse en 1698-1699 pour ouvrir une voie plus rapide pour le commerce avec le Pacifique. La grande majorité des 2 500 colons emmenés par Paterson périrent à la suite de maladies et d'affrontements avec les Indiens et les Espagnols. Paterson fut l'un des rares survivants. Les billets émis par la compagnie furent retirés de la circulation dès 1701.

monnaie supplémentaire n'était donc introduite dans l'économie à l'occasion de cette transaction.

Tout autres étaient les projets de banque foncière. Les premières propositions remontaient au milieu du XVIIe siècle. William Potter, notamment, avait ouvert la voie dès 1650. Après avoir milité en faveur de l'émission de monnaie gagée par le patrimoine d'un groupe de marchands dignes de confiance, il suggéra la création de billets gagés par des terres figurant à l'actif d'une banque. Ce fut le premier auteur à vanter les mérites de la stabilité de ce gage. Loin de vouloir supprimer les monnaies métalliques, Potter considérait que la création d'une telle banque rendrait inutiles les dépôts métalliques chez les orfèvres ou les banquiers. Ces dépôts pourraient dès lors circuler et stimuler à leur tour les échanges économiques.

Dans les années 1690, les propositions de banque foncière devinrent un pont aux ânes de la réflexion économique ou pseudo-économique. Cette éclosion est directement liée à la « Glorieuse Révolution » de 1688 portant au pouvoir un souverain hollandais – Guillaume III – dont le pouvoir financier serait étroitement soumis aux volontés du Parlement. L'élite marchande anglaise était persuadée qu'une institution de crédit était impensable dans un pays où le roi agissait en monarque absolu, capable d'un moment à l'autre de confisquer les encaisses ou de revenir sur ses promesses. Il en allait autrement dans un pays où un contre-pouvoir pouvait s'opposer à de telles pratiques.

Plusieurs dizaines de pamphlets justifiant la création de banques et proposant des schémas de fonctionnement plus ou moins farfelus circulaient donc lors du séjour de Law à Londres. Le médecin et entrepreneur en bâtiment Nicholas Barbon s'associa à un écrivain par ailleurs très prolifique, John Asgill, pour former un projet de banque terrienne d'envergure nationale. Ces deux auteurs mettaient en avant le caractère conventionnel du signe monétaire, considérant que le métal, compte tenu de son offre en quantité limitée, n'était certainement pas le meilleur possible.

Au-delà des pamphlets et des controverses publiques, des projets de banque foncière furent effectivement réalisés dans la décennie 1690 en Angleterre. Il faut dire que le lobby des propriétaires terriens, très majoritaires au Parlement, poussait fortement en ce sens, considérant que les terres devaient pouvoir être utilisées comme collatéral de la même manière que les négociants utilisaient leurs papiers commerciaux. La plus célèbre fut l'établissement lancé par John Briscoe, gros négociant londonien. Sa Land Bank United fut créée en 1696 sur la base d'une souscription de 2,5 millions de livres sterling devant être apportées en espèces par des propriétaires terriens. En échange, les souscripteurs devaient d'une part bénéficier d'un dividende de 7 % et d'autre part recevoir le droit d'emprunter de l'argent en échange de la mise en gage de leurs terres. L'opération fut un échec complet puisque, outre un investissement de 5 000 livres sterling de la part du roi, la banque ne fut capable de lever que 2 100 livres sterling auprès du public. Le succès de sa grande rivale, la Banque d'Angleterre, était passé par là. Les incertitudes politiques qui suivirent une tentative d'assassinat du roi Guillaume et la pénurie accrue de numéraire consécutive à la réforme monétaire du Great Recoinage achevèrent de détourner les investisseurs.

Il n'est donc pas très étonnant dans ce contexte que les premiers écrits de Law s'inscrivent dans cette thématique et soient dédiés à un projet de banque terrienne en Écosse. Il était d'ailleurs loin d'être l'auteur le plus en vue sur le sujet. Il était même occulté par son compatriote Hugh Chamberlen, qui s'était fait l'inlassable propagandiste de ce type de projets. Chamberlen, dont on ne compte même pas les écrits sur la question – un auteur en a recensé quarante-cinq… –, avait en effet déjà à son actif une proposition de banque foncière en Écosse en 1693, un projet similaire pour l'Irlande et le lancement complètement raté d'une institution de ce type à Londres. Revenu dans son pays natal pour fuir ses créanciers, il consacra une énergie considérable à ce projet. On compte au moins cinq propositions diffusées de 1700 à 1705, ce qui le fit connaître des parlementaires écossais. Il n'est donc pas étonnant qu'à la suite de l'appel à projet du Parlement écossais de 1705, le même Chamberlen se soit remis sur les rangs avec une nouvelle proposition, bien décidé, cette fois, à faire triompher ses idées.

Si le thème de la banque foncière était donc tout sauf original, John Law, dans ses écrits sur le sujet, se distinguait de ses contemporains par la clarté de ses analyses et sa volonté de les englober dans des réflexions beaucoup plus vastes sur la nature de la monnaie saisie dans ses relations avec l'ensemble des mécanismes économiques – le commerce, les changes, la balance commerciale, l'emploi. Aucun de ses concurrents ne pouvait rivaliser avec lui sur ce terrain. Alors que les arguments en faveur de la création de banques foncières étaient divers et souvent exprimés de manière confuse dans les dizaines de pamphlets en circulation, Law était capable de les résumer avec une rigueur qui dépassait là encore de loin tous les autres écrits du temps. Dans *Money and Trade*, il met en avant trois arguments.

Le premier est la sécurité qu'offre la terre en tant que collatéral. La terre ne peut pas disparaître, elle ne peut pas – contrairement au métal précieux – être exportée. De plus, elle produit des revenus relativement réguliers. Cette remarque donne selon lui une supériorité aux banques terriennes sur les banques commerciales plus classiques, dont les billets sont gagés sur des encaisses métalliques. En effet, le niveau de ces encaisses – donc la valeur du gage – dépend des profits réalisés par la banque, nécessairement irréguliers et source d'insécurité.

Le deuxième argument est relatif à la stabilité supposée du prix relatif de la terre par rapport aux autres marchandises, qualité qui peut difficilement être remise en cause par des manipulations de l'État. Pour défendre son point de vue, Law affirme que le prix des terres exprimé en quantité de métal a été stable ou croissant au cours des deux cents dernières années, tandis que le pouvoir d'achat du métal avait été fortement réduit en raison de l'afflux de métaux précieux depuis le XVIe siècle.

Enfin, le troisième argument est l'élasticité de l'offre de monnaie ainsi créée. Contrairement à la masse métallique, le gage terrien est élastique et extensible quasiment à l'infini. L'institut d'émission peut ainsi décider de la quantité de terre qu'elle prend en gage, donc du niveau d'émission des billets en fonction des besoins d'accroissement de la quantité de monnaie en circulation. Une banque terrienne permet donc de contrôler la masse monétaire. Une telle préoccupation de politique économique est assez spécifique à Law, ce qui laisse penser qu'il avait dès cette époque une ambition qui dépassait de beaucoup son simple intérêt personnel dans le montage de l'affaire.

Au-delà du brio que l'on retrouve dans toutes ses productions ultérieures, la véritable originalité de Law à cette époque réside à la fois dans la précision du projet, qui lui donnait une dimension pratique assez attractive, et dans sa radicalité. Soucieux de présenter une proposition quasiment clé en main pour les autorités écossaises, il tente également de répondre aux nombreuses objections. Ainsi, conscient qu'une surface donnée de terre ne produit pas les mêmes revenus d'une parcelle à une autre, il propose de regrouper les terres en lots homogènes selon leur productivité. Afin d'instaurer la confiance, il suggère également de limiter l'émission de monnaie à seulement 50-60 % de la valeur des terres figurant à l'actif de la banque.

Quant à la radicalité du projet, elle s'exprimait non seulement dans la vigueur des attaques contre les monnaies métalliques, mais aussi dans la conclusion qu'il en tirait : dans son idée, une monnaie terrienne ne devait pas être un simple adjuvant à une masse monétaire métallique insuffisante, mais bel et bien un moyen de faire disparaître les espèces. Même les auteurs comme Barbon les plus sceptiques sur les bienfaits des monnaies métalliques n'étaient pas allés jusque-là.

Avec la terre, John Law pensait avoir trouvé une sorte de martingale puisqu'il s'accrocha à cette idée jusque vers 1710. Pourtant, les projets de banque foncière allaient échouer aussi bien en Angleterre qu'en Écosse et plus tard en France, et ceci pour des raisons pratiques. La première, soulignée par plusieurs auteurs anglais contemporains, notamment William Petty, était l'inexistence d'un cadastre permettant de déterminer le périmètre exact des parcelles servant de gage à l'émission monétaire et d'identifier leurs propriétaires. Conscient de cette difficulté, Law réclamait d'ailleurs dans son ouvrage l'établissement d'un cadastre par l'État, sur le modèle hollandais. La seconde était évacuée trop rapidement : autant adosser un prêt à long terme sur un bien foncier peut fonctionner en pratique – cf. les pratiques de banques foncières aujourd'hui dans certains pays émergents –, autant gager un actif très liquide – billets – par un actif rigoureusement immobile – la terre – suppose une confiance aveugle des détenteurs de billets. Car malgré les dénégations de Law, son système ne pouvait vraiment fonctionner que si les porteurs de billets ne demandaient jamais à se faire rembourser en terres…

Incapables de surmonter ces obstacles, les projets de monnaie terrienne passèrent progressivement de mode dans la dernière décennie du siècle. Lors du séjour de John Law à Londres au début des années 1690, des projets plus classiques tendant à gager de la monnaie de papier sur du métal précieux étaient déjà en train de l'emporter. Et ce ne fut pas en premier lieu la nécessité de résoudre la pénurie monétaire qui détermina la forme de la banque, mais plutôt l'état de détresse absolue dans lequel se trouvaient les finances publiques anglaises au tournant du siècle.

La voie anglaise

La seule solution effectivement mise en œuvre sur une grande échelle en Angleterre fut celle de l'Écossais William Paterson (1658-1719), prédicateur, artisan tailleur, un temps président de la confrérie des tailleurs de Londres et « *serial* entrepreneur ». Il soumit au moins deux projets de banque au Parlement au cours des années 1692-1694 avant de parvenir à ses fins. Le schéma finalement retenu fut consacré par un acte du Parlement et une charte octroyée le 27 juillet 1694. Il empruntait à plusieurs projets antérieurs. Était décidée la création d'une banque, baptisée sous la forme d'un groupement de commerçants offrant un prêt de 1,2 million de livres sterling à la couronne à un taux de 8 %[1]. En échange, la compagnie, baptisée « Company of the Bank of England », se voyait attribuer des recettes fiscales bien déterminées permettant de sécuriser le paiement des intérêts sur ce prêt. Elle était également autorisée à procéder aux opérations bancaires habituelles de type escompte, prêts hypothécaires, achat et vente d'espèces, opérations de change, etc. Le caractère restreint et relié à la problématique – supposée circonstancielle – de la dette publique de l'entreprise apparaissait nettement puisque celle-ci était censée se dissoudre après remboursement définitif de la dette de l'État, et au plus tard en 1710.

L'établissement était également autorisé à émettre des billets de banque dans la limite de la souscription – donc de 1,2 million de livres sterling. Ces billets n'avaient pas cours légal et n'étaient donc acceptés en paiement qu'avec le consentement du créancier. Ils étaient naturellement convertibles en espèces à la demande de leur détenteur. Ils constituaient une véritable monnaie dans la mesure où ils pouvaient être émis au-delà de l'encaisse métallique déposée à la banque. Même s'il était un partisan acharné du gage « métal précieux » – et s'était à ce titre toujours opposé aux banques terriennes –, Paterson inaugurait à grande échelle le mécanisme des « réserves fractionnaires » : considérant que la probabilité que tous les détenteurs de billets demandent en même temps le remboursement en espèces, il est

1. Ce taux peut paraître très élevé, mais il doit être apprécié dans un contexte où l'État anglais ne parvenait plus à se refinancer qu'à des taux usuraires pouvant avoisiner les 40 % ou 50 %…

loisible au banquier de « faire travailler » les espèces, c'est-à-dire de les placer et de dégager un profit sur les intérêts perçus. Dans ses écrits, le fondateur de la Banque d'Angleterre évoquait un taux de réserve ne dépassant pas 15 % ou 20 % des dépôts.

Le succès de l'opération fut immédiat et la souscription réalisée en douze jours. Quant aux effets économiques et financiers de l'opération, ils ne se firent pas attendre. Alors que les orfèvres offraient couramment des prêts au secteur privé à des taux d'intérêt de l'ordre de 10 %, la banque fut rapidement en mesure d'abaisser le taux d'escompte à 4,5 % et de pratiquer des prêts hypothécaires à 5 %. Autre effet notable, la valeur des titres d'État qui jusqu'à récemment subissaient une décote de l'ordre de 30 % remonta fortement.

Cette réussite explique facilement le développement ultérieur de la Banque d'Angleterre. En 1697, un nouvel acte du Parlement lui permit de lever de nouveaux capitaux, qui pouvaient être payés en billets et en emprunts d'État. En retour, cette hausse de la capitalisation lui permettait d'accroître à due concurrence son plafond d'émission de billets. En 1708, à l'occasion d'un nouveau prêt à l'État, la banque se vit octroyer le monopole d'émission de billets de monnaie sur tout le territoire ainsi qu'une durée de vie illimitée. À partir de ce moment, l'Angleterre s'était dotée d'une institution bancaire solide, créatrice d'une monnaie de papier bien acceptée par les négociants et gagée à la fois par une encaisse métallique – des dépôts – et par des bénéfices futurs provenant de recettes fiscales sécurisées par le Parlement. L'extension progressive de ses activités, de la gestion de la dette publique à la défense de la stabilité des prix, puis, au cours du XIXe siècle, au rôle de prêteur en dernier ressort du système bancaire, allait faire de cette institution l'un des moteurs de l'essor économique du pays.

Au-delà de la pure technique, le succès immédiat de la Banque d'Angleterre tient essentiellement à deux facteurs, sur lesquels Law avait eu le loisir de méditer. D'une part, les engagements de l'État vis-à-vis d'elle étaient crédibles – fort soutien du

Parlement et de la communauté marchande, affectation de recettes fiscales dédiées au remboursement du prêt consenti à la couronne. D'autre part, elle constituait un placement attractif car diversifié : les intérêts sur l'emprunt public n'étaient pas ses seules sources de revenu puisqu'elle effectuait également des opérations bancaires classiques – des prêts et des opérations d'escompte – auprès du secteur privé.

L'échec des « billets de monnaie » à la française

Alors même qu'avec la Banque d'Angleterre, notre principal rival européen se dotait de la première véritable banque centrale de l'histoire lui permettant tout à la fois d'optimiser la gestion de la dette publique et d'accroître la masse monétaire par de la monnaie de papier, la France restait singulièrement en retrait. Pour l'essentiel, la réflexion monétaire n'y était pas très avancée au-delà d'un mercantilisme plus ou moins bien tempéré et d'une critique assez consensuelle des multiples manipulations monétaires. En la matière, l'ouvrage de référence fut pendant plusieurs décennies les *Recherches curieuses des monnaies de France depuis le commencement de la monarchie* du conseiller Bouteroue, publié en 1666. La politique monétaire, pour cet auteur, consistait à veiller à ce que la quantité de monnaie soit en proportion avec la circulation des marchandises, mais on ne précisait pas par quel moyen atteindre cet objectif. Dans le même temps, Bouteroue condamnait fermement les manipulations monétaires sur des bases essentiellement juridiques : « Le cours de la monnaie doit être une loi inviolable parce qu'il est le fondement et la règle du commerce. C'est un contrat de bonne foi que le prince fait avec ses sujets. » En bon mercantiliste, le même auteur militait par ailleurs pour l'interdiction du transport des espèces hors de France.

Il est vrai qu'à partir de la grande crise économique et financière de 1709 de nombreux projets parvinrent sur le bureau du contrôleur général Desmarets. Rompant avec la stricte orthodoxie, la grande majorité de ces documents plaidaient pour un rehaussement des espèces comme moyen de stimuler l'activité. On enregistra même des projets de banques d'émission portés par des banquiers comme Samuel Bernard. Cela étant, la doctrine générale, de ce côté-ci de la Manche, consistait à découpler la question bancaire de celle des finances publiques. Et, contrairement à l'Angleterre et au projet Paterson, on faisait généralement du règlement de la question des finances publiques un préalable à la création par l'État d'une institution bancaire.

Pour autant, la France n'attendit pas John Law pour créer une monnaie de papier. Quelques années après la création de la Banque d'Angleterre, et pour des raisons comparables – la nécessité de financer la guerre et de faire face à la pénurie d'espèces –, notre pays s'essaya à la monnaie de papier.

C'est ainsi qu'en plus des billets et récépissés divers assignés de manière plus ou moins fiable sur des impôts, une monnaie de papier fut émise pour la première fois à la suite d'un arrêt du 19 septembre 1701, à l'occasion d'une refonte des monnaies métalliques. Il s'agissait d'une sorte de certificat de dépôt émis en échange des espèces d'or et d'argent que les détenteurs devaient remettre aux hôtels des monnaies pour être refondues. Compte tenu des délais de fabrication des nouvelles pièces, les hôtels des monnaies ne disposaient pas d'un stock de nouvelles espèces suffisantes pour les échanger. Des « billets de monnaie » furent émis dans l'attente que les nouvelles pièces soient en nombre suffisant. Par un arrêt du 25 octobre de la même année, ces billets devinrent porteurs d'un intérêt de 4 %. Pouvant être utilisés comme moyens de paiement, on peut considérer que ces billets ont été la première monnaie de papier en France.

Intéressante pour l'État, qui pouvait capter pour son usage des quantités importantes d'espèces dont il avait désespérément besoin pour financer la guerre, cette opération fut recommencée et amplifiée lors d'une autre réforme monétaire, en 1704. Cette expérience est loin d'être anecdotique puisque fin 1706 le stock total de billets de monnaie en circulation représentait environ un quart de la masse monétaire métallique. Et c'est peu dire qu'elle ne fut pas concluante. Les détenteurs n'ayant pas confiance, ces billets virent leur cours diminuer fortement, de l'ordre de la moitié, ce qui ne s'observa que sur les places étrangères puisqu'il était interdit d'utiliser ces billets à une autre valeur que leur valeur faciale dans les échanges intérieurs. Finalement, un nouvel arrêt du conseil interdit la circulation de ces billets et imposa leur conversion en rentes de l'État à compter de février 1711.

John Law, de passage à Paris en 1701, eut tout loisir d'observer cette première tentative française d'introduction du papier-monnaie sans passer par la création d'une banque et la mit en regard du succès obtenu par la Banque d'Angleterre. Plus tard, dans son *Manuscrit pour l'établissement d'une banque à Turin* datant de 1711, il mentionne trois défauts principaux du système français.

Le premier était le montant nominal trop important de ces billets – 1 000 livres –, qui limitait considérablement leur utilisation dans les échanges commerciaux. Le deuxième défaut était le fait que ces billets n'étaient gagés sur rien et convertibles en rien de tangible : ni sur des métaux précieux, ni sur des recettes fiscales futures, ni sur aucun actif quelconque, ce qui minait évidemment la confiance que l'on pouvait avoir en eux. D'une certaine manière, on peut considérer que ces billets étaient une monnaie totalement basée sur la confiance, ce qui allait au-delà de ce que l'audacieux Écossais était capable de concevoir à cette époque… ! Le troisième défaut était le refus par l'État d'accepter ces billets pour le paiement des impôts : comment rétablir le crédit public si l'État lui-même ne semblait pas avoir confiance en sa propre dette ?

Law soulignait aussi le contraste éclatant avec le dispositif mis en place autour de la Banque d'Angleterre. Dans le cas anglais, en effet, plutôt que d'émettre des billets gagés sur du vent, l'État pouvait emprunter auprès d'une institution qui, de son côté, pouvait asseoir une création monétaire gagée par le remboursement dudit emprunt ainsi que par ses intérêts – lesquels étaient gagés par l'affectation de recettes fiscales à la banque. De la sorte était établi un lien fécond entre endettement public et création monétaire.

Pour faire bonne mesure, Law critiquait également le dénouement de l'opération : la conversion forcée de ces billets en rentes perpétuelles. Plutôt que d'accroître la masse monétaire en circulation, elle revenait en effet à stériliser des fonds privés qui auraient été mieux employés à être investis dans l'économie et à accroître les échanges. C'est ce que les économistes du XXe siècle nommeront « l'effet d'éviction » de l'investissement productif par la dette publique.

Le long chemin vers la création d'une banque privée en France

Son projet de banque en France mit la persévérance de l'Écossais à rude épreuve. Il se heurta en effet à une forte résistance à la fois du monde des financiers – anxieux à l'idée de voir s'installer un concurrent susceptible de s'insérer dans les relations financières avec la couronne – et des commerçants – échaudés par l'épisode désastreux des « billets de monnaie ». C'est pourquoi le chemin vers l'acceptation par les pouvoirs publics de la création d'une banque émettant une monnaie de papier fut à la fois long et sinueux. Parti, comme on l'a vu, d'un projet de banque foncière sur le modèle de sa proposition écossaise de 1705, Law orienta progressivement ses mémoires aux autorités françaises vers des schémas s'inspirant davantage de l'expérience de la Banque d'Angleterre. Ce revirement pouvait naturellement troubler ses interlocuteurs. Law dut s'en apercevoir puisqu'il rédigea plusieurs mémoires sur les banques et diverses lettres à Desmarets et au Régent au cours de l'année 1715 pour justifier et affiner ses nouveaux projets.

Il répondit tout d'abord aux deux objections de principe que ses interlocuteurs français formaient contre tout projet de banque en France. La première était l'idée selon laquelle une telle institution n'était pensable que dans le contexte d'une république ou d'une monarchie constitutionnelle. Dans une monarchie absolue, à l'inverse, la tentation du roi de prélever dans les encaisses pour satisfaire son entourage serait irrésistible et ruinerait la confiance si nécessaire au succès de l'entreprise. Cet argument était notamment relayé par Saint-Simon auprès du Régent.

Pour lever cette objection, Law proposa, de manière en apparence paradoxale, que le statut de la banque soit public, contrairement à son homologue anglaise. À rebours de l'opinion moderne, Law considérait que la nature strictement étatique de la banque – caractérisée par la nature publique des deniers manipulés et par une gouvernance placée entre les mains du roi – était une garantie de crédibilité. En effet, si la banque était caissière du roi, les risques de mainmise sur l'encaisse monétaire seraient réduits, puisque ce dernier, en puisant dans la caisse, ne ferait ainsi qu'avancer le paiement de ses propres revenus. Et pour prix de cette avance, il ruinerait le crédit de l'établissement et ne pourrait par la suite disposer que de billets dont la valeur aurait précisément été détruite par la disparition de leur gage métallique. À l'inverse, une banque détenue par des agents privés serait selon lui sans cesse soumise aux pressions d'un souverain tenté de prélever des espèces dans la caisse. Law doutait fortement – et il avait évidemment raison sur ce point – de la capacité d'une assemblée d'actionnaires privés à résister aux pressions d'un monarque absolu. Pour renforcer l'intérêt du roi à se comporter comme un protecteur de la banque, il proposa même de faire le lien entre cette institution et l'amortissement de la dette : ses associés et lui-même se verraient attribuer le quart des bénéfices de la banque, le roi les trois autres quarts, qui pourraient être utilisés pour amortir la dette.

La seconde objection portait sur le lien entre les billets émis et les encaisses métalliques déposées à la banque. La convertibilité des billets en espèces d'or et d'argent à la demande du porteur étant un point consensuel, la question était de savoir dans quelle mesure la banque pouvait employer une partie de ses encaisses pour effectuer des prêts. Sur ce point crucial, Law se montra particulièrement évasif. Dans ses écrits antérieurs, il avait parfaitement décrit le mécanisme des réserves fractionnaires existant dans certaines autres banques européennes et se montrait partisan de ce système. Il avait montré que la limitation du montant des billets à l'encaisse métallique déposée bloquait la création monétaire et que, dans de telles conditions, la banque n'aurait pour effet que d'accroître la vitesse de circulation de la monnaie en créant un moyen d'échange plus simple et plus commode. L'effet aurait été certes équivalent à un accroissement de la masse monétaire, mais dans des proportions modestes. Il remarquait à l'inverse que « la Banque d'Angleterre produit d'autres avantages au commerce et à toutes les parties de l'État, car elle ne garde pas en caisse toutes les sommes pour lesquelles elle donne des billets ».

Du reste, le simple fait que, dans ses esquisses, certains impôts devaient être obligatoirement payés en billets impliquait un flux constant de dépôts d'espèces de la part de personnes désirant se procurer des billets à cet usage, rendant inutile une couverture métallique intégrale. C'est en application de ce principe que, dans son projet de banque de Turin de 1711, il avait proposé de prêter les espèces déposées à 4 % d'intérêt – des prêts d'une durée maximale d'un an – et dans la limite de 25 % de l'encaisse, ce qui correspondait d'ailleurs à la pratique de la Banque d'Angleterre.

Cela étant, afin de rassurer ses contradicteurs inquiets du risque d'inconvertibilité des billets, il céda sur ce point et indiqua dès le mois de juillet 1715, dans une lettre à Desmarets, que, compte tenu de la défiance existant en France à l'égard du papier-monnaie, il était plus prudent d'encadrer les possibilités d'utilisation de l'encaisse : « la Banque ne doit pas être tentée d'en faire un emploi considérable ». C'est pourquoi il proposa finalement une solution de compromis : n'employer une partie de l'encaisse que sur autorisation du contrôleur général.

Si donc la lecture des différents textes ne laisse aucun doute sur sa volonté d'employer une partie des encaisses à des fins commerciales à l'image de la Banque d'Angleterre, Law choisit de s'avancer masqué. À plusieurs reprises, il souligna l'importance de considérer le crédit comme un bienfait qui se gagne dans le temps. Dès lors, on peut imaginer que son véritable projet était que la banque limite les émissions à son encaisse dans un premier temps. Puis, lorsque la confiance du public lui serait acquise, elle pourrait émettre des billets bien au-delà de l'encaisse métallique déposée dans ses coffres.

Concession supplémentaire pour tenir compte des réticences des autorités, il renonça à réclamer le cours forcé des billets. Il écrivit que forcer le crédit ne pourrait que créer de la défiance et conduire à une dévalorisation du billet par rapport aux devises étrangères sur le marché des changes et à une fuite des espèces métalliques à l'étranger. Dès lors, le cours des billets devrait se soutenir lui-même par la seule « bonté » de l'établissement bancaire.

Après avoir répondu aux deux objections précédentes, Law précisa son schéma en joignant un projet de lettre patente annexé à son mémoire sur les banques de juillet 1715. Renouant avec certaines propositions antérieures, ce document contenait une véritable bombe en son article 12. Il prévoyait en effet que, pour marquer la confiance que le roi place dans l'établissement, tous les impôts de toutes natures versés à Paris devraient l'être en billets de la banque « excepté quand ces paiements seront pour des sommes moindres que le plus petit de ces billets ». Au-delà de la marque de confiance, il s'agissait bien d'un mécanisme puissant de drainage des espèces du royaume vers la banque, puisque pour respecter cette contrainte les contribuables devraient y déposer des espèces pour les échanger contre des billets. Si une telle disposition entrait en vigueur, la banque française deviendrait rapidement beaucoup plus puissante que son homologue anglaise.

Desmarets semble avoir été convaincu par les arguments de Law et il est très probable qu'il ait évoqué ce sujet avec Louis XIV durant l'été 1715. Malheureusement, le déclin rapide du roi et son entrée en agonie à la fin août vinrent de nouveau contrecarrer – ou du moins retarder – les projets de l'Écossais. Comble de malchance, les relations de confiance construites avec Desmarets allaient rapidement perdre de leur valeur puisque le dernier contrôleur général de Louis XIV devait figurer parmi les premières victimes du changement à la tête de l'État.

Pourtant, sans se décourager ni perdre de temps, Law réactiva ses relations à haut niveau avec le Régent et son entourage dès la mort de Louis XIV le 1er septembre. Il sollicita immédiatement et obtint au moins un entretien avec le Régent au cours du mois de septembre. Le duc d'Antin, qui devait devenir président du conseil du Dedans – l'Intérieur – rapporte qu'il le rencontra également à ce moment et qu'il lui fit une forte impression. Subjugué mais néanmoins prudent, le Régent demanda à ses experts financiers – Noailles, futur président du conseil des finances, mais également Hilaire Rouillé du Coudray, ancien plus proche collaborateur de Desmarets et homme de confiance de Noailles, et Amelot, futur membre influent du conseil de commerce – de travailler directement avec l'Écossais. Des séances de travail furent organisées entre Law et ces futurs dirigeants des finances. Le duc d'Orléans dut sans doute se montrer très pressant et dans de bonnes dispositions vis-à-vis de Law puisque la correspondance de Noailles indique que ce dernier eut de nouveau une séance de travail sur le projet de banque avec ses collaborateurs Fagon, Le Peletier des Forts et Rouillé du Coudray dès le 7 octobre. Il y eut également la production de divers mémoires et questionnaires, auxquels Law répondit à la satisfaction du duc de Noailles.

Malgré le soutien du Régent et le bon accueil que lui réserva Noailles, cette deuxième tentative fut un nouvel échec. Lors d'une séance du conseil des finances présidée exceptionnellement par le Régent le 20 octobre, le projet fut rejeté. Deux éléments semblent avoir « retourné » l'assemblée, et en premier lieu le duc de Noailles. D'une part, Rouillé du Coudray, sans doute le meilleur expert du moment, produisit la veille un rapport approfondi dans lequel il démontrait que le projet aboutirait nécessairement à l'utilisation d'une partie de l'encaisse métallique pour des opérations faites au profit soit de la banque soit du roi. Autrement dit, et contrairement aux dénégations de Law, la masse des billets excéderait l'encaisse monétaire, ce qui affaiblirait le crédit de la banque.

D'autre part, un groupe de financiers et de négociants, auditionnés par l'assemblée à titre d'experts, s'exprima majoritairement en défaveur de l'Écossais. Il est probable que cet avis négatif frappa plusieurs membres du conseil des finances, au premier rang desquels Noailles, qui déclara à l'issue du tour de table que la conjoncture n'était pas propice à l'établissement de cette banque, si utile fût-elle en principe, dans la mesure où elle n'aurait pas la confiance du public. Face à l'opposition très majoritaire de ses conseillers, le Régent trancha – sans doute surpris, et à contrecœur – en défaveur du projet, concluant qu'« il fallait annoncer à tout le monde dès aujourd'hui que la banque était manquée ».

Les semaines suivantes furent certainement assez pénibles pour Law qui semblait bien cette fois-ci toucher au but après tant d'années d'efforts et de rebuffades. Relatant cette nouvelle déconvenue dans des termes désabusés à son ancien protecteur et duc de Savoie Victor-Amédée II en février 1716, il lui proposa de nouveau ses services, envisageant un projet de reconversion d'une partie de la dette du royaume en loteries et une réactivation de son projet de banque à Turin. Seuls des problèmes de santé apparemment assez sérieux pour l'empêcher de voyager lui interdirent de se rendre de nouveau dans la capitale du Piémont.

Il laissa également percer son amertume dans un nouveau mémoire adressé au Régent et daté de début 1716. Il y exposait d'une part, contre toute vraisemblance, qu'il n'était pas nécessaire d'avoir l'approbation du conseil des finances et du parlement, le roi étant libre de faire gérer la caisse du Trésor par qui il veut, dès lors que rien ne change dans les règles de perception des recettes[1]. D'autre part, il considérait que les conseils dont s'était entouré le Régent étaient soit incompétents – « je crois que je ne fais pas injustice à ces messieurs, qui ont donné leur opinion contre l'utilité des banques et l'établissement de mon projet, quand je dis qu'ils n'entendent pas la monnaie ni le crédit » –, soit en conflits d'intérêts – « si S.A.R. veut prendre l'opinion des autres sur l'établissement d'une affaire de cette importance, qu'elle choisisse des personnes qui raisonnent juste, et qui ne soient pas prévenues ni intéressées ».

Il faut bien admettre que ce second argument n'était pas déraisonnable. Les banquiers privés, en particulier, n'avaient aucun avantage à voir émerger une grande banque concurrente, dotée de privilèges royaux sur ses émissions de billets et capable de limiter l'emprise des financiers sur l'État. Pour eux, la solution pour remédier à l'insuffisance de monnaie était le rehaussement des espèces, mesure qu'ils allaient d'ailleurs obtenir quelques semaines après le rejet du projet de Law. C'est une constante de l'histoire financière : les financiers sont presque toujours partisans de l'expansion monétaire car celle-ci a pour effet, du moins dans un premier temps, de soutenir le cours des actifs et de faciliter les remboursements des dettes.

1. De telles consultations n'auraient certainement pas été nécessaires sous Louis XIV. Mais, avec le renforcement du pouvoir du parlement et la polysynodie, parties intégrantes de l'équilibre politique du moment, on voit mal comment le Régent aurait pu y échapper.

Les premiers pas de la Banque générale

Même si le sort lui semblait défavorable, Law continua de miser sur le Régent. C'est même durant les semaines suivant le rejet du projet que les deux hommes se découvrirent des affinités profondes. Si Law ne devint jamais un intime de Philippe d'Orléans – encore moins un compagnon de débauche et de beuverie –, il dut exercer sur lui un ascendant extraordinaire sans lequel on ne peut pas comprendre le soutien qui lui fut apporté, parfois jusqu'à la limite du raisonnable. Au-delà de leurs intérêts bien entendus – Law l'alchimiste de la finance promettait un enrichissement sans douleur à un Régent naturellement porté aux solutions confortables –, il est certain que cette relation prit un tour plus personnel. D'un côté un souverain non conventionnel, particulièrement ouvert aux idées nouvelles, peu accessible aux préjugés – religieux, moraux, politiques… – et faisant davantage confiance au talent qu'à la vertu, de l'autre un esprit à la fois original et profond, dont la virtuosité technique et rhétorique subjuguait tous ceux qui l'approchaient.

Il faut dire que Law continuait inlassablement ses démarches. Outre un nouveau mémoire sur les banques écrit à l'attention de Philippe d'Orléans en décembre 1715 et qui rappelait tous les avantages d'une banque qui serait « caissier du roi », il produisit en décembre une curieuse *Lettre au Régent*, peut-être le plus étonnant de tous ses écrits. Dans ce document très court, il rappelait dans un premier temps en termes emphatiques tous les bienfaits que l'Angleterre avait pu tirer de la création de sa banque durant la guerre de Succession d'Espagne, estimant qu'« un peuple qui se servirait des armes à feu n'aurait pas plus d'avantages dans ses guerres contre un peuple armé d'arcs et de flèches que les Anglais ont eu sur les Français en matière de commerce ». Puis, oscillant entre lyrisme et boniment de foire, il faisait référence à une présentation orale d'un plan beaucoup plus ambitieux qu'il aurait déjà faite au Régent quelque temps auparavant : « Votre Altesse se souviendra qu'un jour, étant à Marly, elle me fit l'honneur de me dire que par les ouvertures que je lui faisais, elle commençait de voir au travers des difficultés des affaires de ce pays. J'eus l'honneur de lui dire alors que mon idée de banque n'était pas la plus considérable, que j'en avais une par laquelle je fournirais 500 millions qui ne coûteraient rien aux peuples. » Sans que l'idée en question soit dévoilée, cette assertion laissait clairement entendre que la banque et la mise en circulation d'une monnaie de papier n'étaient que la première étape d'un plan ayant pour objectif de régler la crise des finances publiques, le tout sans effort…

Durant cette période de grande incertitude, Law dut recevoir de Philippe quelques assurances puisqu'il retravailla à son projet avec énergie. Malgré ses déclarations enflammées, il accepta de revoir considérablement à la baisse ses ambitions initiales. Fini le projet d'une banque d'État servant de caissier au roi et dont l'un des objectifs affichés serait d'amortir la dette de l'État ! Place à une banque privée assez peu originale, au capital plutôt modeste, dont le risque financier ne reposerait que sur des particuliers et sur John Law lui-même, premier actionnaire ! Cette banque de dépôt ne pourrait émettre que des billets libellés en écus de poids et de taille spécifiés à l'avance[1] – donc représentatifs d'une quantité de métal bien définie. Le but était évidemment d'encourager les détenteurs d'espèces à les déposer en les échangeant contre un moyen de paiement plus commode mais aussi solide que les espèces et immunisé contre la taxe de seigneuriage prélevé par le Trésor à chaque manipulation monétaire. D'un projet de machine économico-financière censée remédier à la crise des finances publiques ne subsistait qu'un sage institut de crédit produisant un adjuvant bienvenu à la circulation monétaire traditionnelle.

1. Ces billets-écus de banque, d'une valeur de 10 000, 1 000, 100 et 10 écus, étaient libellés comme suit : « La banque promet de payer X écus de poids et de taille de ce jour » (date d'émission indiquée sur le billet).

Dans de telles conditions, qui levaient les principales objections, la création de l'établissement pouvait être à peu près consensuelle. Il fallut pourtant, pour réussir, que le Régent intervienne discrètement auprès de chacun des membres du conseil des finances et les assure de son engagement entier en faveur du projet. Contrairement à l'épisode du mois d'octobre, le terrain avait cette fois été bien préparé. Saint-Simon laisse entendre que quelques pots-de-vin facilitèrent l'opération.

Le projet prit la forme d'une série de lettres patentes présentées au conseil des finances puis au conseil de régence sans soulever d'opposition. Ces documents furent enregistrés sans encombre par le parlement au cours du mois de mai 1716. Par ces textes, la banque, baptisée Banque générale, se voyait accorder une concession de vingt ans pour mener ses activités. Pour parer à d'éventuelles critiques relatives à la direction d'un tel établissement par un étranger, le Régent décida de naturaliser John Law. Ce fut chose faite par lettre de naturalisation enregistrée au parlement le 26 de ce même mois.

Pourtant, un esprit averti aurait pu dès l'origine déceler quelques ambiguïtés lourdes de conséquences pour la suite. C'est que les lettres patentes fournissaient très peu de précisions quant au fonctionnement et aux missions de la Banque générale. Autant elles étaient prolixes sur les détails – localisation géographique au domicile de Law, nombre de serrures sur les coffres, qualité des personnes en possession des clés, etc. –, autant elles étaient silencieuses sur des points aussi importants que la politique d'émission de billets et la nature des opérations autorisées. Certes, des dispositions précisaient qu'elle devait rembourser ses billets en espèces à la demande et ne pouvait pas prêter de l'argent à intérêt – ce qui limitait considérablement son pouvoir de création monétaire. Elles indiquaient aussi que l'établissement ne pouvait effectuer des opérations du type de celles d'une compagnie de commerce.

Toutefois, la banque se voyait implicitement dotée de la capacité d'escompter des effets commerciaux et des lettres de change, dans des conditions très imprécises. Elle pouvait également procéder à des opérations de change. Pour résumer, les textes fondateurs ne précisaient tout simplement pas si elle aurait ou non un pouvoir de création monétaire ! Mais à leur relecture attentive, on comprend surtout que c'est le roi – donc le Régent –, nommé « protecteur » de l'institution, qui déciderait librement de la politique d'émission. Ce point est capital pour la suite : contrairement à la Banque d'Angleterre, ce n'étaient pas des actionnaires privés et des directeurs responsables devant une assemblée générale qui détermineraient la stratégie générale de l'établissement, mais le pouvoir royal, sans aucun contre-pouvoir.

On n'insistera jamais assez sur le caractère très limité de l'opération initiale – quasiment une expérimentation –, le tout réalisé dans une indifférence et une incompréhension assez générales. « Presque personne ne sait le véritable objet de cet établissement, ni comment il se créera », note Buvat, observateur pourtant bien informé, le 19 juin 1716, dans sa *Gazette de la régence*. De fait, la Banque générale fut dotée d'un capital modeste de 6 millions de livres, réparti en 1 200 actions de 5 000 livres. Pour rendre l'investissement attractif, les fonds pouvaient être versés en plusieurs échéances, et, à hauteur des trois quarts, en billets d'État dévalués – mais repris à cette occasion par la banque à leur cours facial –, ce qui était naturellement une très bonne opération pour les souscripteurs. Pour lancer le mouvement, Law investit personnellement dans la banque à hauteur d'un quart du capital.

C'est alors qu'il put commencer à donner la mesure de son talent tant de financier que de tacticien et de communicant. Pour assurer le succès de son établissement, il commença par « casser les prix ». Alors que le taux d'escompte pratiqué par les banquiers et financiers de la place se montait couramment à 30 %, la Banque générale pratiqua d'emblée des taux beaucoup plus bas, de 6 % puis de 4 %. L'établissement cassa également les prix en matière d'opérations de change avec l'étranger, captant à son profit un marché particulièrement lucratif monopolisé jusqu'ici par quelques grands financiers, au premier rang desquels l'incontournable Samuel Bernard et les frères Pâris. Il accepta notamment d'honorer les lettres de change sans escompte, ce qui, là encore, était une manière de briser la concurrence.

Il est évident que la souscription, dans un contexte de méfiance généralisée et d'opposition des financiers traditionnels, ne put réussir que grâce à l'engagement personnel, politique et financier, de Philippe d'Orléans. Le même Régent parvint également à rallier à sa cause quelques grands noms, restés malheureusement dans l'anonymat, et à les convaincre d'« amorcer la pompe » en déposant leurs espèces dans cet établissement. Selon certaines sources, il ordonna également à l'hôtel des monnaies de déposer auprès de la banque un million de livres en espèces, ce qui envoyait bien évidemment un signal de confiance au public.

De son côté, et malgré les affirmations de Saint-Simon, le duc de Noailles se montra dans un premier temps extrêmement loyal vis-à-vis de Law. Malgré son orthodoxie monétaire, le président du conseil des finances voyait dans les entreprises de Law un moyen de soutenir l'économie, de pallier la pénurie des espèces et un complément utile, bien qu'accessoire, à sa politique de rigueur. Sa correspondance avec quelques grands négociants de province et avec les intendants témoigne de son engagement à vaincre les réticences initiales des acteurs économiques vis-à-vis de l'établissement.

La stratégie de Law, combinée au soutien de l'appareil d'État, s'avéra très efficace puisque les dépôts affluèrent dès le mois d'août 1716 et la création de billets commença à décoller à ce moment, ce qui modifia favorablement la perception qu'en avait l'opinion publique. Le fait que la banque ne fît jamais défaut et se montrât capable de convertir quasi immédiatement en espèces les billets qui lui étaient présentés permit de gagner progressivement la confiance du public.

Il reste que cette capacité de l'établissement à attirer des dépôts ne saurait à elle seule expliquer des résultats financiers et le versement de dividendes mirobolants dès sa première année d'existence. Si l'on en croit les comptes qui nous sont parvenus, la Banque générale aurait en effet généré 738 000 livres de bénéfice sur les dix-huit mois d'exercice s'étalant de la mi-1716 à la fin 1718. Ce rendement de 8,2 % par an ne paraîtrait pas exceptionnel si l'on oubliait que le capital avait été souscrit aux trois quarts en billets d'État dépréciés de 60 %. Si l'on corrige de cet effet, le rendement se montait à 15 %.

Il est difficile de croire que les seules opérations d'escompte à 4 % et les commissions prises sur la tenue des comptes courants aient pu générer de tels profits. Il faut donc admettre que la banque avait d'autres activités lucratives, qui, pour dégager une telle rentabilité, ne pouvaient être que des opérations de prêt portant intérêt. Il y a donc fort à parier que le volume de billets émis fut rapidement bien supérieur à l'encaisse métallique détenue, en cohérence avec le principe des réserves fractionnaires que Law avait si bien décrit dans ses multiples mémoires. Certes, ces opérations étaient interdites par les statuts, comme on l'a vu. Mais en l'absence d'un quelconque contrôle – à l'exception de celui exercé par un régent aussi bienveillant qu'intéressé – par des actionnaires ou des commissaires aux comptes, le directeur franco-écossais avait les mains totalement libres et pouvait commencer à mettre en œuvre par anticipation les autres phases de son grand dessein. Les registres de la banque ayant été détruits, nous ne connaîtrons malheureusement jamais ni la nature ni l'ampleur de ces opérations.

Ce qui est sûr, c'est que le succès incontestable de sa « petite » banque allait lui servir de tremplin.

Law joue, et gagne…

La partie n'était plus seulement financière. Law, l'inlassable projeteur, le financier mirobolant et le conseiller très écouté, devait, pour aller de l'avant, sortir de l'ombre et entrer de plain-pied dans un jeu beaucoup plus politique, pour ne pas dire politicien.

À l'automne 1717, Philippe d'Orléans savait qu'il était parvenu à un tournant. D'un côté, Noailles le pressait d'approfondir une politique impopulaire et dont les résultats se faisaient attendre. De l'autre, John Law lui faisait inlassablement entrevoir la possibilité d'une « autre politique », fondée sur le développement du crédit et une gestion active de la dette publique à la mode anglaise. Le conflit devenait chaque jour plus ingérable et Law n'hésitait plus à se plaindre auprès du Régent et de Saint-Simon du comportement du président du conseil des finances. À ce moment décisif, il sut également trouver en l'abbé Dubois un allié objectif. Il est vrai que les ambitions croissantes de l'âme damnée du Régent et aspirant cardinal se trouvaient contrariées par un Noailles qui se voyait bien en Premier ministre de fait. À cet argument très politicien se combinait chez lui une sincère croyance dans les bienfaits d'une banque qui, au passage, permettait de graisser un peu les leviers de sa diplomatie secrète.

Ce conflit s'exacerbait sur fond d'hostilité croissante du parlement qui demandait sans cesse des comptes sur la conduite des affaires, allant bien au-delà de toutes les libertés et faveurs qui lui avaient été consenties par le Régent en 1715. Au point où les choses étaient parvenues, n'importe quelle décision du gouvernement était susceptible de déclencher une nouvelle crise. Aussi bien Noailles que Law devaient passer de longues heures en réunions avec des parlementaires pour les convaincre de la pertinence des décisions prises en matière économique et financière.

Philippe d'Orléans organisa alors une réunion entre les protagonistes. Elle prit la forme d'un après-midi suivi d'un souper qui se tint le 6 janvier à la Roquette, résidence du duc de Noailles, rue du Faubourg-Saint-Antoine. Outre le Régent et Noailles, y participèrent Law, d'Antin et le chancelier d'Aguesseau – seul capable d'apaiser les tensions entre le gouvernement et le parlement. D'après les confidences du duc d'Antin, il semble que les arguments des uns et des autres furent librement échangés. L'objectif du Régent était à l'évidence de trouver un consensus sur la conduite de la politique économique et financière, à un moment où Noailles supportait de plus en plus difficilement l'influence de l'Écossais.

Law tenta notamment de convaincre Noailles et d'Aguesseau de la nécessité de franchir une étape supplémentaire vers l'étatisation de la banque. Revenant très précisément à ses positions de l'été 1715, il préconisa d'étatiser la Banque générale et de faire un pas décisif vers le cours forcé des billets en imposant la monnaie de papier comme seul moyen légal pour toutes les transactions supérieures à 500 livres. En outre, cet établissement, devenu « Banque royale », deviendrait le caissier de l'État, auprès duquel serait obligatoirement déposée la plus grande partie des recettes fiscales.

Malgré son soutien initial aux projets de Law, Noailles se braquait contre les nouvelles propositions de l'Écossais depuis l'automne 1717. Comme toujours, les motivations des acteurs resteront à jamais incertaines. Dans le cas de Noailles, cependant, on peut facilement imaginer au moins deux motifs de résistance. Le premier portait sur le fond. Noailles avait été convaincu en 1715 par la critique orthodoxe mettant en avant le risque qu'une banque nationale fasse inévitablement les fins de mois du Trésor royal, ce qui minerait sa crédibilité. Le comportement peu économe, voire désinvolte, du Régent sur ces questions ne l'avait certainement pas fait changer d'avis en ce début 1718. Les comptes peu transparents de la banque et les probables libertés prises avec ses statuts n'avaient pu qu'éveiller sa méfiance.

Le second était plus politique. Sentant l'hostilité croissante du parlement vis-à-vis de sa politique économique et financière, il pensait que la nationalisation de la banque, sa mise sous coupe réglée par un étranger et l'affaiblissement des financiers qui en résulterait seraient un *casus belli* avec cette assemblée. Si cet argument était pertinent, on ne peut toutefois exclure qu'il chercha de cette manière à instrumentaliser le parlement, à faire cause commune avec lui pour mieux affaiblir l'entreprenant Law en qui il voyait un rival chaque jour plus envahissant.

La réunion se solda sur un constat de désaccord. La brouille entre Law d'un côté et le tandem Noailles-d'Aguesseau de l'autre était consommée. Mais Law avait gagné la partie grâce à son brio habituel, d'autant plus remarquable qu'il ne s'exprimait pas dans sa langue maternelle et qu'avec Noailles et d'Aguesseau il avait affaire à de rudes contradicteurs. Saint-Simon nota à cette occasion : « Cet Écossais, avec une énonciation de langue peu facile, avait une netteté de raisonnement et un lumineux séduisant, avec beaucoup d'esprit naturel qui, sous une surface de simplicité, mettait souvent hors de garde. » L'affaire était donc entendue. Mais même si, devant tant d'éloquence, le soutien du Régent à Law était acquis, Philippe d'Orléans devait faire à présent ce qu'il avait le plus en horreur : trancher.

Quelques jours après cette entrevue, le parlement de Paris envoya des remontrances questionnant la pertinence de verser les recettes publiques à une « nouvelle caisse » – allusion transparente au projet d'étatisation de la Banque générale. Déclenchée initialement par les rumeurs – peut-être alimentées par d'Aguesseau, resté très proche des magistrats – concernant les nouveaux projets de Law, la fronde du parlement prit dans les semaines suivantes une ampleur plus vaste et plus inquiétante. Le parlement s'assembla le 14 janvier 1718 sous le prétexte d'enregistrer deux textes anodins portant création de deux nouvelles charges – l'une de trésorier des bâtiments, l'autre d'argentier des écuries. Mais l'objet principal de cette assemblée se révéla rapidement être une critique virulente non seulement de la politique financière du Régent mais aussi du fonctionnement de la polysynodie, dont les conseillers dénonçaient les lenteurs. Les jours suivants furent consacrés à l'examen de ces questions, notamment à l'audition du prévôt des marchands de Paris au sujet de la situation des rentes de l'Hôtel de Ville. Des remontrances furent rédigées. Le 26 janvier, une délégation de parlementaires vint les présenter au Régent. Pour la seconde fois depuis l'été 1717, le parlement s'érigeait ainsi en véritable commission d'enquête sur la conduite de la politique économique et financière du gouvernement. De nouveau, Law et ses projets étaient directement visés. Cette fois-ci, le Régent résolut de ne pas céder.

Sa première réaction fut de procéder à un « remaniement ministériel ». Exit le chancelier d'Aguesseau, soupçonné avec quelques raisons de connivence avec le parlement. Les sceaux lui furent retirés le 28 janvier et il dut se retirer en exil sur ses terres de Fresnes. Comprenant immédiatement que sa position devenait intenable, le duc de Noailles donna sa démission et obtint du Régent en compensation une place au conseil de régence.

Sur les conseils de Saint-Simon, ces deux charges furent placées sur les solides épaules du marquis Marc-René Le Voyer de Paulmy d'Argenson, ci-devant lieutenant général de police de Paris depuis 1697 et membre du conseil du commerce. Le choix du vétéran d'Argenson – 67 ans – à la tête des Sceaux était parfaitement compréhensible. Il signifiait ni plus ni moins une déclaration de guerre au parlement. D'Argenson était en quelque sorte l'anti-d'Aguesseau et incarnait tout ce qu'abhorrait le parlement : grand pourfendeur du jansénisme sous Louis XIV alors que de nombreux magistrats étaient sensibles aux thèses des solitaires de Port-Royal ; ami des jésuites quand le parlement était le champion des libertés gallicanes ; partisan de l'absolutisme royal quand le parlement revendiquait une sorte de droit de regard sur les décisions du Régent. Et, surtout, d'Argenson était réputé pour son absence d'état d'âme en matière d'affaires judiciaires, contournant le cas échéant procédures et récriminations des magistrats pour parvenir à ses fins. Si l'on ajoute que, lieutenant général de police de Paris pendant vingt ans, il connaissait tous les grands et petits secrets des puissants du royaume – Saint-Simon affirme, sans doute avec quelque exagération, qu'« il avait mis un tel ordre dans cette innombrable multitude de Paris qu'il n'y avait nul habitant dont jour par jour il ne sût la conduite et les habitudes » –, on peut affirmer que jamais le parlement n'aurait pu imaginer un adversaire plus déterminé.

Le choix de placer d'Argenson également à la tête de l'administration des finances – il prit le titre curieux de « directeur des finances » tandis que le duc de La Force fut promu président d'un conseil des finances en déclin accéléré – était moins intuitif. L'intéressé en fut le premier surpris, qui parut à Saint-Simon, « effarouché par le poids des finances ». Il est vrai que, contrairement à Noailles, il n'avait pas de lumières particulières en cette matière. En outre, le caractère écrasant de la tâche joint à la cohabitation avec un John Law tout-puissant avait de quoi faire peur même à cet incroyable bourreau de travail.

Certains historiens et contemporains ont émis l'hypothèse que d'Argenson aurait été choisi uniquement pour laisser les mains libres à Law. Il est certain que son esprit manœuvrier le prédisposait à supporter la concurrence de l'Écossais. Mais ce serait méconnaître le caractère du personnage, peu réputé pour son laisser-faire, de ne le considérer que comme un homme de paille. Il faut plutôt voir dans cette opération une répartition des tâches assez habile. Les deux hommes n'avaient certainement pas la même sensibilité en matière économique, bien que d'Argenson ait soutenu dès l'origine la Banque générale. Le pari du Régent était néanmoins qu'ils pourraient s'avérer complémentaires. À l'énergique d'Argenson reviendrait la gestion courante des affaires économiques et fiscales, l'exécution efficace des décisions et, surtout, le traitement musclé du parlement. À Law l'infatigable projeteur seraient confiées la grande stratégie et la conduite des opérations proprement financières. La combinaison pouvait se plaider.

Le renvoi du couple d'Aguesseau-Noailles ne devait être toutefois que le premier acte d'une mise au pas du parlement dont Law allait pleinement profiter par ricochet. Le deuxième acte fut plus long et s'ouvrit par une série de guérillas procédurales. Si le conflit prit des formes multiples – refus d'enregistrement, réunions de commissions examinant la situation des finances, arrêts du parlement, cassation de ces arrêts par le conseil de régence, députations envoyées au Régent… –, c'est à l'occasion d'une nouvelle décision de dévaluation de la livre prise par le couple d'Argenson-Law en mai 1718 que le conflit s'envenima. Le parlement n'ayant pas été consulté – contrairement à la dévaluation de décembre 1715 –, il en conçut une animosité générale pour tous les textes qui lui étaient dorénavant soumis. Il faut dire que l'attitude ouvertement méprisante du nouveau garde des Sceaux n'était pas de nature à calmer les esprits.

En août 1718, le conflit s'envenima pour atteindre un point de non-retour. Le 12 août, le parlement prit de sa propre autorité un arrêt ramenant la banque aux activités prévues par les lettres patentes qui l'avaient créée, c'est-à-dire interdisant aux receveurs des finances de lui apporter leurs recettes en espèces pour les échanger contre des billets. De manière encore plus provocante, il interdisait à tout étranger de procéder au maniement de deniers publics. C'est donc tout le programme d'expansion de la Banque générale, qui faisait de ce mécanisme le cœur de la production de billets, qui était ainsi mis en péril. De nouveau, l'Écossais était au centre de l'affaire et c'est à travers lui que le Régent était attaqué. D'origine étrangère, au passé douteux, trop sûr de lui, détesté de nombreux financiers et rentiers inquiets et bien représentés au parlement, il était le bouc émissaire idéal d'un conflit qui le dépassait. Il sut néanmoins en tirer parti avec une habileté exceptionnelle.

Dans ce contexte, Law dut mettre un frein à ses projets et se contenta de sécuriser ses positions en jouant dans les coulisses. Tandis que couraient des rumeurs concernant un mandat d'arrestation que le parlement préparerait contre lui, il craignit pour sa sécurité et quitta son domicile pour s'installer quelques semaines au Palais-Royal. Plusieurs témoins nous le décrivent durant l'été comme apeuré, tremblant, en proie à un profond désarroi. Une telle attitude est pourtant peu vraisemblable s'agissant d'un homme connu pour son sang-froid en toutes circonstances. On ne peut exclure qu'il ait surjoué le rôle du fugitif pourchassé par un parlement enragé et sans aucun contrôle.

Le Régent était décidé cette fois-ci à imposer sa volonté au parlement. Après consultation de son entourage le plus proche, notamment Dubois, Law, Saint-Simon et d'Argenson, il se résolut à faire plier les magistrats par la tenue d'un lit de justice. La séance se tint aux Tuileries le 26 août. Ce coup de force permit au Régent de faire enregistrer les textes en souffrance et d'avoir enfin les mains libres pour l'avenir. Dans la foulée, il décida en septembre de supprimer le système de la polysynodie et d'en revenir au système ancien des secrétaires d'État. Cette décision, il est vrai, ne faisait que mettre la règle en conformité avec la pratique : depuis plusieurs mois, déjà, les conseils ne se réunissaient plus qu'épisodiquement et pour traiter d'affaires de plus en plus subalternes. Quant au conseil de régence, il survivait mais comme une simple chambre d'enregistrement où tout débat sur le fond était exclu. Au-delà de l'effondrement du rêve de Saint-Simon de réintégrer la grande noblesse d'épée dans la gestion courante des affaires de l'État, cette décision donnait un signal supplémentaire de la volonté du Régent d'être enfin le maître.

À la fin de l'été 1718, Law avait donc remporté une victoire décisive. Le départ de Noailles avait fait de lui *de facto* le maître des finances et le gourou du Régent en ces matières. Il avait été suivi de la disgrâce – adoucie par une confortable pension – de son âme damnée Rouillé du Coudray. L'opposition du parlement était matée. Il avait tissé avec bonheur un vaste réseau d'influence auprès des politiques et de certains financiers, tant à force de persuasion que de clientélisme. Il s'était rapproché de l'abbé Dubois dont les ambitions dépassaient largement le seul périmètre des affaires étrangères où il faisait merveille. Enfin, le très pragmatique d'Argenson dirigeait l'administration des finances plus en partenaire qu'en adversaire.

La marche vers le cours légal

Il existe deux manières d'introduire une nouvelle monnaie : soit en la mettant en concurrence avec les monnaies existantes, avec le risque que la mauvaise chasse la bonne ; soit, par voie d'autorité, en donnant à cette nouvelle monnaie cours légal – c'est-à-dire en obligeant les vendeurs et les créanciers à l'accepter dans leurs transactions.

L'« opinion publique » à l'époque de la Régence, non plus que les membres du conseil des finances, n'était certainement pas prête à accepter une brusque déclaration de cours légal d'une monnaie de papier. Law en avait d'ailleurs parfaitement conscience, qui répétait sans cesse que le crédit devait se soutenir par la seule confiance que la banque inspirerait au public et qu'au contraire toute tentative de l'État de l'imposer serait de nature à le ruiner.

Pourtant, il fut décidé de donner aux billets de la Banque générale un semi-cours légal restreint aux échanges de deniers publics, conformément aux projets initiaux de Law. Le mouvement n'eut lieu que pas à pas. Une première étape, en apparence assez anodine, fut franchie dès le 7 octobre 1716 lorsque le conseil des finances décida que les receveurs des impôts – receveurs généraux et fermiers – devraient convertir en espèces les billets qui leur seraient apportés. Cette décision revenait à faire jouer aux comptables de l'État le rôle de caissiers locaux de la banque. Elle visait naturellement à accroître la confiance du public dans ses billets.

Un pas supplémentaire vers l'acceptation générale des billets de la banque comme monnaie fut réalisé avec l'arrêt du conseil du 10 avril 1717 qui disposait que : « À commencer du jour de la publication [de cet arrêt], les billets de la Banque générale seront reçus comme argent dans tous les bureaux de recettes, fermes et autres revenus de Sa Majesté, pour le payement de toutes les espèces de droits et d'impositions. Ordonne en outre qu'à commencer du même jour, tous ses fermiers comptables, fermiers et sous-fermiers, leurs receveurs et commis comptables et autres chargés du maniement de ses deniers dans l'étendue de son royaume, pays et terres de son obéissance, seront tenus d'acquitter à vue, et sans aucun escompte, les billets de ladite banque qui leur seront présentés. »

« Acquitter à vue » : cela revenait à assurer la convertibilité des billets en métal pour tout particulier qui en ferait la demande. Ces billets étaient donc bien gagés sur l'encaisse métallique de la banque. « Sans escompte » : cela signifiait qu'ils avaient pleinement valeur libératoire pour l'extinction des dettes fiscales. Il s'agissait donc bien de monnaie.

Un autre arrêt, en date du 1er septembre 1717, disposait que la part des recettes fiscales de Paris et de ses faubourgs qui devait remonter au Trésor royal le serait désormais sous forme de billets. Concrètement, cela obligeait les receveurs des finances et autres collecteurs d'impôts parisiens à déposer les espèces collectées à la banque et à les échanger contre des billets avant de les expédier au Trésor.

Ces mesures devaient fortement soutenir le crédit de ces billets. Pour la première fois, en effet, l'État royal acceptait des billets en paiement intégral des obligations fiscales. Cette double condition de convertibilité totale en espèces métalliques et de cours légal limité au paiement des impôts devait évidemment donner un surcroît de confiance aux agents économiques et installer la nouvelle monnaie dans le paysage.

L'étatisation de la banque

À peine une année et demie après sa création sur une base modeste, les restrictions initiales fondées sur les critiques de Rouillé du Coudray avaient donc été contournées et Law avait prouvé par l'expérience que son projet pouvait fonctionner. Il pouvait se prévaloir de résultats plutôt flatteurs : une convertibilité des billets en espèces jamais mise en défaut, un afflux de dépôts en espèces, des taux d'escompte ramenés à 4 %, un accroissement de la vitesse de circulation de la monnaie favorisant l'activité, des opérations de remise d'espèces à l'étranger pour le compte du roi pour des commissions dérisoires. Sans compter les dividendes et la plus-value dégagée sur les actions qui promettaient des gains très substantiels pour les heureux actionnaires, au premier rang desquels le Régent et le premier cercle de la haute noblesse…

Plus tenace que jamais, Law utilisa ces premiers succès pour pousser son avantage et revenir à son projet avorté de l'automne 1715. Pour lui, l'établissement devait devenir la banque officielle de l'État, une banque royale. De fait, dès l'automne 1717, les fonds déposés à la banque étaient majoritairement des fonds publics en raison du développement des billets comme moyen de liquidation des impôts. Dans un *Mémoire sur la Banque générale en faveur de sa transformation en Banque royale* en date de novembre 1717, Law plaida de nouveau en faveur d'un changement de statut : « La banque s'augmentant chaque jour, bien plus encore par les fonds du roi que par ceux du commerce, elle doit être considérée non comme une banque mercantile et libre suivant les conditions de son établissement, mais comme une banque royale universelle et nécessaire suivant le premier projet qui en fut examiné dans les conseils. »

La configuration politique post-août 1718, beaucoup plus favorable, lui donnait enfin les moyens de mettre son projet en œuvre. La transformation de la Banque générale en Banque royale n'était donc plus qu'une formalité. Elle fut rendue effective par une déclaration du roi en date du 4 décembre 1718. Aux termes de cette déclaration, les émissions de billets de banque n'étaient plus limitées que par l'obligation d'obtenir l'accord du conseil de régence. En outre, c'est désormais le roi qui se portait garant des billets de banque.

Sur le plan financier, l'étatisation de la Banque générale prit concrètement la forme d'un rachat des actions par le roi. Ce rachat s'effectua sur le pied de la valeur initiale de 5 000 livres par action, une excellente opération pour les actionnaires puisque, il faut le rappeler, ces 5 000 livres avaient été payées pour les trois quarts en billets d'État dépréciés.

Quelques jours plus tard, par un arrêt du 27 décembre, l'établissement fut autorisé à ouvrir des succursales à Lyon, La Rochelle, Tours, Orléans et Amiens. Cette implantation dans les villes les plus commerçantes du royaume était indispensable pour la diffusion des billets sur une beaucoup plus large échelle. Afin d'encourager leur circulation, ce même arrêt spécifiait que, dans ces villes, toutes les transactions d'un montant supérieur à 600 livres devraient dorénavant être réglées soit en espèces d'or soit en billets. Autrement dit, Law obtenait en décembre, après le coup de force du mois d'août, ce qu'il avait vainement tenté d'obtenir par la persuasion en janvier.

Le moteur monétaire étant en place et prêt à servir, il restait à construire l'armature du dispositif. Ce fut le second élément du Système, la Compagnie du Mississippi.

Chapitre 5

La Compagnie des Indes

> *« Il arriva qu'un système tout chimérique enfanta un commerce réel, et fit renaître la compagnie des Indes, établie autrefois par le célèbre Colbert et ruinée par les guerres. »*
>
> Voltaire, *Précis du siècle de Louis XV*

Au printemps 1717, la Banque générale avait été lancée avec succès et commençait – commençait seulement – à accomplir quelques-uns des desseins de Law. Puisqu'il s'inspirait ouvertement du modèle de la Banque d'Angleterre, on pouvait penser que l'Écossais n'allait pas s'arrêter en si bon chemin, qu'il allait renforcer progressivement son capital, devenir caissier de l'État et racheter une partie de la dette publique. Des titres de la dette publique et des billets à l'actif, des encaisses monétaires provenant de dépôts et de certaines recettes fiscales au passif, le tout dans un contexte de confiance rétablie, de taux d'intérêt abaissés grâce à l'expansion monétaire et d'économie relancée, tel était le schéma anglais que Law pouvait raisonnablement espérer importer en France.

Il est vrai que le modèle de la Banque d'Angleterre n'était qu'une possibilité parmi d'autres. On sait que l'Écossais avait évoqué dès ses premiers écrits pour le contrôleur général Chamillart en 1706 l'idée qu'une compagnie commerciale pouvait également racheter des dettes de l'État. Une mise en œuvre pratique avait déjà eu lieu d'ailleurs quelques années plus tard, en 1711, en Angleterre avec le lancement de la Compagnie des mers du Sud (South Sea Company), entreprise coloniale rachetant une partie des dettes de l'État anglais.

C'est pourquoi, alors même qu'il n'avait ni la vocation ni le profil psychologique d'un entrepreneur colonial, il n'est pas étonnant que Law ait rapidement saisi toutes les potentialités du renflouement d'une compagnie de commerce colonial. Cette opportunité unique s'offrit à lui en ce printemps 1717.

La « Grande Louisiane » et la taxe d'Antoine Crozat

Si Law avait dû jusqu'à présent davantage sa réussite à son opiniâtreté plutôt qu'à la chance, c'est bien la chance qui allait lui donner l'occasion de parachever son œuvre. Ce coup de pouce de la providence vint du côté de cette chambre de justice qu'il avait pourtant tellement dénigrée. Fin 1716, en effet, le financier Antoine Crozat s'était vu infliger une amende – on disait « taxe » – impressionnante de 6,6 millions de livres, soit la plus élevée de toutes celles arrêtées par la chambre. Afin d'honorer une partie de cette dette, le financier proposa de céder à l'État les droits qu'il avait achetés quatre ans plus tôt sur l'exploitation et le commerce de la Louisiane française.

La Louisiane était la colonie française d'Amérique du Nord la plus récente puisque les premiers colons ne s'y étaient installés qu'à partir de 1699. L'espace concerné était gigantesque, s'étendant des Grands Lacs au golfe du Mexique et des Appalaches aux montagnes Rocheuses, soit plus d'une vingtaine des cinquante États américains actuels. Ce territoire occupait une position stratégique particulièrement intéressante puisque, dans le même temps qu'il donnait un accès aisé au commerce avec les possessions espagnoles des Caraïbes, il était frontalier avec les colonies anglaises d'Amérique du Nord. Autant dire que non seulement la Louisiane permettait d'envisager un commerce fructueux avec ces deux nations, mais encore qu'en s'interposant entre les deux elle leur interdisait d'entrer en commerce direct. Les mines d'or, d'argent, de cuivre et de plomb que son sous-sol était censé recéler en grande quantité selon les dires non vérifiés du gouverneur Lamothe-Cadillac ne faisaient qu'accroître l'intérêt de cette colonie pour la couronne de France.

Si Louis XIV et son secrétaire d'État à la Marine Pontchartrain avaient pris la mesure de l'importance stratégique de ce territoire, l'état des finances n'autorisait pas des investissements publics à la hauteur du défi à relever pour développer une colonie aussi vaste. C'est pourquoi la colonie vivota pendant la première décennie du XVIIIe siècle, frappée par ricochet par les rigueurs de la guerre de Succession d'Espagne. De fait, elle ne comptait en 1712 que quelque deux cents colons affamés et mal ravitaillés. Afin de développer la colonie, le roi eut recours à l'initiative privée. Après diverses recherches infructueuses d'investisseurs privés, Louis XIV signa en septembre 1712 les lettres patentes qui concédaient pour quinze ans au financier Antoine Crozat le monopole du commerce de la Louisiane. En retour, le concessionnaire ne s'engageait qu'à y envoyer au minimum deux navires par an chargés d'une vingtaine de colons.

Méfiant et sceptique sur sa capacité à développer seul ce gigantesque empire, Crozat n'investit que 1,5 million de livres et rechigna de plus en plus à aller au-delà, au fur et à mesure que s'évanouissait l'espoir de découvrir les fameuses mines argentifères. L'activité de cette compagnie stagnait, faute de capitaux, et la colonisation restait dérisoire. En 1715, la Louisiane ne comptait encore que 500 colons et la compagnie ne possédait qu'un seul vaisseau. Il est dès lors assez logique que le financier ait cherché à se désengager de cette entreprise à l'occasion de sa condamnation par la chambre de justice, fin 1716, à verser à l'État une taxe libératoire de 6,6 millions de livres.

On a longtemps pensé que Crozat voulut à ce moment se débarrasser à tout prix de cet actif encombrant et non rentable. Tel n'était peut-être pas le cas. En effet, dans un premier temps, il proposa non pas de céder ses droits mais de fonder une nouvelle compagnie qu'il recapitaliserait et qui ferait appel en complément à une souscription publique versée en titres de la dette publique – en l'occurrence des billets d'État –, selon un schéma déjà éprouvé lors du lancement de la Banque générale en 1716. Divers schémas de recapitalisation furent envisagés au cours du premier semestre 1717, aucun n'excédant 10 millions de livres. Si cette recapitalisation était sans doute suffisante pour relancer l'activité proprement commerciale de la compagnie, elle ne l'était certainement pas aussi bien pour envisager un développement effectif de ce vaste empire que pour absorber une partie significative de la dette publique sur le modèle de la Compagnie des mers du Sud. C'est pourquoi Law, saisi par Noailles de cette opportunité, entreprit immédiatement une intense campagne de lobbying pour convaincre ses interlocuteurs d'aller beaucoup plus loin et de faire le lien entre cette entreprise et la gestion de la dette publique.

Il y réussit pleinement. Crozat sortit du jeu tout en valorisant sa compagnie à 2 millions de livres, ce qui lui permit d'effacer une partie de sa taxe[1]. Du point de vue de l'État, le schéma consistait en une double opération. La première était l'émission d'une certaine quantité d'actions échangées contre des billets d'État pris à leur valeur faciale et destinés ensuite à être détruits. La seconde était l'engagement de l'État, en contrepartie, à verser à perpétuité à la compagnie une rente de 4 % de la somme correspondant à cette masse de billets[2], somme gagée par des recettes fiscales identifiées à l'avance : la ferme des actes notariaux.

---

1. Crozat continua par la suite de manœuvrer habilement puisque sa dette fut ramenée finalement à 3,3 millions de livres par un arrêt du 8 octobre 1718.
2. Ces 4 % correspondaient aux intérêts – très théoriques jusque-là – dus par l'État sur ces billets.

On peut s'interroger sur l'intérêt de ce tour de passe-passe financier consistant à échanger des billets d'État rapportant 4 % contre des actions d'une compagnie commerciale. Pour les actionnaires, l'opération était *a priori* positive puisque, la compagnie encaissant toujours les 4 % d'intérêt, elle pourrait leur reverser sous forme de dividendes. Mieux, ces 4 % d'intérêt étaient en quelque sorte sécurisés par la transformation de ces maudits billets en une sorte de rente perpétuelle adossée – on disait « assignée » – à une recette dédiée. En outre, ces mêmes actionnaires avaient la possibilité de se débarrasser enfin de billets de plus en plus dépréciés en les échangeant à leur valeur faciale[1]. Enfin, ils pouvaient escompter des dividendes supplémentaires grâce aux profits générés par le monopole commercial octroyé à la compagnie.

Pour l'État, le bénéfice était moins immédiat. Il devait payer à la compagnie un intérêt de 4 % qu'il avait cessé de payer aux porteurs de billets d'État. Et il cédait à une compagnie privée des droits d'exploitation sur un territoire grand comme le quart des États-Unis actuels. Son intérêt dans cette affaire était donc ailleurs. D'une part, il pouvait escompter un regain de confiance et, partant, un soutien inespéré au cours des titres de sa dette flottante. Noailles ne pouvait évidemment qu'être sensible à cet argument, tant il est vrai qu'à la mi-1717 il ne voyait pas le bout des difficultés financières malgré sa politique de rigueur. Or la dépréciation continue des billets d'État laissait mal augurer des conditions de refinancement futures du Trésor royal. L'opération proposée par Law lui permettait d'en éponger enfin une bonne partie.

D'autre part, Law était parvenu à convaincre le Régent de prendre, au nom du roi, une part significative au capital de la compagnie en utilisant les billets d'État qu'il avait en caisse. Concrètement, le roi devait prendre une participation à hauteur

1. Cinq billets d'État de valeur faciale 100 ne valaient plus qu'environ 150 livres sur le marché. Pourtant, ils autorisaient l'achat d'une action de 500 livres. Sous l'hypothèse – certes très optimiste – que la souscription soit réussie et que le cours de l'action se maintienne à 500 livres, les investisseurs engrangeaient potentiellement une plus-value de 333 %… !

de 40 %. Dès lors que les intérêts patrimoniaux du souverain et de l'État étaient ainsi alignés, on peut mieux comprendre l'accord donné par le Régent à l'ensemble de l'opération.

En résumé, l'État devait gagner à la fois en tant que débiteur – hausse du cours des billets d'État en circulation – et en tant qu'actionnaire de la compagnie – hausse de ses actions. Il suffisait pour cela que l'on croie un peu au succès commercial de l'entreprise. Et pour susciter cette croyance, il ne fallait rien de moins qu'inspirer confiance, escompter des bénéfices futurs et faire acte de pédagogie. Law était bien entendu dans son élément. Et c'est bien ce talent exceptionnel qui, une fois de plus, lui assura le soutien sans faille du Régent en ce début d'été 1717.

Un démarrage laborieux

Le bouclage politique et administratif de l'opération se fit sans difficulté. Les lettres patentes créant la compagnie, qui prit le nom de « Compagnie d'Occident », furent signées et enregistrées au parlement le 6 septembre. Par cet acte, Law en devenait le directeur. Si elle ne recevait que pour vingt-cinq ans le privilège du commerce, c'est à perpétuité qu'elle se voyait concéder « toutes les terres, côtes, havres et îles qui composent notre province de la Louisiane ». Elle se voyait également octroyer un monopole sur le commerce des « castors gras et secs » traités au Canada[1]. Sur ces étendues vastes comme huit fois la France, la compagnie se voyait accorder le droit d'exercer au nom du roi la haute justice, de constituer des places fortes, d'équiper des vaisseaux, de fondre des canons, de passer des traités avec l'étranger et même de déclarer la guerre.

En contrepartie de ce monopole, la compagnie s'engageait d'une part à assurer la défense de la colonie – entretien des

1. Cet ajout peut paraître anecdotique. Il ne l'est pas si l'on considère que la peau de castor entrait dans la fabrication de tous les chapeaux des riches Européens. Il en résultait un flux commercial important entre l'Europe et l'Amérique.

fortifications et des troupes, cadeaux aux Indiens... – et d'autre part à transporter 6 000 colons et 3 000 esclaves africains au cours des vingt-cinq années de la concession. Comme tout grand féodal, elle se voyait attribuer un blason et devait au roi l'antique hommage-lige, qui se traduisait notamment par un don assez symbolique – 30 marcs d'or – fait à la couronne à chaque avènement d'un nouveau roi.

Malgré l'attrait évident de l'opération pour les investisseurs, la souscription fut assez chaotique. Law, prudent, n'annonça pas à l'avance le montant de la souscription, incertitude qui n'était certainement pas de nature à rassurer les investisseurs ! L'édit du 21 août 1717 se borna en effet à indiquer que les actions étaient mises en vente à 500 livres pièce et payables en billets d'État. Law n'hésita pas à investir massivement sur ses propres deniers pour lancer le mouvement. On estime ainsi qu'il acheta sur sa caisse personnelle 45 % des actions souscrites durant les dix premiers jours et en revendit la plus grande partie ensuite. Pourtant, malgré ses efforts, à peine 30 millions de livres avaient été souscrits au début du mois d'octobre. Au vu des noms des souscripteurs qui nous sont parvenus, on peut penser que Law fit largement appel à son réseau d'amitiés français et international pour soutenir son entreprise. Figurent en effet sur cette liste, à côté de financiers français, des négociants et banquiers italiens, suisses et hollandais. Encore le démarrage concret de la compagnie était-il compliqué par le fait que les souscripteurs ne payaient dans un premier temps qu'un acompte de 20 %, le reste des paiements étant étalé sur plusieurs mois.

La suite des opérations fut particulièrement laborieuse. Law toujours aussi optimiste poussa le nombre d'actions offertes à la souscription jusqu'au nombre de 200 000, soit un total de 100 millions de livres[1]. Les garanties associées à l'opération, et notamment l'assignation de 4 millions de livres d'intérêt versés

1. Édit présenté au conseil de régence le 19 décembre 1717.

par l'État sur des recettes fiscales solides – fermes des tabacs, des actes notariés et des postes –, auraient dû logiquement assurer un succès rapide. Mais, malgré tous ses efforts, ce ne fut qu'en décembre 1718 que les souscriptions furent terminées et effectivement payées.

Avec une montée en puissance aussi lente, des versements effectués à tempérament, non pas en espèces mais en papiers d'État dépréciés, la compagnie manqua cruellement de trésorerie durant la plus grande partie de 1718. Elle put toutefois bénéficier d'un premier versement de 4 millions au titre du prêt consenti à l'État et ne versa aucun dividende avant la mi-1718, ce qui lui permit de constituer un fonds de roulement. Mais cette année-là, la compagnie ne devait pas être en état de développer une grande activité en Louisiane. Le volet proprement commercial des opérations fut donc mis en sommeil et Law se consacra à la préparation des « coups » suivants, et tout particulièrement à des opérations financières de plus grande envergure.

Cette prudence était également motivée par le contexte politique très tourmenté de la première partie de l'année 1718. Jusque-là, le parlement n'avait pas émis d'objection au développement de la compagnie et l'heure n'était pas propice à l'ouverture d'un nouveau front. Law se résolut donc pendant quelques mois à jouer profil bas et à éviter les provocations inutiles. La donne changea évidemment à partir de la remise au pas du parlement, consécutif au lit de justice du 26 août 1718.

Une fringale d'acquisitions : commerce et collecte d'impôts

À l'été 1718, la Compagnie d'Occident avait déjà un an d'existence. Elle était solidement installée dans le paysage, même si son fonds de roulement était toujours insuffisant pour envisager une véritable relance de son activité. Elle restait toutefois de taille modeste et son objet social n'était pas véritablement original : une compagnie commerciale à privilège parmi d'autres et qui possédait une forte proportion de titres de créance sur l'État à son actif. Après des difficultés considérables pour lancer la première souscription, l'intérêt des investisseurs restait modéré : son cours boursier restait inférieur à la valeur d'émission (500 livres), alors même que le paiement des intérêts de 4 % versés aux actionnaires, qui justifiait ce prix d'émission, était sécurisé puisque assigné sur des recettes fiscales. Si l'on compare aux capitalisations boursières et à l'activité commerciale de ses homologues anglaise et néerlandaise, le résultat était loin d'être spectaculaire.

Il était temps pour Law de passer à la vitesse supérieure. Pour atteindre son objectif ultime – dissimulé aux actionnaires, mais « vendu » depuis longtemps au Régent – de gestion active de la dette publique, la compagnie devait se développer dans deux directions. Il fallait tout d'abord procéder à des opérations de croissance externe via l'acquisition de la totalité des compagnies commerciales à monopole du royaume. Ce fut chose faite en plusieurs étapes. La Compagnie d'Occident avait déjà acquis la Compagnie du Sénégal en décembre 1718. Elle accéléra le mouvement en mai 1719 en rachetant la Compagnie de Chine. Ce même mois, elle fit l'acquisition de la Compagnie des Indes orientales fondée par Louis XIV et Colbert en 1664, entreprise prestigieuse mais au bord de la faillite. Contrairement au cas de la Compagnie du Sénégal, ces manœuvres pouvaient s'apparenter à une sorte d'expropriation. Le parlement ne s'y trompa d'ailleurs pas, qui, sous la pression des propriétaires mécontents, traîna des pieds pour procéder à l'enregistrement de ces arrêts, opération qui fut réputée effectuée par un autre arrêt du conseil en date du 17 juin.

La proie suivante fut, au mois de juin, la Compagnie d'Afrique qui faisait commerce avec les potentats d'Alger et de Tunis. Cette acquisition permettait à la compagnie de jouir du monopole du commerce d'esclaves d'Afrique du Nord, dans le but avoué de déporter des esclaves noirs vers les plantations de Louisiane.

L'ensemble de ces compagnies commerciales fut rassemblé et rebaptisé pour devenir la « Compagnie des Indes ». Au total, Law était en juillet 1719 à la tête de la plus grande compagnie coloniale que la France ait jamais connue. Comme l'affirmait le préambule de l'arrêt du 4 juin, « nous réunissons dans une seule compagnie un commerce qui s'étend aux quatre parties du monde ». Certes, l'ensemble restait sous-équipé. On ne relance pas par de simples fusions-acquisitions une activité économique en quasi déshérence du fait d'une mauvaise politique coloniale conduite depuis des décennies. Mais le potentiel de développement apparaissait considérable et pouvait certainement séduire les investisseurs.

Law conduisit également la compagnie à se développer fortement dans un tout autre secteur : la collecte d'impôts. Cette volonté peut paraître étrange à un lecteur moderne habitué à considérer cette activité comme une éminente prérogative de la puissance publique, mais elle n'était pas incongrue à cette époque. Il était parfaitement normal qu'un grand entrepreneur cherche à prendre des participations dans une ferme, les frontières entre négociants, banquiers et financiers étant extrêmement poreuses. Ce « partenariat public-privé » qu'était la collecte des impôts était, on le sait, une activité lucrative et très rentable. Elle pouvait certes s'avérer risquée si le lien de confiance avec le souverain était rompu. Mais Law était précisément devenu l'homme de confiance du Régent pour toutes les affaires économiques et financières. Comment, dans ces conditions, aurait-il pu ne pas s'intéresser à cette activité ?

L'acquisition – l'affermage – du droit de collecte de certains impôts était d'autant plus pertinente pour l'Écossais qu'il critiquait vigoureusement les méthodes de collecte utilisées et qu'il se faisait fort de les optimiser et, partant, d'en tirer des bénéfices supplémentaires[1]. C'est dans cette optique qu'en août 1718, il

1. Rappelons que l'achat d'une ferme ouvrait le droit de collecter un impôt et d'en reverser à l'État une somme convenue à l'avance – le forfait. Si, par sa bonne gestion, le fermier parvenait à collecter davantage, il gardait bien entendu pour lui la part de la collecte excédant le forfait.

se porta acquéreur de la ferme des tabacs, qui consistait en un monopole sur la vente du tabac. Cet achat paraissait doublement judicieux. D'un côté, le tabac était, entre autres, produit en Louisiane sous monopole de la compagnie et était un produit d'importation, donc convoyé par ses propres vaisseaux. Étendant à la commercialisation une activité qui couvrait déjà en partie la production et le transport, cette acquisition était en réalité une opération de concentration verticale. Dans le même temps, Law considérait que cette ferme avait des marges d'efficience considérables qui pouvaient être mises à profit à la fois pour l'État et pour la compagnie. Les faits lui donnèrent amplement raison. Qu'on en juge : alors que les fermiers du tabac précédents se plaignaient de ne pouvoir atteindre les 2,2 millions de livres qu'ils s'étaient engagés à collecter pour le Trésor royal, Law acquit cette ferme moyennant la promesse d'un versement annuel de 4,02 millions de livres à l'État. Ce pari fut de nouveau gagnant puisque la compagnie s'avéra capable d'en tirer 6 millions dès l'année 1720.

Une fois acquise la ferme des tabacs, Law jeta son dévolu sur les droits de l'hôtel des monnaies. Pour 50 millions de livres, la Compagnie des Indes s'adjugea le 20 juillet 1719 le bénéfice de l'activité de frappe des monnaies pour les neuf prochaines années. Outre le prestige particulier qui s'attachait à cette acquisition – une marque insigne de la confiance du souverain –, celle-ci permettait de s'assurer des revenus confortables en cas de futures manipulations monétaires.

Quant à la troisième opération d'acquisition de recettes de l'État, elle fut d'une tout autre ampleur puisqu'il s'agissait ni plus ni moins de la Ferme générale et de ses quelque 50 millions de livres de collecte annuelle de la gabelle – 30 % de l'ensemble des impôts. Cette opération était politiquement beaucoup plus lourde de sens que les précédentes car elle faisait entrer Law en concurrence frontale avec les financiers les plus influents, au premier rang desquels les frères Pâris.

Conscient qu'il avait affaire à forte partie, Law prit son temps. De fait, cette dernière acquisition ne fut réalisée qu'en août 1719, alors même qu'elle aurait pu l'être techniquement un an plus tôt. Une occasion s'était en effet présentée en août 1718, lorsque le bail de la Ferme générale était venu à expiration. Law aurait pu en profiter pour étendre encore son empire. Après tout, il était devenu l'un des hommes les plus influents du royaume. Mais plutôt que de se lancer lui-même dans cette nouvelle aventure, il s'employa à convaincre les frères Pâris de se porter adjudicataires. Ces derniers acceptèrent après une longue négociation et en échange d'une quasi-annulation de la taxe à laquelle ils avaient été condamnés par la chambre de justice. En septembre 1718, une nouvelle société formée par ces financiers et leurs associés prit en charge pour cinq ans le bail des « Fermes unies ». À l'instar de la Compagnie d'Occident, celle-ci émit des actions pour un montant de 100 millions de livres, payables en titres de la dette publique : rentes sur les tailles et sur les gabelles, mais aussi en divers titres de la dette flottante. Par la création d'une telle entreprise concurrente de la sienne et soutenue par des financiers classiques, Law pouvait se concilier les bonnes grâces d'une partie de l'*establishment* financier qui lui avait été jusque-là majoritairement hostile.

Par une sorte d'échange de bons procédés et pour renforcer son alliance avec les frères Pâris, Law fit de l'un d'eux, Antoine, l'un des directeurs de la ferme des tabacs nouvellement acquise. Il semble qu'il envisagea à ce moment sérieusement une alliance aussi bien financière que politique avec ces puissants financiers et leurs Fermes unies. Ces derniers refusant d'entrer en négociation en vue d'un rapprochement des deux sociétés commerciales, Law opta pour la manière forte. Il convainquit le Régent de casser le bail des Fermes unies, signé pourtant seulement un an plus tôt, et de le confier d'autorité, sans procédure d'adjudication, à la Compagnie des Indes. Pour emporter la décision, Law proposa de porter le produit garanti au Trésor par la ferme de 48,5 millions à 52 millions, soit un bénéfice de 3,5 millions pour l'État, en réalisant des gains d'efficience dans la gestion de la collecte.

Outre la perspective des profits supplémentaires qu'il pouvait en espérer, l'acquisition de la Ferme générale permettait à Law d'éliminer une source d'ennuis potentiels. La compagnie des frères Pâris collectant ses recettes essentiellement sous forme de billets de la Banque générale – conformément à l'édit de novembre 1717 –, il pouvait être tentant pour eux d'en demander le remboursement en espèces – soit pour nuire à Law, soit par précaution –, ce qui aurait risqué de mettre la banque en faillite. Ce mouvement témoigne à la fois de l'extraordinaire assurance que Law avait en lui-même et du caractère indéfectible du soutien du Régent. Car cette acquisition sonnait de toute évidence comme une déclaration de guerre adressée à un groupe de financiers particulièrement puissants et bien introduits dans les cercles du pouvoir. Et de fait, le conflit avec les frères Pâris et, au-delà, avec toute la communauté financière allait bientôt devenir un abcès de fixation.

La guerre contre « l'ancien système des finances » recommença quelques semaines plus tard lorsque, par un arrêt du 12 octobre 1719, la collecte des impôts directs fut retirée aux receveurs généraux des finances pour être confiée à des commissaires préposés de la compagnie. Les conditions de dédommagement de ces derniers restent assez obscures, mais ils semblent avoir été remboursés de leurs charges en partie en actions et en partie en divers papiers d'État à la valeur douteuse. Il s'agissait là encore d'un coup de force que seules l'élimination de l'opposition parlementaire et l'affirmation progressive de l'autorité de Philippe d'Orléans avaient rendu possible.

À l'issue de ce raid, la Compagnie des Indes collectait environ 90 % de la totalité des recettes de l'État. Law avait enfin atteint un objectif essentiel : étendre au maximum sa base financière en concentrant entre ses mains la quasi-totalité des mouvements de fonds publics et en supprimant les principaux groupes de manieurs d'argent susceptibles à tout moment de « faire sauter la banque ». Au-delà des intérêts bien entendus de la banque, Law réalisait aussi son grand dessein de soulager la monarchie des ponctions effectuées par les intermédiaires financiers sur les ressources vives du pays, pour lesquels il n'avait jamais de mots assez durs.

Cette réforme, dont il attendait des économies pour l'État et des bénéfices pour sa compagnie, était donc bien plus qu'une simple opération financière. Elle dessinait en effet les contours d'une rationalisation vaste et sans précédent des conditions de collecte des impôts : plus d'intermédiaires, plus d'avances de fonds coûteuses, plus de gages à verser pour des officiers de finance. Les collecteurs d'impôts étaient devenus des agents stipendiés d'une compagnie dont les intérêts étaient alignés avec ceux de l'État. Pour la première fois depuis le XVIe siècle, l'État se finançait sans avoir recours à la classe tant honnie des financiers. Bien entendu, Law s'était fait au passage des ennemis mortels. Comme le résumera plus tard son collaborateur Dutot, « ce projet était grand, beau et avantageux au Roi et aux peuples : mais ses principes étaient diamétralement opposés à l'ancienne administration des finances, ainsi son exécution a dû rencontrer bien des oppositions ».

Augmentations de capital et innovations financières

Cette frénésie de fusions-acquisitions supposait des fonds propres très supérieurs au capital apporté lors de la première souscription de 1717. Les compagnies coloniales rachetées n'étaient certes pas bien portantes, donc peu coûteuses. Mais elles étaient criblées de dettes et leur développement supposait une recapitalisation substantielle. Il fallait bien armer de nouveaux équipages et recruter des colons. Quant au rachat des fermes, il nécessitait également une mise de fonds nouvelle. Law dut par conséquent recourir à de nouvelles souscriptions, malgré les difficultés rencontrées par la première. Afin d'optimiser ces opérations, Law fit preuve de sa virtuosité de financier.

Outre la constitution d'une compagnie puissante et bien ancrée dans l'économie réelle, cet épisode fut aussi l'occasion d'une première vague d'innovations financières qui, si elles étaient déjà bien connues en Hollande et en Angleterre, allaient profondément marquer les esprits français. En effet, pour réussir les nouvelles souscriptions, Law importa diverses techniques financières qui contribuèrent à développer pour la première fois dans notre pays un embryon de marché financier.

La deuxième souscription, portant sur 50 000 actions, fut lancée le 26 juin 1719 pour un montant de 25 millions de livres. Payable cette fois-ci en espèces, elle n'avait rien d'extraordinaire par son ampleur. Sur le plan de l'ingénierie financière, en revanche, Law innovait considérablement puisque, pour rendre le produit attractif, il proposait deux innovations majeures. La première était l'attribution d'un droit préférentiel pour les actionnaires qui avaient participé à la souscription de 1717. En effet, seuls les détenteurs de ces actions anciennes – bientôt appelées « mères » – pouvaient se porter acquéreurs des nouvelles actions – « filles ». De cette manière, Law entendait éveiller l'attention des investisseurs sur ces anciennes actions, et partant, pousser leur prix à la hausse, prix qui était plutôt stagnant depuis plusieurs mois.

La seconde innovation était la création d'un mécanisme de souscription s'apparentant très précisément à des options d'achat sur action. Ainsi, plutôt que de vendre les actions au comptant, il était proposé aux acheteurs de ne payer immédiatement que 50 livres, et de régler en vingt échéances mensuelles de 25 livres les 500 livres restantes. La nouveauté ici n'était pas le paiement fractionné – procédé courant qui avait déjà été utilisé lors de la création de la Banque générale et de la première émission d'action pour la compagnie –, mais dans l'émission d'un certificat spécifique – dénommé « soumission » – au moment du paiement des 50 livres. Avec ce titre en main, les acquéreurs disposaient du droit de devenir dans vingt mois pleinement propriétaires d'une action de la compagnie à un prix d'exercice convenu à l'avance – en l'occurrence 550 livres[1]. Cette soumission était donc exactement un produit dérivé de l'action sous-jacente, selon un mécanisme équivalent à une option d'achat telle que nous en connaissons aujourd'hui. Comme tout produit financier de ce type, il était détachable de l'action sous-jacente et librement négociable sur l'embryon de marché financier qui se développait alors à Paris.

Il va de soi que si entre-temps le cours des actions montait au-delà de 550 livres le jour du dernier versement, l'heureux acquéreur pouvait empocher la différence en revendant immédiatement son action. Mais il ne lui était pas indispensable d'attendre la dernière échéance pour empocher une plus-value. Car d'ici là, la valeur de sa soumission pouvait augmenter avec les anticipations du prix de l'action à l'échéance et il était donc possible dans ce cas de réaliser une belle plus-value uniquement avec ce produit dérivé, donc avec une mise initiale très faible – 50 livres – via l'effet de levier bien connu de ces produits. Évidemment, le levier pouvait jouer en sens inverse et le prix de la soumission diminuer fortement – et dans une proportion beaucoup plus grande que le cours de l'action sous-jacente – en cas de mauvaises anticipations sur les actions. Conformément aux lois fondamentales de la finance, que Law devait comprendre intuitivement, le risque augmentait en fonction du rendement espéré.

Cette deuxième émission fut un bien plus grand succès que la première, sans doute pour trois raisons. Tout d'abord, les conditions de cette souscription étaient, comme on l'a vu, objectivement améliorées par rapport à la première. Ensuite, des annonces enthousiasmantes avaient été faites lors d'une assemblée générale

1. Si l'acquéreur n'honorait pas ses paiements, il perdait effectivement ses droits, ainsi que les paiements déjà effectués.

de la compagnie tenue le 27 mars 1719. Lors de cette séance, ses directeurs avaient en effet dressé un tableau particulièrement flatteur de sa situation et de ses perspectives : construction de quatre frégates, achat de dix autres navires en perspective, engagement de 700 hommes et transport de 500 colons, chargement de 850 esclaves africains des côtes de Guinée. Sans compter quelques bonnes nouvelles concernant la culture du tabac, les peaux de castor ou encore l'acclimatation des vers à soie.

Enfin, et indépendamment de ces bons chiffres, l'engouement résultait de l'effet de réputation dont commençait à jouir Law auprès d'un public de plus en plus large. Après tout, il avait fait la fortune des actionnaires de la Banque générale au moment de sa nationalisation et il avait fait profiter les souscripteurs de la compagnie d'une hausse confortable des cours : les actions étaient revenues à leur niveau d'émission – « au pair » –, soit 500 livres, dès le mois de mai 1719, représentant un gain en capital de plus de 300 % en un an, si l'on se rappelle qu'elles avaient été souscrites en billets d'État dépréciés.

Law voulut profiter à plein de cet élan. Une assemblée générale tenue le 26 juillet fixa le montant du dividende pour 1720. Basé sur des prévisions plutôt réalistes tant sur les produits de la ferme du tabac que sur les recettes provenant des hôtels des monnaies ou encore sur l'activité commerciale, le dividende fut fixé à 60 livres par action, soit un rendement appréciable de 12 % pour ceux qui avaient acquis leurs actions à 500 livres.

Ce même jour, une nouvelle augmentation de capital fut décidée afin de financer l'acquisition des droits de l'hôtel des monnaies. En conséquence, la compagnie obtint dès le lendemain 27 juillet le droit d'émettre une troisième série d'actions – au nombre de 50 000, dites « petites-filles » – pour un montant de 50 millions, soit un cours de 1 000 livres correspondant à peu près au cours de marché. Afin de soutenir les cours des actions existantes et d'éviter des réalisations, Law leur accorda de nouveau des droits préférentiels : il fallait ainsi posséder quatre

« mères » et une « fille » pour obtenir le droit de souscrire à une « petite-fille ». Cette émission fut de nouveau un succès éclatant.

À la fin du mois d'août 1719, la compagnie avait donc au total émis des actions pour une valeur faciale de 175 millions de livres. À la même date, le cours de l'action avait déjà atteint 4 000 livres, soit une plus-value spectaculaire de 800 % par rapport au cours de lancement de la première émission de 1717.

Le Mississippi : mirage et réalité

De nombreuses caricatures datant des années 1719-1720 dépeignent Law comme un propagandiste sans vergogne, vantant inlassablement les attraits d'une contrée semblable à l'Éden. De leur côté, les actionnaires sont décrits comme des gogos dupés par l'attrait des mines d'or et d'argent que la compagnie aurait dû découvrir puis exploiter. Dans la réalité, si Law usa de toutes les astuces financières possibles pour convaincre les sceptiques de l'intérêt d'investir dans la Compagnie d'Occident, la place qu'il réserva à la propagande sur les richesses du Mississippi proprement dites dans sa communication resta relativement limitée. Et c'est beaucoup plus par ses multiples jongleries financières en tant que spécialiste du marketing colonial qu'il fit œuvre de propagandiste.

De fait, on ne trouve guère trace de cette propagande que dans trois articles publiés par Law dans *Le Nouveau Mercure* français en 1719 et 1720. Encore l'attention du lecteur y était-elle portée sur le temps nécessaire à la réalisation de profits tangibles. La « bonté » des terres, la douceur du climat et de ses habitants y étaient vantées, mais on n'y trouvait même pas trace des fabuleux métaux. Rien de comparable en tout cas à l'accumulation d'écrits divers destinés à convaincre le public de l'intérêt des opérations pour les finances publiques et le commerce du royaume en général. Curieusement, Law se comportait plus en ministre des finances qu'en entrepreneur et il concentrait tout son génie du marketing – pour ne pas dire de bonimenteur – sur les bienfaits de son action du point de vue de la politique économique.

De manière cohérente, les bénéfices qu'il escomptait de la composante commerciale et coloniale de la compagnie restèrent toujours des considérations secondaires lors de ses présentations en assemblée générale par rapport aux revenus tirés de la collecte des impôts et des versements d'intérêts dus par le Trésor royal. Law considérait avec raison que l'essentiel des profits proviendrait, au moins dans un premier temps, d'une meilleure efficacité de la collecte d'impôt.

Pour autant, même si l'exploitation de la Louisiane n'était pas au cœur de ses préoccupations – il n'en parle d'ailleurs jamais en termes concrets dans ses écrits –, force est de constater que son court passage à la tête de la Compagnie des Indes entraîna un réel décollage du commerce et du peuplement. Témoignage de cette volonté, de nombreuses petites sociétés de colonisation furent créées afin d'exploiter des terres de Louisiane, en marge des activités de la Compagnie des Indes proprement dite. Les actionnaires étaient des marchands, des financiers ou des membres de la haute noblesse. Pour lancer le mouvement, Law lui-même acquit un vaste territoire. Ses proches l'imitèrent. Ces sociétés cherchèrent à recruter des colons, à l'instar de la compagnie.

Pour développer le commerce avec la Louisiane et les échanges avec les autochtones, il fallait conduire une politique de peuplement, condition qui avait été négligée jusque-là. Or cette région faisait véritablement office de repoussoir pour les jeunes français aventureux, sans même parler de leurs familles. Malgré quelques efforts pour dépeindre la Louisiane comme un pays de cocagne, cette contrée avait en France une affreuse réputation aussi bien chez les civils que chez les militaires, contrairement aux colonies du Canada. Les articles et brochures inspirés par Law pesaient peu face aux témoignages des engagés et des matelots de la compagnie à leur retour en métropole. Si l'envolée des cours faisait que les plus riches s'entichaient du Mississippi, il n'en allait donc pas de même des pauvres hères candidats à l'exil.

Il faut dire que les conditions faites aux colons étaient proprement épouvantables : un voyage d'une durée de deux à trois mois, durant lequel le taux de mortalité par maladie pouvait dépasser 10 %, des conditions d'accueil désastreuses – les colons, quasiment laissés à eux-mêmes à l'arrivée, mouraient en grande quantité sur le littoral désolé du golfe du Mexique. Selon certaines sources, plus de la moitié des quelque 6 000 émigrants civils qui tentèrent l'aventure du Mississippi entre 1717 et 1720 auraient péri de maladie et de privations diverses, soit lors de la traversée, soit dans les mois suivant leur arrivée. De villes, il n'y avait pas trace. La Nouvelle-Orléans, fondée en 1717, n'était qu'un ensemble de huttes et de cabanes bien éloignées des descriptions parues dans *Le Nouveau Mercure* faisant état de 800 maisons élégantes réparties en cinq paroisses.

Compte tenu de la faible appétence – c'est un euphémisme – des régnicoles à s'installer volontairement, Law mit au point un programme de recrutement d'étrangers suisses et allemands. Mais le résultat ne fut guère à la hauteur de ses espérances. Ainsi, sur les 4 000 Allemands initialement pressentis pour embarquer à Lorient, seuls 300 rejoignirent finalement la Louisiane.

Face à ces difficultés, Law et les autorités ne reculèrent pas devant des méthodes plus brutales, qui constituent la face la plus sombre de son entreprise. Tout d'abord, les Amérindiens étant plutôt des partenaires commerciaux et des alliés utiles, on recourut à l'esclavage en provenance d'Afrique pour développer les plantations de riz, de tabac et d'indigo. La compagnie ayant le monopole de la traite des Noirs à compter de 1719, cette voie pouvait sembler tristement naturelle. Le prix d'une « pièce d'Inde » – un esclave en bonne santé et en âge de travailler (de plus de 17 ans pour les hommes et de plus de 15 ans pour les femmes) – fut fixé à 615 livres par la compagnie cette année-là.

Pourtant, le transport d'esclaves vers la Louisiane resta très modeste, n'excédant pas 5 000 à 6 000 Africains pour l'ensemble de la décennie 1720-1730. De ce point de vue, la traite ne fut pas d'une ampleur comparable à celle qui se déroulait au même moment dans les Antilles françaises ou dans les colonies anglaises avec la Compagnie des mers du Sud. Il faut voir sans doute dans la relative modestie de ce commerce non pas l'expression d'un quelconque humanisme, mais un pur problème de rentabilité : le Mississippi étant la colonie française la plus éloignée des côtes africaines, les traiteurs avaient la forte tentation de vendre avantageusement leur triste « cargaison » aux planteurs antillais lors de leurs escales dans les Antilles, tout en évitant le risque d'un plus long voyage passant par le golfe du Mexique.

On n'oublia pas non plus la nécessité d'un peuplement européen. Afin de pallier le déséquilibre des sexes qui s'était créé dans la colonie, Law appliqua la politique, initiée par Colbert pour le Canada, consistant à recruter des « filles du roi », jeunes femmes désargentées et orphelines – on dirait aujourd'hui des « enfants de la DDASS ». À cet effet, cent vingt jeunes femmes, souvent internées à la Salpêtrière, furent envoyées en Louisiane en 1719-1720 en échange d'une dot leur permettant d'y conclure un mariage.

On eut également recours à l'émigration forcée. Cette politique s'inscrivait dans un mouvement général de répression du vagabondage et de la mendicité à partir d'une ordonnance de décembre 1718 prescrivant l'arrestation et le recensement des « vagabonds et gens sans aveu ». Ce n'est certes pas le moindre des paradoxes, en cette période où la licence des mœurs et la corruption étaient érigées en mode de vie par une partie de la classe dirigeante, que la répression policière des « classes dangereuses » soit ainsi renforcée.

En 1719, plusieurs textes accrurent encore les pouvoirs des autorités de police pour interpeller et déporter les indigents. Début 1720, un corps d'archers fut dédié à cette tâche. Portant une bandoulière semée de fleurs de lis et payés au moins en partie par la Compagnie des Indes en fonction du nombre de personnes arrêtées, ces tristes personnages furent rapidement surnommés les « bandouliers du Mississippi ». Certains témoignages de l'époque font état de véritables rafles dans les prisons et les bas-fonds des grandes villes : voleurs, mendiants, prostituées. Dix ans plus tard, l'abbé Prévost décrivit avec précision le déroulement des opérations dans *Manon Lescaut.* Dans ce roman à succès, l'héroïne est transportée enchaînée au Havre avant d'être déportée en Louisiane et d'y périr. Plus près de nous, Bertrand Tavernier, dans son film *Que la fête commence !*, montre des scènes de rafles et de mariages collectifs rapidement célébrés – les chaînes aux pieds – entre futurs déportés.

Sur ces épisodes, il n'est que de citer Saint-Simon, pourtant peu enclin à la sensiblerie pour le sort du menu peuple : « On n'avait pas eu le moindre soin de pourvoir à la subsistance de tant de malheureux sur les chemins, ni même dans les lieux destinés à leur embarquement ; on les enfermait les nuits dans les granges sans leur donner à manger et dans les fossés des lieux où ils se trouvaient, d'où ils ne pussent sortir. Ils faisaient des cris qui excitaient la pitié et l'indignation ; mais les aumônes n'y pouvant suffire, moins encore le peu que les conducteurs leur donnaient, cela en fit mourir partout un nombre effroyable. Cette inhumanité jointe à la barbarie des conducteurs, à une violence d'espèce jusqu'alors inconnue et à la friponnerie d'enlèvements des gens qui n'étaient point de la qualité prescrite, mais dont on voulait se défaire, en disant le mot à l'oreille et mettant de l'argent dans la main des préposés aux enlèvements, fit que les bruits s'élevèrent avec tant de fracas et avec des termes et des tons si imposants qu'on trouvera que la chose ne se pouvait plus soutenir. »

D'abord favorable à cette politique répressive et à l'émigration forcée, l'opinion publique se retourna à la suite du spectacle effrayant des déportations, des exactions et des erreurs commises par les bandouliers. On rapporte que des archers furent pris à partie par la foule en avril 1720 dans le faubourg Saint-Antoine et que l'on compta plusieurs morts. Le mécontentement était si profond que le Régent dut, au mois de mai, supprimer les dispositions autorisant la déportation d'office des vagabonds, fraudeurs et mendiants vers la Louisiane.

Même si au total l'ampleur du phénomène de déportation de régnicoles fut sans doute exagérée – il ne concerna sans doute pas plus de quelques centaines de personnes –, il est évident que cette politique devait dégrader encore l'image de la colonie auprès du public, aussi bien des contemporains que des commentateurs ultérieurs. Manne financière virtuelle pour quelques-uns, la Louisiane était une punition bien réelle pour d'autres.

1719 : un premier bilan très prometteur

Malgré les difficultés touchant le volet commercial de son projet, John Law semblait toucher près du but à la fin de l'été 1719. La Compagnie d'Occident avait finalement levé les fonds nécessaires à son activité et son bilan était d'ores et déjà appréciable. Les obstacles politiques les plus immédiats et visibles – l'opposition du parlement et du conseil des finances – avaient été proprement balayés. Cette situation favorable avait permis à Law de se lancer dans une série de fusions-acquisitions plutôt cohérentes et financées par de nouvelles souscriptions de plus en plus audacieuses.

Grâce à cette stratégie énergique de croissance externe, la compagnie avait progressivement acquis le monopole sur la totalité du commerce colonial français. Par ses achats de droits à collecter l'impôt, elle collectait environ un tiers des recettes publiques. À l'instar de son homologue anglaise, la Compagnie des mers du Sud, elle avait racheté une partie de la dette publique – à hauteur de 100 millions de livres – et sécurisé le versement par l'État des intérêts de 4 % y afférents par l'affectation de recettes de diverses fermes.

Mieux, par une gestion optimisée de la collecte, elle pouvait espérer dégager des bénéfices, en faire profiter une partie à l'État, tout en donnant des gages raisonnables aux actionnaires. Des actifs diversifiés, un *business model* relativement cohérent, une optimisation probable de la collecte d'une bonne partie des taxes indirectes, un soutien non négligeable à la gestion de la dette publique, telle est l'analyse que l'on pouvait faire de la Compagnie d'Occident devenue Compagnie des Indes sous la direction de John Law au mois d'août 1719.

Au total, combinée au soulagement monétaire apporté par la Banque générale puis royale, la compagnie était une opération brillante, susceptible de contribuer au redressement de l'économie française et de soulager les finances de l'État. Elle permettait également de créer de la confiance, cette variable essentielle à la réussite de tout programme économique qui avait fait si cruellement défaut à Noailles.

N'importe quel financier ou ministre des finances classique se serait sans doute arrêté à ce stade du plan et aurait inscrit son nom dans la lignée des grands argentiers restaurateurs du crédit public en France : Sully, Colbert, Necker, le baron Louis, Poincaré, Pinay… Mais précisément, John Law n'était pas qu'un homme d'État, c'était également un esprit de système, un théoricien incapable de dévier durablement de sa trajectoire. Et un joueur…

Du reste, et indépendamment de sa volonté d'expérimenter ses idées en grandeur réelle, il pouvait avec raison considérer que la situation économique et financière du royaume n'était pas encore redressée. C'est pourquoi il n'était pas nécessairement de mauvaise foi lorsqu'il écrivit plus tard dans ses Mémoires : « Si le roi avait eu une recette égale à sa dépense et que les autres parties de l'État eussent été dans l'ordre, je me serais contenté d'avoir établi la Banque générale et la Compagnie des Indes, et je les aurais soutenues. Mais dans l'état où le royaume était, il aurait été impossible de les soutenir car le Ministre, n'ayant pas de fonds pour les dépenses les plus nécessaires, aurait fait manquer la Banque après en avoir tiré quelques secours. Il aurait fait de même de la Compagnie des Indes en saisissant les fonds qui lui avaient été assignés. » Résoudre par lui-même et totalement la crise économique et financière aurait donc été pour lui le seul moyen de préserver la Banque de la mainmise de l'État. L'argument paraît facile. Surtout si l'on se rappelle que, pour justifier le lancement d'une banque d'État, Law avait bâti tout son raisonnement sur l'idée inverse que le roi, dans un pays absolutiste comme la France, n'aurait pas la tentation de se saisir des encaisses car ce serait jouer contre ses propres intérêts… ! Pour autant, Law percevait avec justesse que sa construction restait fragile, comme au milieu du gué : le poids persistant de la dette publique faisait qu'une grande partie de ses soutiens risquait bien de considérer la banque et la compagnie comme une simple et temporaire poule aux œufs d'or.

Afin de gagner davantage les faveurs du public et de le préparer à une opération de bien plus grande envergure, Law ne recula pas devant la démagogie. Ainsi, le 17 août, la compagnie décida de payer les arriérés de pension et d'avancer le paiement des pensions de l'année en cours. Astucieusement, un intérêt de 3 % était imposé à ceux qui choisissaient de bénéficier de cette avance. Cette initiative fit évidemment forte impression sur les courtisans. Elle montrait que le temps de la rigueur était bel et bien révolu : comment mieux exprimer la rupture avec la politique de Noailles qui s'était ingénié à retarder le versement de ces pensions pour faire des économies ? Elle pouvait également créer un climat de confiance en envoyant le message que, dorénavant, l'État ne craignait plus les crises de liquidité, et cela sans recourir aux services opaques et coûteux des financiers.

Pour parachever son grand œuvre, il lui restait à régler du même coup la question monétaire et la crise des finances publiques. Et, dans son esprit, il ne s'agissait pas de pousser à leur maximum les instruments existants, mais de recourir à une thérapie nouvelle.

Chapitre 6

Le couronnement du Système

> *« Il y avait derrière tout cela un même et grand dessein, du reste bien avancé sur la voie de la réussite : le dessein de maîtriser, réformer et entraîner vers de nouvelles hauteurs l'ensemble de l'économie nationale de la France. »*
>
> Joseph A. Schumpeter, *Histoire de l'analyse économique, t. III, p. 448*

Le XVIIe siècle à son apogée et le XVIIIe siècle à son aurore, périodes raisonnantes, ont usé et abusé du terme de « système » : les écrits du janséniste Nicole forment un « système de Morale » ou encore le « système de Port-Royal » ; le testament du cardinal de Richelieu n'est rien moins qu'un « système de Gouvernement ». Vauban appelle « système » son projet de dîme royale. On parlait couramment de « système du commerce ». Rien d'étonnant donc à ce que l'entreprise de Law reçoive la dénomination de « système ». Par son ampleur inégalée, par sa vocation à offrir un couronnement monétaire et financier à l'ensemble de l'économie française, ce ne sera pas un « système des finances » ou un « système de la banque ». Pour les contemporains comme pour les historiens, ce sera tout simplement « Le Système ».

Pour bien appréhender cet édifice, il convient de revenir aux grands desseins économiques et financiers de notre héros. Cherchant à résoudre de manière pérenne la question de la pénurie de monnaie sans mettre en danger la stabilité des prix, John Law s'était d'abord fait connaître comme un théoricien et un promoteur infatigable de la monnaie de papier gagée par de la terre, puis, à partir de ses écrits de 1710-1711, par des réserves métalliques. Plus généralement, il pouvait, dès cette époque, être à bon droit considéré comme l'un des meilleurs experts monétaires européens. Son credo était qu'une politique monétaire active, censée ramener le pays à une situation de plein emploi, était possible sans mettre en péril ni la stabilité des prix ni l'équilibre du commerce extérieur.

L'observation des crises des finances publiques dans plusieurs pays européens, notamment la France, avait singulièrement étendu son champ de vision et lui avait fait prendre conscience qu'il existait un lien profond entre la question monétaire et les finances publiques. Alors que son traité séminal de 1705, *Money and Trade*, n'abordait pas cette connexion essentielle, ses nombreux mémoires ultérieurs prirent le sujet à bras-le-corps, jusqu'à l'obsession. C'est progressivement qu'allait émerger le système qui devait le rendre célèbre et dans lequel son génie mais aussi ses contradictions allaient trouver leur complet épanouissement. Comment ces deux piliers, monétaire et financier, « firent système » au début de l'année 1720, tel est l'objet de ce qui suit.

Antécédents du Système

Il n'existe paradoxalement aucun écrit de Law exposant l'ensemble de son Système, pas plus que de références précises aux modèles étrangers dont il s'inspirait. Seules des allusions mystérieuses et bonimenteuses, dès 1715, à « un projet qui étonnera l'Europe » laissent penser qu'il avait un plan conçu de longue date, au moins dans ses grands principes.

Afin de bien le comprendre, il est donc nécessaire à la fois de convoquer les nombreuses analyses économiques et financières contenues dans ses écrits et de suivre les étapes de sa construction concrète. Et il faut bien avouer que le caractère souvent contradictoire et parfois incompréhensible des développements de cette affaire à partir de la fin 1719 peut facilement conduire l'historien le plus scrupuleux à se perdre dans le maquis. Dans ces conditions, s'attacher au moindre détail et tenter d'en saisir la cohérence avec tous les autres fait courir le risque de passer à côté de l'essentiel. Le Système est semblable au « Pavillon d'or » du roman de Mishima dont la cohérence et la beauté n'apparaissent qu'avec une vision en recul. Noyé dans le détail, on ne voit rien.

Il était bien clair aux yeux des auteurs économiques de l'époque que les banques pouvaient jouer un rôle essentiel dans le financement des États grâce à leur gestion optimisée de la dette publique qu'elles pouvaient avoir à leur actif. C'était le cas notamment de la Banque d'Angleterre que John Law avait examiné avec attention. Cette banque émettait en effet des actions et de la monnaie de papier gagées non pas uniquement par des encaisses métalliques – comme par exemple la plupart des banques italiennes, la Banque de Suède ou encore celle d'Amsterdam –, mais également, comme on l'a vu, par des titres de la dette publique qu'elle détenait à son actif.

L'idée du développement du crédit public par une banque à privilèges, et du rôle que pouvaient jouer les compagnies commerciales pour faciliter la gestion de la dette publique, n'est donc pas sortie toute armée du cerveau fertile de Law. Lors de ses années de formation, il avait eu tout le loisir d'étudier de près divers arrangements tendant à transférer une partie de la dette d'un État sur une compagnie privée. Le principe de l'opération était toujours le même : en échange d'un monopole commercial générateur de profits, une compagnie acceptait de prêter à l'État à un taux avantageux pour ce dernier. Les fonds privés, généralement levés sous forme de souscription, étaient attirés par l'existence d'un rendement minimum garanti correspondant aux revenus réguliers versés par l'État, auquel s'ajoutait la perspective de dividendes et de plus-values résultant des opérations commerciales exercées dans le cadre du monopole.

L'exemple le plus ancien était celui de la Casa di San Giorgio que Law avait étudiée lors de ses séjours à Gênes. Cette compagnie avait été créée au XIVe siècle par les principaux marchands de la ville. Constatant l'incapacité de l'État à honorer ses dettes, ces derniers s'étaient rassemblés pour lui apporter un prêt. En contrepartie, leur compagnie s'était vu attribuer la collecte d'une grande partie des recettes fiscales.

Un précédent encore plus flagrant et beaucoup plus récent, la Compagnie des mers du Sud, ne pouvait que conforter ses intuitions. En 1711, les dépenses occasionnées par la longue guerre de Succession d'Espagne avaient de nouveau grevé les finances britanniques à un niveau comparable à celui de l'État français. Comme le roi de France, le roi d'Angleterre devait couramment emprunter à des taux usuraires supérieurs à 10-12 %. Et pour les mêmes raisons, les billets émis par le Trésor avaient perdu une grande partie de leur valeur, selon un mécanisme déjà connu en France avec les « billets de monnaie ».

Afin que l'État puisse de nouveau emprunter dans des conditions admissibles, le prêt consenti par la Banque d'Angleterre en 1695 ne suffisait pas. En outre, ses directeurs étant très majoritairement whigs tandis que le gouvernement appelé au pouvoir en 1711 était tory, la banque n'avait plus la confiance de l'État. C'est pourquoi le Premier ministre Harley eut l'idée de refaire un montage financier passant cette fois-ci par la création d'une compagnie commerciale, la Compagnie des mers du Sud. Cet établissement devait prendre à sa charge une partie de la dette flottante de l'État britannique à un taux d'intérêt réduit à 6 %. Pour sécuriser ce paiement, diverses taxes indirectes – des accises sur le vin, le vinaigre et le tabac – lui étaient affectées. En contrepartie, et pour attirer les investisseurs, la compagnie se vit attribuer le monopole du commerce des mers du Sud – *i.e.* le commerce avec la côte Est du Pacifique – et de la traite des esclaves entre les côtes africaines et les côtes d'Amérique latine. Pour faire bonne mesure, ce monopole fut agrémenté de quelques rumeurs concernant un accord commercial avec l'Espagne selon lequel la flotte de la compagnie aurait accès à quatre ports chiliens et péruviens en échange d'une entrée du roi d'Espagne dans le capital. La perspective de l'exploitation des mines de métaux précieux du Mexique et du Pérou et du commerce triangulaire permettait de faire miroiter de substantiels versements de dividendes en sus des intérêts déjà promis.

La souscription connut un grand succès puisqu'elle fut accomplie en un peu plus de six mois malgré l'énormité de la somme en jeu (9,5 millions de livres sterling[1]). L'enthousiasme du public fut porté non seulement par la dimension patriotique de l'opération, mais encore par l'activité inlassable de propagandistes aussi talentueux et informés que Daniel Defoe ou Jonathan Swift. Dans un premier temps, c'est la dimension coloniale de l'opération et l'excitation de l'imagination qu'elle suscitait qui entretinrent la flamme. Enthousiaste, Daniel Defoe se fit le promoteur de l'idée selon laquelle, dorénavant, ce n'étaient plus « les règles de la logique, de la connaissance et de l'ordre, mais la « puissance de l'imagination qui créait les règles de son cru en dehors des règles classiques ». De ce côté de la Manche, il devenait chaque jour plus évident, et il était même revendiqué, que le crédit était aussi bien lié à la capacité d'imagination des acteurs économiques qu'à leur calcul rationnel. Bien entendu, les investisseurs n'avaient pas la moindre idée de la rentabilité exacte du commerce des esclaves, de leur mortalité, du coût de leur encadrement, des risques de rébellions, des nombreux droits et chicanes que les Espagnols pouvaient exercer sur la compagnie, etc. Mais leur imagination était tout simplement

1. Soit 230 millions de livres tournois au taux de change de 1715.

excitée par les récits fabuleux qu'ils lisaient chaque jour dans la presse londonienne. John Law devait bien évidemment méditer cette expérience[1].

Le coup d'éclat

Procédant à l'instar de la Compagnie des mers du Sud, mais sur une échelle considérablement plus grande, John Law lança fin août 1719 le plus grand *swap* de dette de l'histoire financière. Il s'agit ni plus ni moins que de faire racheter l'intégralité de la dette publique restant sur le marché par la Compagnie des Indes, celle-ci se procurant les fonds nécessaires via une souscription publique.

Concrètement, l'opération s'effectua en deux temps. Dans une première étape, les créanciers de l'État au sens large – détenteurs de billets d'État, rentes de l'Hôtel de Ville et offices, ainsi que les actionnaires de la Ferme générale qui venait d'être rachetée – étaient enjoints d'échanger leurs titres contre des récépissés du Trésor. Ce document leur permettait ensuite de se faire rembourser en espèces ou en billets de banque auprès de la compagnie, cette dernière agissant pour le compte de l'État. L'opération revenait à ce que cette dernière accorde à l'État un prêt à hauteur de la somme correspondante, soit 1,6 milliard[2] de livres. Ce prêt fut contracté à un taux d'intérêt de 3 %, ce qui impliquait un versement annuel de l'État à la compagnie de 48 millions de livres[3].

1. On sait que John Law a profondément admiré le schéma de la South Sea Company. En témoigne une lettre écrite à Harley en juin 1711 dans laquelle il proposait ses services pour faire partie du management de la compagnie. Harley refusa, dans la mesure où John Law était toujours sous le coup de sa condamnation pour meurtre.
2. Dans la version initiale de fin août, le montant de la reprise de la dette s'élevait à 1,2 milliard de livres. Le succès rapide de l'opération auprès du public conduisit Law à pousser les feux et à reprendre 1,6 milliard de livres. Par souci de simplicité, nous ne considérons que ce montant.
3. Concrètement, la compagnie aurait retenu ces 48 millions nécessaires des 52 millions qu'elle s'était engagée à verser au Trésor au titre de la collecte des droits indirects à la suite de la reprise de la Ferme générale.

La compagnie n'ayant évidemment pas les fonds nécessaires à cette opération – toute la masse monétaire en circulation n'y eût pas suffi… –, elle dut lever des capitaux à cette hauteur. L'arrêt du conseil du 27 août 1719 l'autorisa à cet effet à émettre des rentes perpétuelles à 3 % – dites « actions rentières ». Pour que le *swap* soit effectif, les récépissés du Trésor pouvaient être échangés contre ces nouveaux titres. Aucun document ne détaillant les caractéristiques de ce produit financier dont le nom prête à confusion, sa nature a longtemps été débattue par les historiens. Mais il semble bien que ces titres aient été, dans l'esprit de leur inventeur, ni plus ni moins que des titres à taux fixe – en l'occurrence 3 % – assignés sur le produit de la Ferme générale.

L'opération semblait équilibrée et « gagnant-gagnant » : l'État voyait la plus grande partie de sa dette annulée en échange du versement d'une annuité de 48 millions de livres à la compagnie – autrement dit, un prélèvement de 48 millions sur les recettes qu'elle collectait pour le compte du Trésor royal. Par rapport à ses obligations antérieures, l'État voyait ses charges d'intérêt baisser de 1,5 point[1], ce qui soulageait le budget de 21,5 millions de livres. Si l'on y ajoute les recettes supplémentaires résultant de la reprise de la Ferme générale par la compagnie – collecte passant, comme on l'a vu, de 48,5 à 52 millions de livres – et les dividendes versés au roi – actionnaire – soit 20 millions[2], l'opération aboutissait à améliorer les comptes de l'État de manière pérenne d'environ 45 millions de livres. Et c'était sans compter sur certaines recettes temporaires – versement de 30 millions en 1720 au titre de l'achat par la compagnie des compétences des hôtels des monnaies.

En outre, l'État se débarrassait définitivement de sa dette flottante dont la dépréciation lui interdisait de se refinancer

1. On estime que le taux d'intérêt moyen sur la dette de l'État était de 4,5 %.
2. Rappelons que le roi avait souscrit pour 100 000 actions lors de la première émission de 1717 – émission lancée, comme on le sait, sur la base d'un cours à 500 livres. Valorisées à 5 000 livres, ces actions devaient lui rapporter un dividende de 20 millions par an sous l'hypothèse d'un rendement de 4 %.

dans des conditions financières acceptables, ce qui revenait à en transférer le risque sur la compagnie. Enfin, et c'était sans doute l'élément proprement révolutionnaire du Système, l'État se voyait délivré de l'emprise des financiers, son seul interlocuteur étant désormais une compagnie unique dont le directeur lui était parfaitement loyal et qui lui proposait un prêt gigantesque à un taux d'intérêt de 3 % dont n'auraient pas osé rêver les contrôleurs généraux des finances de Louis XIV. Au total, donc, l'État pouvait espérer revenir à l'équilibre budgétaire dès 1720, tout en finançant une guerre limitée avec l'Espagne.

Du côté des souscripteurs également, l'opération pouvait se révéler intéressante, du moins sur le papier. Certes, le rendement de leurs titres était abaissé d'au moins 1 point par rapport à leurs titres antérieurs. Mais, d'une part ils pouvaient considérer que cette réduction était cohérente avec la diminution générale des taux d'intérêt générée par l'action de la Banque générale puis royale. D'autre part, ils y gagnaient en sécurité – on pouvait sans doute faire davantage confiance à une compagnie dirigée par Law et par une équipe de directeurs compétents qu'à un État faisant régulièrement défaut sur les intérêts de sa dette. En outre, les profits de la compagnie tirés de l'exploitation commerciale, de l'hôtel des monnaies et des fermes donnaient une sécurité supplémentaire au rentier.

On pouvait objecter que le Système n'était soutenable que si le public jouait le jeu et ne demandait pas brutalement la conversion en espèces ou en billets de ses créances publiques. Mais Law savait que l'immense majorité de rentiers ne demanderaient pas le remboursement de leur capital. Qu'en auraient-ils fait d'ailleurs ? En pratique, les rentes n'étaient jamais remboursées, leur détenteur se contentant de percevoir les intérêts et de transmettre les titres à leurs héritiers. Law faisait le pari raisonnable que, devenus titulaires d'« actions rentières », ils adopteraient le même comportement.

Au total, l'opération du 27 août apparaissait comme un brillant exercice de gestion de la dette publique : subrogation de cette dette à une compagnie commerciale, confiance retrouvée dans le public permettant de diminuer fortement les charges d'intérêt payées par l'État ; optimisation de la collecte fiscale via la centralisation d'une grande partie de la collecte des impôts et une meilleure gestion. Mais à vrai dire, cette première étape ne fut brillante que sur le papier : les « actions rentières » ne virent jamais le jour car John Law passa directement à la seconde étape de son plan, qui devait être l'aboutissement du Système proprement dit.

En effet, le 11 septembre 1719, ce furent 100 000 actions en bonne et due forme de la Compagnie des Indes, et non des rentes à taux fixe, qui furent soumises au public à un cours de 5 000 livres. Cette émission, parfaitement réussie, fut suivie début octobre de deux autres de 100 000 actions chacune puis d'une troisième pour 24 000 actions, toujours à ce même cours. Les contemporains ne semblent pas s'être aperçus que le passage d'une émission de rentes – fussent-elles des « actions rentières » – à une émission d'actions transformait radicalement la nature de l'opération. Au lieu de titres assurant un revenu fixe du type « placement de père de famille », les investisseurs se voyaient proposer des titres dont l'attrait résidait davantage dans les perspectives d'évolution du cours que dans le versement régulier de dividendes – quelles que soient les assurances données par Law d'un rendement assuré de 3 % pour ces derniers. Le Système ne pouvait donc fonctionner que si le peuple des épargnants devenait spéculateur ! En transformant 1,6 milliard de livres de titres de dette publique en actions d'une société commerciale – un *swap* « dette contre actions » portant sur une richesse équivalant à quelque 70 % du PIB… ! –, Law faisait entrer l'économie française en territoire inconnu.

Les biographes se sont souvent interrogés sur ce revirement de Law, n'hésitant pas à y voir la double facette de l'homme :

un financier et économiste rationnel tombant subitement dans l'*hubris* du joueur incapable de résister à la tentation d'exagérer ses entreprises. C'est pourquoi on a pu y voir le passage d'un « plan sage » – celui du 27 août – à un « plan fou » mis en œuvre à partir de la mi-septembre, selon la distinction tranchée d'Edgar Faure.

À ce moment crucial où bascule le destin du Système – et avec lui celui de Law et de l'économie française… –, qu'il nous soit permis de formuler l'hypothèse que Law, dans cette affaire, resta tout simplement égal à lui-même, à la fois financier de génie, joueur, et surtout un incorrigible optimiste. On peut en effet penser que son changement de pied résulta à la fois d'un schéma initial construit de longue date et de son opportunisme. C'est son analyse économique et financière aussi bien que ses théories monétaires qui le conduisirent à renoncer au bout de quelques jours aux « actions rentières » et à opter pour des émissions d'actions. De ce point de vue, il ne fit qu'aller au bout de sa logique. Mais c'est l'observation du cours des actions de la compagnie au début du mois de septembre qui déterminèrent le moment le plus approprié et qui l'incita à passer directement à la seconde étape de son plan.

L'examen de ses écrits montre en effet à quel point était centrale pour lui la disparition des rentes constituées[1], aussi bien sur l'État que sur les particuliers, et leur remplacement par des actions investies dans l'activité économique réelle. À cet égard, un article de Law publié dans le *Nouveau Mercure* au printemps 1720 éclaire cette démarche fondamentale pour lui : « Celui qui prête, stipule que son argent ne sera employé en aucune sorte de marchandise, mais il le veut voir assis sur un fonds marqué et déterminé. Le capital meurt pour le prêteur, et il ne consent de ne le jamais revoir. Ainsi, l'argent constitué demeure immo-

1. Les rentes dites « constituées » étaient des rentes garanties par un bien immobilier qui pouvait être saisi en cas d'incident de paiement, ce qui incitait l'emprunteur à prendre un minimum de risque dans ses investissements.

bile entre deux hommes qui se sont enchaînés l'un l'autre. Cette espèce d'emploi rend plus rare et plus cher l'argent du commerce. » S'ensuit un plaidoyer vibrant en faveur des agents économiques en manque de capitaux.

On le voit, la lutte des classes chez Law n'a pas lieu entre travailleurs et capitalistes, mais entre, d'une part, les débiteurs-investisseurs moteurs de l'économie et, d'autre part, les créanciers-rentiers. Le terme de lutte des classes est d'ailleurs à peine exagéré : « J'ai regardé de tout temps avec compassion le joug que subissait l'emprunteur à constitution de rente. » Incapable de rembourser le capital emprunté, condamné de fait à perpétuité à verser à son créancier un revenu fixe selon un rendement supérieur en moyenne à celui qu'il peut tirer de son unité d'exploitation – terre, immeuble, manufacture –, le débiteur était littéralement le mal-aimé de l'économie française. Et Law avait déjà écrit maintes fois depuis *Money and Trade* que la solution à ce problème n'était pas la dévaluation erratique de la monnaie – le rehaussement des espèces – qui permettait de rembourser en monnaie faible les capitaux empruntés en monnaie forte. Cette solution de facilité généralement utilisée par les États impécunieux agissait pour lui comme une taxe injuste et anarchique sur les créanciers tout en induisant une ponction de nos richesses par l'étranger. La vraie solution, il la voyait dans le développement d'une sorte de démocratie actionnariale dans laquelle les épargnants apprendraient à prendre leur part de risques tout en bénéficiant en retour d'une prospérité générale.

Bien entendu, on pourra sourire d'une conception aussi simpliste de l'interaction entre les conditions de financement d'une économie et sa croissance. On sait aujourd'hui qu'un certain *mix* entre endettement et actions participe d'un optimum économique et qu'un capitalisme purement actionnarial est une vue de l'esprit. Pour autant, l'idée que la croissance économique peut être durablement étouffée par la loi des intérêts composés et que les épargnants doivent prendre leur part de risque en touchant des revenus indexés sur les profits réalisés – des dividendes – plutôt que d'attendre confortablement des revenus fixes est une idée radicalement moderne. Exprimé dans les termes des théories modernes de la croissance, un niveau des taux d'intérêt durablement supérieur au taux de croissance entraîne une sous-accumulation du capital et une consommation par tête insuffisante. Et tel était bien le cas de la France du début du XVIIIe siècle.

Mais si les conceptions générales de Law – le théoricien – l'entraînaient depuis longtemps et tout naturellement vers le choix des actions, ce sont les circonstances qui décidèrent Law – le joueur et le spéculateur – à passer plus rapidement que prévu des « actions rentières » à des actions en bonne et due forme. L'annonce du rachat de la compagnie des frères Pâris et de la dette publique de l'État suscita en effet une flambée du cours des actions sans laquelle on ne peut pas comprendre les opérations qui suivirent. Qu'on en juge : le 26 août, soit la veille de l'annonce du rachat de la dette de l'État par la compagnie, les actions se négociaient à 3 600 livres. Le 11 septembre, leur cours atteignait 5 400 livres. Il est vrai que pour faciliter le bon déroulement des opérations, Law n'avait pas ménagé ses efforts, recourant de nouveau à plusieurs astuces sophistiquées pour entretenir la flamme des épargnants : les paiements furent très étalés, le souscripteur n'ayant à décaisser immédiatement que 10 % des 5 000 livres, le solde étant payable en plusieurs échéances trimestrielles. Il apparaissait donc clairement dès le début du mois de septembre que le cours de 5 000 livres était à portée de la main et allait être dépassé sans difficulté. Dans ces conditions, pourquoi un financier aussi avisé que Law aurait-il hésité à lancer une souscription ? Pourquoi émettre des « actions rentières » à 3 % d'intérêt fixe si l'on est capable d'attirer des actionnaires se contentant de dividendes de 2 % parce qu'ils escomptent des plus-values confortables sur le cours de leurs actions – à leurs risques et périls, bien sûr… ?

Cette hausse avait de quoi impressionner les rentiers les plus prudents. Munis de récépissés dont ils ne savaient que faire – les faire rembourser par des espèces ou des billets, certes, mais pour les investir où ? –, les anciens rentiers de l'État se tournèrent avec enthousiasme vers les souscriptions de la compagnie.

Au total, on voit bien que le plan de Law, s'il était audacieux, n'était à ce stade aucunement celui d'un fou ou d'un joueur qui aurait abdiqué les raisonnements financiers élémentaires. C'était au contraire le plan d'un homme convaincu jusqu'au vertige de la perfection de son raisonnement et qui trouvait dans le royaume de France un champ d'expérimentation à sa mesure.

La somme, extravagante pour l'époque, de 1,6 milliard de livres avait été levée en quatre vagues de souscription à intervalles très rapprochés, chacune rencontrant un succès phénoménal, ce qui ne fit évidemment que conforter Law dans ses certitudes. Si l'on se rappelle la difficulté qu'il avait eu à effectuer sa première levée de fonds – 100 millions de livres en 1717 à un prix modeste de 500 livres et pour une entreprise raisonnable –, on mesure le chemin parcouru.

Lors de ces semaines cruciales, Law s'imposa véritablement comme le seul maître à bord. Toutes les opérations étaient effectuées après discussion avec le Régent, en l'absence de réunion du conseil de régence et dans le dos du titulaire nominal de la charge des finances, le marquis d'Argenson, dont l'amertume perçait de plus en plus dans ses correspondances. Progressivement évincé de toutes les décisions stratégiques, son rôle se résumait de plus en plus à la gestion quotidienne de l'administration des finances.

D'une construction purement monétaire susceptible d'impulser du dynamisme dans l'économie française, le Système devenait donc un projet macroéconomique et financier global permettant tout à la fois d'apurer les dettes de l'État, d'accroître les moyens de paiement et d'orienter les fonds vers des investissements productifs via une forme d'euthanasie des rentiers.

Une déconstruction pierre par pierre de la structure financière publique et privée de l'Ancien Régime était désormais engagée.

Le remplacement des espèces par une « nouvelle espèce de monnaie » ?

Si, comme on l'a vu, l'idée que des compagnies commerciales pouvaient utilement participer à la bonne gestion de la dette publique n'était pas nouvelle, John Law alla plus loin dans cette direction que tous ses prédécesseurs. Non seulement par l'ampleur de l'opération, mais surtout en faisant des actions de ce type de compagnies le paradigme d'une « nouvelle espèce de monnaie ». C'est là qu'il faut chercher sa plus grande originalité, sa plus grande audace, mais également son plus grand aveuglement et les causes de son échec final.

Cette idée apparaît très tôt dans ses écrits, et pour la première fois dans un document de 1707 adressé au contrôleur général Chamillart, *Mémoire pour prouver qu'une nouvelle espèce de monnaie peut être meilleure que l'or et l'argent*. Ce document ne laisse pas d'étonner puisqu'on y lit les balbutiements de ce que seront les développements ultérieurs du Système. Après avoir rappelé les inconvénients qui s'attachent aux métaux comme gage de la monnaie – aucun argument qui ne soit présent dans *Money and Trade* –, Law présente dans ses grandes lignes les avantages procurés par une monnaie gagée par la terre. Il évoque ensuite les bénéfices à attendre de la création d'une banque du type de la Banque d'Angleterre, tant en termes de financement de l'État que d'accroissement de la quantité de monnaie via le développement du crédit. Le lecteur croit volontiers qu'il va s'arrêter là, son projet étant à l'époque d'établir une banque semblable en France.

La surprise intervient au détour d'une phrase, dans laquelle Law envisage d'aller beaucoup plus loin dans la réforme monétaire : « Ces moyens – le crédit bancaire – ne sont que des crédits ou promesses de paiements en espèces. Ce qui approche le plus à une nouvelle espèce de monnaie est la compagnie des Indes. [...] Ces actions ne sont pas des promesses de paiements, elles sont comme une nouvelle espèce de monnaie. »

En quelques mots, Law ouvrait un nouveau champ, d'une dimension inédite, à la création monétaire. Malgré tout son intérêt, le crédit bancaire classique ne reposait jamais *in fine* que sur les encaisses métalliques servant de gage à la monnaie de papier émise. Autrement dit, la valeur de ce papier-monnaie subissait les mêmes fluctuations de la valeur que les encaisses métalliques dans lesquelles il était convertible. Par conséquent, on n'échappait pas à l'instabilité de la valeur de la monnaie – exprimée en poids de métal précieux – par le crédit bancaire. En revanche, les actions d'une compagnie commerciale n'avaient pas ces inconvénients. Leur gage était en effet un fonds – actifs de la compagnie – diversifié composé de magasins, d'immeubles, de terre, de vaisseaux, de places fortes, d'armements, de monopoles commerciaux, etc., dont la valeur n'était pas soumise aux aléas de la valeur des métaux précieux. Étant plus stable, moins manipulable, peu susceptible de baisser – car les revenus d'une telle compagnie avaient de bonnes chances de croître tendanciellement –, cette « monnaie-action » était, selon notre auteur, une monnaie idéale.

On retrouve la même idée en juillet 1715 dans son *Premier mémoire sur les banques* adressé à Desmarets. Cette fois, ce sont les actions de la Banque d'Angleterre qu'il assimile à une monnaie. De fait, les actions de la Banque d'Angleterre étaient, selon les dires des contemporains, par exemple Dutot, utilisées dans certaines grosses transactions au même titre que de la monnaie. De manière significative, aussi bien Law dans ses écrits sur la Banque d'Angleterre que Dutot dans son *Histoire du Système* n'hésitent pas à agréger la valeur des actions et celle des billets de banque en circulation pour estimer la quantité totale de monnaie générée.

Il semble que cette idée cheminait dans son cerveau, alors même que son projet semblait apparemment se limiter à la création d'une banque. Ainsi, peu de temps après le rejet de son premier projet de banque par le conseil des finances en octobre 1715, il pensait déjà à l'étape suivante. En effet, dans sa lettre au Régent datée de décembre 1715, il affirmait : « La banque n'est pas la seule ni la plus grande de mes idées ; je produirai un travail qui surprendra l'Europe par les changements qu'il portera en faveur de la France, des changements plus forts que ceux qui ont été produits par la découverte des Indes ou par l'introduction du crédit. »

Bien entendu, les économistes modernes pourront se moquer de l'idée de considérer l'action d'une société commerciale comme un actif suffisamment stable pouvant servir de monnaie dans les échanges. Une action a précisément une valeur tellement instable qu'elle figure parmi les actifs les moins susceptibles de tenir le rôle de monnaie. Pourtant, à y regarder de plus près, l'idée n'était pas si déraisonnable car les profits de la Compagnie d'Occident n'étaient évidemment pas de même nature que ceux d'une compagnie commerciale ordinaire : les bénéfices tirés d'un commerce hautement aléatoire n'était que minoritaires dans la formation de son compte de résultat. L'essentiel de ses produits étaient en effet issus de la collecte des impôts indirects, dont on pouvait raisonnablement considérer qu'ils seraient à peu près stables en moyenne, les années de bonne conjoncture générant des rentrées fiscales élevées succédant aux années de vaches maigres aux produits fiscaux plus faibles.

Autrement dit, on pouvait voir dans cette relative constance des produits de la compagnie le gage d'une valeur assez stable de l'action. Et si l'économie connaissait une phase de croissance, et avec elle des rentrées fiscales croissantes, la valeur de l'action tendrait à croître à ce même taux. De cette manière, on pouvait espérer que la croissance de la masse monétaire serait en ligne avec celle de l'économie réelle. L'économie aurait toujours une quantité de monnaie adaptée à son bon fonctionnement et la stabilité des prix serait garantie, ce qui était l'un des objectifs que Law avait toujours poursuivis dans ses écrits théoriques. D'une certaine manière, l'Écossais anticipait avec près de deux siècles et demi d'avance les préconisations de Milton Friedman et de l'école monétariste, pour laquelle la politique monétaire optimale consiste à faire croître la masse monétaire de manière régulière pour limiter les fluctuations conjoncturelles de l'activité.

Même si ce mécanisme économique justifiant qu'on utilise comme monnaie l'action d'une gigantesque compagnie commerciale dont les produits seraient représentatifs de l'état général de la conjoncture n'a jamais été explicité par Law lui-même ni par les nombreux commentateurs ultérieurs, on peut donc y trouver une certaine rationalisation *a posteriori* des intuitions de l'Écossais. Le Système apparaît alors comme une tentative originale et pionnière de résoudre définitivement le problème posé par les désajustements monétaires et leurs effets déstabilisants sur l'économie réelle, préoccupation qui fut au cœur de la révolution monétariste des années 1960 et 1970.

Objectif 10 000

En cohérence avec ses écrits antérieurs, Law avait cependant conscience que les actions de la Compagnie des Indes ne pourraient pas faire fonction de monnaie tant que leur cours ne serait pas stabilisé : en aucun cas les agents économiques ne les accepteraient comme « nouvelle espèce de monnaie » si leur valeur continuait de fluctuer de 1 000 livres en une semaine comme cela avait été le cas par exemple en novembre 1719. Stabiliser les cours et les anticipations à un niveau judicieusement choisi, tel devait être son principal objectif à partir de la fin de l'année 1719.

Dans un premier temps, il mit tout en œuvre pour favoriser la hausse des cours. Ainsi, il mit en place un mécanisme de prêts bancaires destinés à soutenir le cours des actions : la Banque royale consentait des prêts de 2 500 livres en billets de banque au taux extrêmement faible de 2 % en échange du dépôt d'une action en gage auprès de la compagnie. Ce dispositif amplifia la grande vague spéculative commencée à l'été : en quelques semaines, de début septembre à mi-novembre le cours passa de 5 000 à 9 000 livres. Progressivement, le lien entre création monétaire par la Banque royale et soutien aux actions de la compagnie se renforçait de manière irréversible.

Il ne s'agissait pourtant pas, dans l'esprit de Law, d'augmenter les cours jusqu'à n'importe quel niveau en vue de réaliser la plus grosse plus-value possible, mais plutôt de les guider exactement vers un niveau précis, puis de les stabiliser autour de cette cible. C'est pourquoi, dans un deuxième temps, à partir de novembre, il chercha par tous les moyens à stabiliser les cours autour d'une cible comprise entre 9 000 et 10 000 livres.

Cet objectif de cours ne fut évidemment pas choisi au hasard. Il correspondait à un calcul parfaitement orthodoxe, que l'on peut reconstituer en lisant attentivement ses écrits. Le premier terme de ce calcul était le bénéfice espéré de la compagnie. De ce point de vue, Law fournit des prévisions précises lors de l'assemblée générale de décembre 1719, lors de laquelle fut fixée par anticipation la valeur du dividende devant être versé l'année suivante… ! En faisant la somme des différentes sources de profit – activités commerciales, gains sur les collectes d'impôt, droits perçus par les hôtels des monnaies… –, Law aboutissait à un bénéfice récurrent de plus de 91 millions de livres, tout en soulignant qu'il pourrait bien, à terme, atteindre 120 millions de livres. Il faut bien admettre que, tous calculs faits, son estimation était assez crédible. Certes, les gains escomptés des activités commerciales de la compagnie pouvaient être considérés comme optimistes. Mais en sens inverse, les prévisions de bénéfices issus des activités de la Ferme générale étaient plutôt prudentes.

Le second terme du calcul était le choix du rendement financier de ces actions, qui devait être en rapport avec le taux d'intérêt du moment. Si l'objectif final de Law était d'abaisser le taux d'intérêt à 2 % grâce à la création monétaire, il n'était pas surprenant qu'il retienne ce même niveau comme rendement des actions.

Partant des 600 000 actions émises par la compagnie et oubliant volontairement 100 000 actions détenues par le roi et 100 000 actions détenues par la compagnie en gage de ses prêts aux actionnaires, Law bâtit ses calculs sur la base des 400 000 actions effectivement en circulation à la fin de l'année. Dans ces conditions, le bénéfice par action pouvait être estimé à 225 livres, ce qui, compte tenu d'un rendement de 2 %, valorisait le titre à 11 250 livres, rendant un cours cible de 9 000 à 10 000 assez réaliste. Cette estimation supposait toutefois que les 200 000 actions cachées ne seraient pas rémunérées. On peut penser qu'il était en effet dans les intentions de Law de ne pas les rémunérer dans un premier temps et d'attendre une hausse future de bénéfices de la compagnie pour les intégrer dans le calcul. Et de fait, si le bénéfice atteignait à terme les 120 millions de livres comme l'espérait Law, le cours d'équilibre aurait bien été de 10 000 livres sur la base d'un rendement de 2 %[1].

Dès lors que les cours approchèrent de ce maximum souhaitable de 10 000 livres, il entreprit de calmer l'emballement du marché. Pour ce faire, il intervint directement sur le marché pour stabiliser les cours autour de la valeur cible. Il le fit de plusieurs manières. Dès le mois de novembre, afin de mettre fin à la flambée des cours et de les stabiliser autour de 9 000 livres, il vendit des actions à hauteur de 30 millions.

Fin décembre, les cours donnèrent des signes de faiblesse, non pas tant à cause d'une volonté des spéculateurs de vendre pour

1. Un bénéfice de 120 millions de livres réparti sur 600 000 actions aurait entraîné un dividende par action de 200 livres. Sous l'hypothèse que ce dividende représente 2 % de la valeur de l'action, cette dernière devrait s'établir à 10 000 livres.

réaliser leurs gains, mais plutôt en raison de la nécessité pour les petits souscripteurs de se procurer des liquidités pour faire face aux échéances trimestrielles. La mécanique des paiements par tempérament engendrait ainsi épisodiquement un mouvement baissier indésirable et susceptible d'accroître l'instabilité des cours. Durant ces périodes délicates, toute baisse des cours pouvait inciter les souscripteurs à interrompre leurs paiements trimestriels et à vendre leurs actions, accentuant par là même la chute des cours.

Désireux de stabiliser coûte que coûte le cours des actions, Law résolut d'utiliser une méthode radicale en faisant décider par l'assemblée générale du 30 décembre de créer un bureau de compensation destiné à procéder à des achats et des ventes sur le marché pour stabiliser les cours entre 9 000 et 9 500 livres. En fait, et compte tenu des tendances baissières, cette structure se comporta comme un pur bureau d'achat dont on peut résumer facilement le mécanisme : la Banque royale émettait des billets qu'elle prêtait à la compagnie sans intérêt en échange d'un simple récépissé. Celle-ci les utilisait ensuite pour racheter des actions sur le marché et ainsi enrayer la baisse des cours et orienter les anticipations vers un cours fixé chaque jour entre 9 000 et 9 500 livres.

Il va sans dire que ces nouvelles émissions de billets n'étaient plus gagées sur rien et, en particulier, n'avaient plus aucun lien avec les encaisses métalliques détenues par la banque, dont par ailleurs personne ne connaissait le niveau. C'est donc sans bruit et dans l'indifférence générale qu'une mécanique infernale se mettait en place. Tandis que les observateurs les plus avisés commençaient à douter de la soutenabilité du cours des actions de la compagnie, y percevant ce qu'en termes modernes nous appelons une « bulle spéculative », c'est en vérité la quantité d'augmentation de la masse monétaire qui menaçait le Système au plus haut de sa réussite. Plutôt que la montée de l'action à un cours déraisonnable, c'est le lien mortifère entre cours de l'action et création monétaire qui allait le faire dérailler.

En sens inverse, début janvier 1720, se rendant compte que le titre risquait de nouveau de dépasser les 10 000 livres souhaitées, Law fit émettre des « primes », correspondant à nos modernes options d'achat à terme, pour peser à la baisse sur les anticipations de cours. Le mécanisme était le suivant : l'acheteur bénéficiait pour une prime lancée à un prix de 1 000 livres d'un droit à acheter à la compagnie, dans les six mois, une action à un cours garanti de 10 000 livres – le « prix d'exercice » en termes modernes. Ce faisant, la compagnie prenait un risque financier considérable – si le cours passait au-dessus de 10 000 livres, la différence était évidemment à ses frais[1]. Mais ce risque était tel que la compagnie envoyait par là même le signal qu'elle mettrait tout en œuvre pour éviter un dépassement de ce cours. Dès lors, ce mécanisme était bien susceptible d'orienter les cours autour de cette valeur. De fait, ces primes eurent un succès spectaculaire. En quelques jours, 300 millions de livres de primes furent vendues, ce qui pouvait déclencher à terme l'achat d'actions pour un total de 3 milliards de livres.

Force est de constater que ces dispositifs de stabilisation furent plutôt une réussite dans un premier temps : après avoir dépassé 9 000 livres courant novembre, l'action établit un record absolu à 10 025 livres le 2 décembre. À la même date, des contrats à terme stipulant la livraison d'actions pour le mois de mars 1720 furent négociés à 12 500 livres, ce qui suggère que le marché anticipait une poursuite de la hausse. C'est parce que l'action perdit 24 % en deux semaines – elle cota 7 633 livres le 19 décembre – que Law fit procéder de nouveau à des achats massifs pour soutenir les cours. De nouveau, cette stratégie s'avéra gagnante puisque les actions remontèrent aussitôt au-dessus de 9 000 livres pour finir l'année à 9 410 livres, soit dans la fourchette cible de Law.

1. Pour fournir des actions au prix garanti de 10 000 livres – en cas de « levée de l'option » pour parler un langage financier moderne –, la compagnie devrait préalablement les acheter sur le marché à un cours supérieur et réaliserait alors une moins-value.

Toute cette séquence démontre que rien ne serait plus éloigné tant de la pensée que de l'action de Law de laisser les cours monter le plus haut possible dans un but purement spéculatif. Durant cette période cruciale dans la maturation du Système, toute son action fut tendue au contraire vers la maîtrise des cours et leur stabilisation autour de valeurs comprises entre 9 000 et 10 000 livres, valeurs cohérentes avec d'une part les bénéfices escomptés de la compagnie et d'autre part le taux de rendement des dividendes, lui-même égal au taux d'intérêt cible de 2 % qu'il se fixait. À certains égards, Law se comportait comme un banquier central cherchant à régler le rythme de création monétaire afin d'atteindre le « taux d'intérêt directeur » qui lui semble approprié à l'état de l'économie.

Pourtant, les fondements mêmes du Système étaient sérieusement endommagés par cette séquence. Ainsi, la pratique de prêt contre la mise en gage d'actions auprès de la compagnie était un mécanisme extrêmement risqué qui n'est pas sans rappeler, de manière rudimentaire, celui des *subprimes*. Dans les deux cas, en effet, le prix d'un actif est artificiellement soutenu par la production de crédits permettant d'acheter une plus grande quantité de cet actif, ce crédit étant lui-même gagé par l'actif en question… ! On conçoit l'extrême instabilité d'un tel montage autoréférentiel : l'émission de crédit soutient le prix de l'actif qui, lui-même, soutient le crédit, sans qu'à aucun moment n'interviennent des considérations d'économie réelle – capacité des emprunteurs à dégager des revenus pour rembourser le prêt et en payer les intérêts, rentabilité réelle de l'actif, etc. La moindre baisse de confiance entraînant la baisse des actifs peut provoquer une impossibilité de rembourser le crédit consenti pour l'achat de ces mêmes actifs. Au final, les propriétaires d'actifs sont ruinés, font défaut sur leurs emprunts et le système bancaire se grippe[1].

1. Dans le cas des subprimes, l'actif sous-jacent au crédit était non pas un portefeuille d'actions, mais une propriété immobilière. On remarquera que le dispositif moderne était encore plus toxique que celui construit par Law dans la mesure où

Une autre faiblesse apparaît avec la pratique de l'achat d'actions par la compagnie. De telles opérations ne sont certainement pas condamnables en soi : l'idée de réguler les cours d'une action dans un marché étroit, ce qui est le rôle aujourd'hui des institutions financières dites « teneurs de marché », est parfaitement admise par les financiers modernes. Mais la circonstance particulière que le soutien aux cours soit financé par une émission monétaire sans aucun gage entraînait un gonflement de la masse monétaire sans aucun lien avec les évolutions et les besoins du commerce. D'ailleurs, ce mouvement initié par Law le « banquier central » contrevenait radicalement aux principes mêmes affichés depuis de nombreuses années par Law le théoricien monétaire. Au risque d'écroulement du Système – l'« éclatement de la bulle » en termes modernes – s'ajoutait un risque macroéconomique considérable et beaucoup plus insidieux.

L'élimination des espèces métalliques

Avec la création de papier-monnaie, le grand *swap* « dette contre actions » et la stabilisation du cours des actions de la Compagnie des Indes, la suppression programmée de la monnaie métallique fut le quatrième pilier du Système. Il fut aussi audacieux que les trois précédents. Si les monnaies de papier avaient déjà une longue histoire, jamais une monnaie n'avait été complètement détachée de la référence au métal précieux[1]. C'était bien la première fois qu'un tel papier ne portait pas intérêt, devait être reçu sans escompte et, par conséquent, possédait toutes les caractéristiques d'une monnaie. De nouveau, on constate à quel point la politique de Law procédait de sa construction théorique antérieure, en l'occurrence celle de *Money and Trade*. On ne

les crédits étaient ensuite eux-mêmes titrisés et vendus sur les marchés financiers. La contamination de ces mauvaises créances à l'ensemble des banques et des fonds gérant des actifs financiers fut alors maximale.

1. Et, comme on le sait, il faudra attendre 1971 et la fin du système de Bretton Woods pour que le système monétaire international perde toute référence à l'or.

devrait pas s'étonner que l'homme qui avait eu les mots les plus durs et les plus définitifs contre les espèces métalliques soit aussi celui qui irait le plus loin sur le chemin de leur élimination du circuit monétaire.

Anticipant parfaitement l'impopularité de cette politique, Law procéda de manière progressive. Le premier coup fut donné par l'arrêt du 5 janvier 1719, par lequel l'écu de banque – correspondant à une quantité d'écus de taille et de finesse spécifiques, donc à une quantité déterminée d'argent – fut supprimé et remplacé par un billet en livres. Dorénavant, un billet n'était plus représentatif d'un certain nombre d'écus d'argent – donc d'une quantité bien déterminée de métal précieux –, mais simplement d'une certaine quantité de livres. Bien que portant la mention « payable en espèces d'argent » – c'est-à-dire qu'ils restaient convertibles en métal précieux –, ils ne précisaient plus en quelle quantité. Le gage métallique subsistait, mais il devenait fluctuant. Il s'agissait donc d'une première étape vers le détachement du signe monétaire de toute référence au métal précieux. L'essentiel des transactions courantes continuait certes de se faire en espèces, mais la mise en circulation parallèle de ces billets prouvait par l'exemple que l'on pourrait bien s'en passer à terme.

Oubliée l'argumentation justifiant la dénomination des billets en écu pour préserver les détenteurs des risques de la diminution des espèces et pour leur éviter la taxe de seigneuriage ! Dans le nouvel univers que préparait le magicien écossais, il n'y aurait de toute façon plus ni manipulations monétaires ni seigneuriage. Tous les acteurs économiques devaient perdre l'habitude de raisonner en espèces – donc en quantité de métal précieux –, mais uniquement en livres. On allait donc les y inciter !

La machine à retirer les espèces métalliques de la circulation et à les remplacer par de la monnaie de papier pouvait dès lors être enclenchée de manière implacable. Ce fut le rôle de la Banque royale de fonctionner comme une gigantesque pompe à aspirer le métal précieux du royaume. Pour ce faire, on fit tout d'abord confiance à la rationalité des détenteurs d'espèces en procédant à quelques manipulations monétaires idoines. Puisque leur libellé en livres impliquait une hausse de la valeur relative des billets par rapport aux espèces en cas de diminution de la valeur de ces dernières exprimées en livres, il suffisait de procéder à une telle diminution, et, plus encore, d'annoncer une série de diminutions, pour déclencher un mouvement d'échange d'espèces contre billets. On passa rapidement de la parole aux actes. Début mai 1719, la valeur du louis d'or passa de 36 à 35 livres, puis à 32 livres en décembre. L'écu d'argent passa de 6 livres à 5,60 livres durant la même période. La manœuvre réussit parfaitement puisqu'on note une forte augmentation des dépôts en espèces – et en contrepartie une hausse importante des émissions de billets – durant les premiers mois de 1719.

Ces mesures « douces » s'avérant insuffisantes – on ne rompt pas facilement avec des habitudes multiséculaires d'utilisation du précieux métal et d'hypnose par le « scintillement noir, dangereux et maudit du métal[1] » –, Law eut également recours à des méthodes beaucoup plus autoritaires, avec une savante gradation dans la coercition : limitation des paiements en espèces d'argent à 600 livres dans les villes où la banque possédait des succursales (fin décembre 1718) ; possibilité pour les créanciers de refuser les paiements en espèces dans ces mêmes villes (25 juillet 1719) ; obligation faite à la banque de réaliser ses opérations – aussi bien en recette qu'en dépense – uniquement en billets (1er décembre 1719) ; autorisation donnée aux créanciers d'exiger de leurs débiteurs leur remboursement en billets de banque (1er décembre 1719) ; interdiction d'effectuer des paiements en argent pour des montants supérieurs à 10 livres ou en or pour des montants supérieurs à 300 livres et obligation de s'acquitter des lettres de change étrangères en billets (21 décembre 1719) ; suppression du seigneuriage pour inciter les détenteurs d'espèces

1. Michel Foucault, Les mots et les choses.

à les apporter aux hôtels des monnaies (22 janvier 1720, une première depuis Colbert…) ; déclaration du cours légal des billets sur tout le territoire (28 janvier 1720). Enfin, degré de coercition supérieur, un arrêt du conseil en date du 27 février 1720 interdit la détention – et non plus simplement l'utilisation dans des transactions – d'une somme supérieure à 100 livres en espèces métalliques.

Afin de procéder au basculement intégral vers la monnaie de papier, Law introduisit donc une compétition entre les billets et les espèces métalliques, compétition de plus en plus inégale, dont le gagnant ne pouvait être que les billets. En un peu plus d'un an, de décembre 1718 à avril 1720, durant lequel les habitudes ancestrales des agents économiques français se trouvèrent bousculées, pour ne pas dire violées, le processus avait été amené à son terme. Le 1er mai 1720, il pouvait être considéré comme achevé. À cette date, et à l'exception des transactions de la vie quotidienne – c'est-à-dire tout de même de la plus grande partie des échanges et concernant la grande majorité des régnicoles –, les échanges commerciaux et financiers ainsi que l'essentiel du paiement des impôts s'effectuaient dans une monnaie de papier.

Le trimestre prodigieux

Law profita avec brio du desserrement de la contrainte financière immédiate autorisé par le Système pour relancer l'économie. Parallèlement au Système proprement dit, mais à l'occasion de celui-ci, c'est tout un ensemble de mécanismes économiques vertueux qui commença à se mettre en place. On reste stupéfait par l'accumulation de réformes au cours du prodigieux dernier trimestre 1719.

Tout d'abord, Law conduisit une politique délibérément en faveur des débiteurs et conforme, comme on l'a vu, à ses convictions en matière économique. Il ne s'agissait pas d'une action dictée par la morale, mais bien par des considérations d'efficacité, après analyse de la situation française. Alors que les échanges économiques et financiers étaient bloqués depuis trop longtemps par des chaînes de dettes interrompues – les débiteurs des uns étant créanciers des autres –, il était indispensable de soulager les débiteurs, parfois au bénéfice même des créanciers placés à d'autres bouts de la chaîne. Le Système eut pour effet secondaire de déboucler ces engagements, facilitant la reprise des paiements à tous les niveaux.

Plusieurs mesures furent prises pour encourager le règlement général des créances et améliorer la fluidité des transactions. Ainsi, les surséances des receveurs généraux par lesquelles ces financiers étaient autorisés à reporter le paiement de leurs obligations envers leurs créanciers furent supprimées en octobre. Dans la même optique, l'État décida, par un édit du 11 novembre 1719, de se substituer aux états de Bretagne pour l'acquittement de leur dette, qui avait été contractée à un taux excessivement élevé. Il se fit rembourser par cette province via un prêt consenti à 3 % d'intérêt à compter du 1er janvier 1720.

La chasse aux rentes et le soulagement des débiteurs bénéficia également à l'Église. Considérant que le clergé s'était endetté à des taux excessifs, le Régent, par un arrêt du 24 octobre 1719, décida qu'il convenait que les diocèses « participent à l'heureuse situation où se trouvent actuellement les finances ». En conséquence, le Trésor royal prenait en charge, via une sorte de « crédit d'impôt », l'écart entre les charges d'intérêt effectif dues par le clergé sur ses rentes et les charges qui résulteraient d'un taux plus raisonnable de 3 %.

Poursuivant dans la même logique, il fut décidé d'annuler 80 millions de dettes fiscales diverses – principalement des arriérés d'impôts directs – par un arrêt du 21 décembre. Dans le commentaire qu'il fit de cette mesure, Dutot indique que cette somme n'aurait de toute manière jamais pu être recouvrée et que, dès lors, cette mesure coûtait peu à l'État. Même si cette affirmation est vraie, il est évident que l'annulation d'une telle quantité de dettes ne pouvait qu'encourager le retour de la confiance chez les producteurs de richesses écrasés par le système fiscal. Enfin, par le même arrêt, on décida, à compter du 1er juillet 1720, d'octroyer des emprunts à 2 % aux paysans endettés pour les aider à rembourser leurs dettes, couramment contractées à un taux de 6 % ou 7 %.

Au début de l'année 1720, les débiteurs privés et publics se désendettaient à grande vitesse, les échanges étaient redynamisés. Jamais les taux d'intérêt n'avaient été aussi bas, avoisinant les 2-3 %. En conséquence, le prix des actifs fonciers et immobiliers était monté en flèche, rendant plus rentable l'exploitation de terres jusque-là en friche. En retour, l'accroissement des échanges venait augmenter la collecte des impôts indirects.

Le deuxième axe de cette politique de relance fut une tentative de libéralisation des échanges et un allègement de la charge fiscale. On libéralise d'autant plus facilement une économie que l'on dispose de quelques moyens financiers pour dédommager les perdants. Cette vérité fut sans doute touchée de près par John Law. Si la plupart des contemporains et des historiens furent frappés – et le plus souvent scandalisés – par le nouveau train de dépenses somptuaires voire d'actes de prévarication, peu soulignèrent l'utilisation intelligente de l'aisance financière pour mettre fin à des droits absurdes et libéraliser quelque peu une économie suradministrée et, dans certaines de ses parties, surfiscalisée.

Dans cette optique, un édit royal du 15 septembre 1719 supprima une série impressionnante d'offices, leur rachat aux titulaires étant rendu financièrement possible par le grand *swap* « dette contre actions » décrit précédemment. Avec la disparition de ces charges, c'est tout un monde de petits passe-droits, d'intermédiation, de statuts sociaux plus ou moins valorisés qui disparaissait, rayé d'un trait de plume. Cette mesure était pour Law doublement justifiée. D'une part, elle rentrait dans sa logique générale de suppression des rentes et d'abaissement des taux d'intérêt, les offices vendus par l'État pouvant s'assimiler à une rente d'au moins 4 %. Leur rachat était une mesure complémentaire de diminution générale du taux d'intérêt dans l'économie et d'orientation de l'épargne vers des emplois plus productifs que des charges publiques.

D'autre part, elle entraînait naturellement la suppression des droits et péages perçus par leurs titulaires, c'est-à-dire une baisse de la pression fiscale. Et à vrai dire, la liste en était impressionnante, précipitant à bas bruit l'effondrement de tout un pan de l'architecture fiscale de l'Ancien Régime. Ainsi, un édit de septembre 1719 supprima les officiers établis sur les ports, quais et halles de Paris et abolit les droits correspondants sur les volailles, gibiers, cochons de lait, agneaux, chevreaux, bœufs, et le beurre introduit dans la capitale.

D'autres décisions du mois d'octobre abolirent des droits sur les huiles, les vins et autres boissons transportées à Paris. Un édit du 28 octobre supprima divers péages sur les grains et les légumes qui se transportent dans les provinces. En décembre, on mit fin au monopole de la compagnie sur la vente du tabac et on institua la liberté du commerce du tabac. Le loyer payé par la compagnie à l'État en échange de ce monopole fut converti en une taxe sur le tabac importé. L'opération était avantageuse pour toutes les parties : par cette libéralisation, le roi pouvait espérer un accroissement global des ventes, donc des recettes supplémentaires. Quant à la compagnie, elle se voyait soulagée d'un loyer versé à l'État.

Les industries bénéficièrent également de certaines mesures favorisant la production. Un arrêt du 28 octobre 1719 modéra les droits d'entrée sur le charbon en provenance du Royaume-Uni, procurant aux manufactures une énergie à meilleur marché.

Si ces mesures de libéralisation n'étaient sans doute qu'une simple entaille dans la monarchie administrative léguée par Louis XIV, elles étaient pourtant de bon augure. La relance keynésienne par la monnaie et la tentative d'euthanasie des rentiers se doublaient ainsi d'une stimulation de l'offre productive et de l'esprit d'entreprise particulièrement bienvenue. L'économie française était de toute évidence entrée dans un cercle vertueux de valorisation des actifs, d'accroissement de la production et d'assainissement des finances publiques. Dutot résuma parfaitement le sentiment du moment : « En un mot, le retour de la confiance et le nouveau crédit ranimèrent l'espérance et restituèrent aux biens fonds et à l'industrie du royaume une valeur qui leur avait été enlevée par la disette de l'argent, par l'usure et par les anciens principes des finances. »

Faut-il voir dans ces mesures les timides prémices d'une tentative de réforme fiscale beaucoup plus profonde, tendant à supprimer des dizaines de petits impôts peu rentables et néfastes pour l'activité économique et à les remplacer par des impôts à assiette large et beaucoup plus efficaces ? À cet égard, plusieurs écrits de Law datant de 1718 et, surtout, de 1719 laissent penser qu'une telle réforme était pour lui le complément indispensable de la relance monétaire. Dans son *Mémoire sur le denier royal*, datant de juin 1719, il déclare en effet : « La Banque est le premier ressort des finances qui doit donner le mouvement, l'ordre et la justesse aux autres parties ; mais la machine sera imparfaite si ce premier ressort porte à faux et si les autres parties n'y répondent pas par leur construction et par leur arrangement. » Ce document contient par ailleurs tous les éléments d'une réforme consistant à supprimer tous les droits indirects – péages, gabelle et aides – ainsi que la taille pour les remplacer d'une part par une dîme largement inspirée de Vauban – pour un montant estimé à 85 millions de livres –, et d'autre part par un impôt sur les maisons d'habitation.

Au-delà des détails mêmes du projet, il faut noter les principes généraux sur lesquels Law appuyait sa démonstration. Il énonçait plusieurs règles concernant la politique fiscale : la « simplicité », un arrangement « qui soit de nature à ne pas nuire au commerce », la généralité – « les exemptions et les privilèges sont des abus contraires au bien général de l'État » –, une « répartition proportionnée aux facultés des contribuables », enfin « une répartition qui ne soit pas arbitraire ».

S'ensuivait une condamnation féroce du système fiscal en vigueur, évalué à l'aune de ces principes, et que n'auraient pas désavouée Vauban et Boisguilbert : frais de collecte considérables – 40 000 collecteurs dédiés à la collecte, qui sont autant de ressources en moins pour la production de richesses –, iniquité[1], fraude massive, effet négatif sur le commerce, sur le paysan et l'« homme d'industrie ».

Compte tenu de ces éléments, Law proposait, outre le remplacement de la taille par une dîme inspirée de Vauban, le remplacement de tous les impôts indirects par un impôt direct unique et universel[2] d'un montant égal à la moitié de la valeur locative des habitations. Pour éviter les fraudes, la valeur locative devait être estimée systématiquement devant notaire, ce dernier envoyant une copie du certificat à l'administration fiscale. Sur la base de calculs détaillés, Law montrait que le produit de ce nouvel impôt pourrait se monter à 74 millions, tout en épargnant 20 millions de livres de frais de collecte. Comme à son habitude, Law joignait un projet d'édit à son mémoire, fixant les détails de cette nouvelle imposition dans la perspective d'une mise en œuvre au 1er janvier 1720 !

Ces projets révolutionnaires – pour une fois, le terme ne semble pas galvaudé… – restèrent inconnus de ses contemporains. Et, n'ayant pas reçu le moindre commencement d'exécution, ils ont été largement négligés par la postérité. Mais ils témoignent bien que, dans l'esprit de Law, la réforme monétaire et financière n'était pas suffisante. La suppression de la classe des financiers

---

1. On notera la condamnation, pour ce motif, des impositions sur la consommation : « Il est certain que le pauvre consomme autant et plus de bled [blé] que le riche, donc, par cette seule imposition, le pauvre paye autant et plus que le riche. »
2. « Tous les ordres du royaume privilégiés et non privilégiés seront compris dans la nouvelle taxe et s'il y a des exemptions, elles ne seront que pour les pauvres et pour l'industrie. »

et des rentiers devait logiquement s'accompagner à terme d'une réforme fiscale fondamentale. Il y avait de toute évidence un « au-delà » du Système.

L'apothéose

À la fin de l'année 1719, John Law était à la tête d'un empire économique et financier inégalé dans l'histoire de France et par maints aspects bien plus vaste que celui de Colbert. L'ambassadeur d'Angleterre en France ne s'y trompait pas, qui décrivait Law comme le Premier ministre de fait du Régent. Car si d'Argenson détenait l'autorité formelle sur les bureaux du contrôle général, toutes les opérations étaient conduites à partir du bureau de l'Écossais place Vendôme, aidé des directeurs de la Compagnie des Indes. Et ces opérations s'étendaient bien au-delà des activités normales d'un contrôleur général des finances de l'Ancien Régime : directeur de la seule banque française et d'une compagnie monopolisant le commerce extérieur et la collecte des neuf dixièmes des impôts, maître absolu des mouvements boursiers, monétaires et des changes, il était également le grand dispensateur des grâces du régime, celui vers lequel convergeaient les solliciteurs de tout acabit.

Du point de vue des réalisations concrètes, l'assemblée générale du 30 décembre 1719 fut certainement le point culminant du Système. Présidée par le Régent, avec la participation des princes du sang Bourbon et Conti et parfaitement maîtrisée par John Law, cette séance permit de constater la bonne tenue des cours des actions, les opérations du bureau d'achat et de vente ayant permis de stabiliser les cours entre 9 000 et 10 000 livres. La santé financière de la compagnie paraissait excellente : les comptes prévisionnels détaillés par Law permettaient de fixer – à l'avance ! – le niveau du dividende à 200 livres par action pour l'année 1720. Du point de vue économique général, la somme de la valeur des billets en circulation et des plus-values latentes sur les actions atteignait le niveau quasiment astronomique de 5 milliards de livres. C'était autant de moyens de paiement et de capital injectés dans l'économie en sus des quelque 800 millions de livres d'espèces métalliques en circulation. Les taux d'intérêt étaient au plus bas, l'économie montrait des signes de redémarrage. On n'observait pas de signes d'inflation véritablement inquiétants.

Plus important encore, et plus lourd de conséquences pour la suite, Law avait proprement révolutionné la manière pour l'État de se financer. S'il avait eu l'intelligence politique de les recycler professionnellement – pas moins de 17 anciens fermiers généraux avaient été nommés dans les organes de direction de la Compagnie des Indes –, il avait réussi à faire disparaître l'activité des financiers, dont il avait tant dénoncé les méfaits. Pour la première fois depuis la fin du Moyen Âge, le roi de France n'était plus dans l'obligation de traiter avec ces intermédiaires qui lui avaient coûté si cher. L'État pouvait dorénavant se refinancer au taux fixe et historiquement bas de 3 % via une compagnie commerciale sur laquelle étaient reportés les risques financiers.

Law le magnifique

Le couronnement du Système fut aussi celui de Law. Déjà maître des finances du royaume dans les faits, il ne lui restait plus qu'à le devenir en droit. Le conseil des finances ayant été supprimé comme tous les autres conseils de la polysynodie, il ne lui restait plus qu'à faire rétablir la charge de contrôleur général des finances puis d'occuper ce poste. Il fallait certes encore franchir l'obstacle de la conversion à la foi catholique, un ressortissant de la « religion prétendue réformée » ne pouvant naturellement pas prétendre à une telle fonction. Cette formalité ne déclencha certainement pas de conflit intérieur trop pénible chez un homme dont aucun écrit non plus qu'aucune action ne laisse penser qu'il aurait eu un sentiment religieux très affirmé.

En théorie, la procédure était longue et fastidieuse. Dans le cas d'espèce, elle fut pour le moins simplifiée. On recourut aux services du bienveillant abbé de Tencin, alors vicaire général du diocèse de Sens, frère de la future patronne du salon éponyme et, surtout, fidèle de l'abbé Dubois.

L'abjuration de Law eut lieu le 17 septembre 1719 à Melun, en l'église des Récollets qui, sans doute par souci de discrétion et parce qu'elle était située dans le diocèse de Tencin, avait été préférée à l'église de sa paroisse, Saint-Roch. L'Écossais n'eut pas à suivre la longue catéchèse que supposait alors une telle conversion. Contre toute règle élémentaire, son long concubinage avec une femme mariée fut un obstacle tout à fait surmontable. Il rompit publiquement le pain de la communion quelque temps après à Saint-Roch. Mais si Law ne paya cette formalité ni en temps ni en implication émotionnelle, il semble que ses finances personnelles furent mises sérieusement à contribution. En novembre, il donna un grand repas suivi d'un bal. Il offrit 500 000 livres pour achever les travaux de l'église Saint-Roch. Enfin, selon certaines sources, il semble avoir défrayé l'abbé de Tencin pour ses bons offices par un versement de 200 000 livres en actions de la compagnie.

Le 5 janvier 1720, Law devint contrôleur général des finances, titre qu'il cumula avec ceux de « conseiller du roi en tous ses conseils » et d'« inspecteur général de la banque et de la compagnie des Indes ». De son côté, d'Argenson, nominalement chef de l'administration des finances[1], ne montra pas de résistance acharnée pour conserver son poste, préférant ne pas mettre en péril sa fonction de Garde des sceaux. Il sut en outre négocier des contreparties à sa disgrâce partielle : son fils aîné se vit transmettre sa charge de chancelier de l'ordre de Saint-Louis,

1. Curieusement, son titre n'avait pas été précisément défini, le Régent n'ayant pas osé rétablir la charge, tant honnie par la noblesse, de contrôleur général des finances en septembre 1718, au moment de la suppression des conseils de la polysynodie.

ainsi que celle de conseiller d'État, tout en devenant, à 24 ans, intendant du Hainaut.

On a peine à imaginer l'adulation dont Law fut l'objet durant l'hiver 1719-1720. Vénéré non pas comme un homme d'État signalé pour sa sagesse mais plutôt comme une véritable *rock star*, Law avait bien conscience de la personnalisation extrême du pouvoir qu'il incarnait. Aux yeux du public, il semblait doué de pouvoirs véritablement surnaturels. La princesse palatine, mère du Régent, note dans sa correspondance : « Il n'y a rien de si curieux et de si plaisant que de voir les gens se coudoyer, se presser, s'écraser, s'entretuer pour être seulement aperçu de Law ou du fils de Law, comme si un de leur regard pouvait enrichir ceux sur qui il tombe. »

Sa santé était un sujet de conversation courant à Paris. On guettait chacune de ses sorties dans l'espoir d'obtenir de lui un mot ou un conseil. De nombreux témoignages nous montrent un Law aux prises avec de véritables groupies féminines. On raconte qu'une dame de qualité ordonna à son cocher de renverser son carrosse devant celui du contrôleur général afin d'attirer son attention et de pouvoir lui adresser quelques mots. Des contemporains rapportent la présence quotidienne de 300 à 400 personnes de qualité tentant de s'introduire dans les bureaux de la Compagnie des Indes et de rencontrer le magicien écossais. Des ducs et pairs, des hauts prélats, des riches marchands n'hésitaient pas à forcer la porte, soudoyant les gardes puis les laquais de Law dans l'espoir d'obtenir une entrevue, un conseil ou un droit de souscription pour quelques actions. Naturellement généreux et dépensier, il cherchait par tous les moyens à se préserver et tentait désespérément de rester maître de son emploi du temps, n'hésitant pas à faire longuement patienter ses innombrables solliciteurs.

Cette adulation toucha aussi sa famille, aussi bien ses deux enfants Mary Catherine et Guillaume que sa compagne. Il obtint du Régent que son fils danse en compagnie du roi à l'occasion d'un ballet. S'agissant d'un roturier, c'était un honneur inconcevable qui scandalisa les anciens courtisans de Louis XIV, notamment le vieux maréchal de Villeroy, grand ordonnateur de cet événement : « On ne peut exprimer la révolte publique que cette bagatelle excita, dont chacun se tint offensé », note Saint-Simon. Un accès de rougeole interdit opportunément à Guillaume d'honorer cette invitation, calmant du même coup les esprits. Du haut de ses 10 ans, sa fille était très courtisée et reçut publiquement les hommages du nonce apostolique. À Londres, l'abbé Dubois, malgré son intense activité diplomatique, parvenait à trouver le temps de faire acheter des étoffes pour « Madame Law ».

S'agissant de son comportement personnel à l'apogée de sa trajectoire, certains de ses contemporains mettent en avant la splendeur tapageuse de ses équipages ou de sa table. La plupart de ces commentaires sont toutefois trop haineux pour ne pas être suspects et il est fort possible qu'ils furent inspirés par le discrédit dans lequel il tomba après la chute du Système et la ruine de nombreux actionnaires. En sens inverse, il est difficile de suivre Saint-Simon quand il affirme que le nouveau contrôleur général menait un train de vie modeste.

La vérité est que, sans verser dans l'excès, Law ne négligea aucune des preuves de sociabilité qu'un grand seigneur pouvait offrir à l'époque. Peu réputé pour sa sensibilité artistique, il fréquentait assidûment l'Opéra pour s'y montrer et y converser agréablement avec les Grands du royaume. Amateur de peinture comme son protecteur le Régent, il fréquenta Rosalba Carriera, véritable portraitiste des stars, à qui il commanda un portrait de sa fille et de lui-même. Il fut peint également par le grand Hyacinthe Rigaud, portraitiste officiel de Louis XIV[1]. C'est également à cette époque qu'il commença une carrière de

1. Aucun de ces tableaux ne nous est malheureusement parvenu.

collectionneur de tableaux et qu'il fit l'acquisition de vastes propriétés en province pour un total de 10 millions de livres.

Au final, ses manières étaient semblables à celles d'un riche aristocrate, sûr de lui et désireux d'afficher sa réussite au grand jour. Le contraire d'un ascète. Le maintien, l'élégance, la galanterie et une certaine forme de désinvolture vis-à-vis de l'argent étaient la marque des hommes bien nés ou bien arrivés. Étant devenu l'un des hommes les plus riches et les plus puissants d'Europe, on peut difficilement être surpris qu'il possédât toutes ces caractéristiques.

Ce qui est sûr, toutefois, c'est qu'il se laissa aller à l'occasion à des gestes spectaculaires que l'on n'attendrait pas d'un ministre des finances habité par la dignité de sa charge. Ainsi, le 25 novembre 1719, accompagné du duc d'Antin et du marquis de Lassay, il jeta de la fenêtre d'un immeuble de la rue Quincampoix plusieurs poignées de pièces d'or. Pendant que la foule d'agioteurs et de courtiers amassés en contrebas se précipitait pour les ramasser, on leur versa des seaux d'eau sur la tête. Cynisme ? Mauvais goût de parvenu ? Démonstration de force du promoteur infatigable du papier-monnaie ? Toujours est-il que cet acte peut légitimement susciter un certain malaise.

Chapitre 7

La fuite en avant

> *« Il est beau, mon cher ami, de venir à la campagne, tandis que Plutus tourne toutes les têtes à la ville. Êtes-vous réellement devenus tous fous à Paris ? Je n'entends parler que de millions ; on dit que tout ce qui était à son aise est dans la misère, et que tout ce qui était dans la mendicité nage dans l'opulence. Est-ce une réalité ? Est-ce une chimère ? La moitié de la nation a-t-elle trouvé la pierre philosophale dans les moulins à papier ? Lass [sic] est-il un dieu, un fripon, ou un charlatan qui s'empoisonne de la drogue qu'il distribue à tout le monde ? C'est un chaos que je ne puis débrouiller, et auquel j'imagine que vous n'entendez rien. »*
>
> Voltaire à M. de Genonville, 1719

Si le Système qui s'épanouit à compter de l'automne 1719 pour atteindre son régime de croisière début 1720 peut être considéré à de nombreux égards comme une construction rationnelle, certains de ses paramètres comportaient en eux-mêmes des vices mortels. Au moment même où Law semblait atteindre tous ses objectifs – baisse générale des taux d'intérêt, relance de l'économie par stimulus monétaire, confiance retrouvée, soulagement des finances publiques… –, il ne pouvait pas ignorer l'extrême fragilité de l'édifice. Cependant, il pensa toujours possible de le sauver, quitte à se contredire et au risque de prendre des libertés avec ses propres théories. Sans doute plus lucide que la plupart des observateurs, il n'attendit pas que se déclenche un mouvement de panique pour tenter de consolider son œuvre.

Les très nombreuses mesures auxquelles il eut recours durant cette période, souvent contradictoires, parfois franchement scandaleuses, sont assez déroutantes. Plus d'un historien s'est perdu dans le dédale des édits, arrêts et autres déclarations royales qui jalonnent l'histoire monétaire et financière du premier semestre 1720. Mais si leurs motivations restent parfois mystérieuses et leurs effets contradictoires, la ligne de conduite générale fut constante : limiter le risque de panique bancaire, soutenir le cours des actions et des billets et éliminer les espèces métalliques de la circulation. Au regard de ces piliers macroéconomiques, toutes les autres motivations – enrichissement personnel, enrichissement du Régent et de son entourage –, si souvent dénoncées par les commentateurs, doivent être classées dans la catégorie des détails.

Ce qui est sûr, c'est que, par contraste avec la marche triomphale des années 1716-1719 qui avaient vu le Système s'édifier pierre par pierre sur la base d'un socle théorique très élaboré, l'action du contrôleur général Law prit alors la forme d'une véritable fuite en avant, les mesures devenant de plus en plus extravagantes et risquées au fur et à mesure que les menaces se rapprochaient. Mais cette fuite en avant n'était pas uniquement la marque d'une improvisation. Law était dans un état d'esprit finalement très « keynésien » – si on nous pardonne cet anachronisme – et plus généralement très « anglo-saxon » : faible aversion pour le risque, préférence très nette pour le présent. Il aurait pu faire sienne la fameuse objection de Keynes aux tenants de l'économie politique classique, qui doutaient qu'une politique de relance pût avoir des effets durables et positifs et ruser avec les réalités économiques fondamentales : « À long terme, nous serons tous morts. » Dans les deux cas, il faut voir dans cette attitude non pas une simple morale de l'action, mais aussi une conscience très forte de l'indécidabilité et de l'incertitude radicale qui entourent l'activité humaine.

Pour Law, aussi impeccablement optimiste que son illustre successeur de Cambridge, il fallait tester l'eau du bain, toujours essayer, toujours innover. Et, comme il l'avait écrit à propos des banqueroutes qu'avaient subies dans le passé les banques qui avaient émis trop de monnaie de papier – il avait étudié de près la faillite de la Banque d'Écosse –, l'important était que de tels événements n'adviennent pas trop souvent et que le bilan économique de l'opération soit globalement positif.

Le « robinet de finances »

Les premiers succès de la compagnie et le niveau incroyablement bas des taux d'intérêt donnèrent à Law aussi bien qu'au Régent et à son entourage une impression d'aisance financière particulièrement peu propice à la maîtrise des dépenses publiques. La munificence et l'esprit de libéralité, vertus naturelles de la noblesse du temps, venaient se conjuguer avec le calcul et la volonté d'acheter le soutien des élites de la cour. Après tout, aussi choquant que cela puisse paraître, rehausser une rente de quelques dizaines de milliers de livres n'était pas très cher payé pour convaincre un haut personnage influent et prescripteur d'opinion d'investir et de faire investir durablement dans la Compagnie des Indes. Comme l'écrit joliment Saint-Simon, « il tenait par son papier un robinet de finances qu'il laissait couler à propos sur qui le pouvait soutenir ».

Si la suppression de divers impôts archaïques, des paperasseries administratives qui les accompagnaient ou encore le remboursement de dettes de divers agents économiques étaient sans doute des réformes bienvenues et à mettre à l'actif du Système, il en va autrement de l'incroyable mouvement dépensier tous azimuts qui allait se déchaîner à partir de l'automne 1719. Ce retour de la dépense publique, sous sa forme économiquement la plus improductive, c'est-à-dire les dons et largesses diverses, eut lieu progressivement et s'accéléra au moment où le Système montait en puissance. Oubliées les bonnes résolutions prises sous le ministère Noailles, l'heure était à l'« autre politique », celle de Law et du papier-monnaie ! Basée essentiellement sur la confiance, cette nouvelle politique se devait de démontrer sa « bonté » de manière tangible, à défaut d'être au sens propre sonnante et trébuchante. Et comment mieux démontrer les bénéfices du Système que de dépenser sans compter au profit de ceux dont on attendait un soutien ?

De fait, personne ne fut oublié : ni la haute noblesse, ni l'armée, ni les officiers, ni le clergé, ni les états provinciaux, ni les commerçants, ni même, dans une moindre mesure, les organisations charitables. Les Mémoires de l'époque, notamment ceux de Saint-Simon, établissent des listes proprement effarantes d'émoluments, de pensions et gratifications diverses qui s'abattirent sur les puissants du royaume comme une manne céleste. Elles témoignent de l'une des faiblesses génétiques du Système, pointée du doigt par les premiers opposants à la Banque générale dès 1715 : l'extrême difficulté d'établir un crédit public dans une monarchie absolue où les prodigalités individuelles et discrétionnaires sont au fondement du pouvoir et échappent à tout contrôle.

Le Régent n'oublia pas ses intérêts dans l'affaire et inaugura cette série extravagante le 20 août 1719 par l'achat du gouvernement du Dauphiné pour son fils, le duc de Chartres, pour 550 000 livres au comptant. La princesse palatine, mère du Régent, se félicita de la nouvelle aisance – apparente – du Trésor royal, en voyant sa pension fortement augmentée. Le 1er septembre 1719, elle note avec une totale désinvolture : « On ne parle plus ici que de millions. Mon fils m'a rendue plus riche aussi en augmentant ma pension de 150 000 livres. »

Les ducs de Lassay, de Bourbon, d'Antin et de La Force virent leurs pensions augmenter dans des proportions considérables. Le fils du prince de Conti, le comte de La Marche, âgé de 3 ans, fut gratifié d'une pension de 60 000 livres au début de l'année 1720. Des nobles de bien moindre distinction bénéficièrent aussi de largesses proprement extravagantes. Ainsi, le Régent distribua 600 000 livres à La Fare, capitaine de ses gardes, ou encore 100 000 livres à Castries, chevalier d'honneur de la duchesse d'Orléans.

Saint-Simon lui-même, dont les multiples défauts n'allaient pourtant pas jusqu'à la prévarication, céda aux injonctions itératives de son ami le Régent tendant à lui rembourser une vieille créance contractée sur l'État par son père sous le règne de Louis XIII et qui avait basculé dans l'oubli après la disgrâce de Fouquet. Une bagatelle de 500 000 livres… Le même Saint-Simon obtint 12 000 livres en appointements supplémentaires au titre de son gouvernement de Senlis, une charge qui, de son aveu même, ne valait que 1 000 écus[1]. Il semble avoir trouvé également tout à fait normal que son épouse, dame d'honneur de la duchesse de Berry, conserve les appointements d'une charge qui n'existait plus à la mort de celle-ci à l'été 1719. Des droits acquis, en quelque sorte…

De son côté, non content de fournir des « tuyaux » concernant les opérations financières – ce que l'on appellerait aujourd'hui des délits d'initiés –, Law distribua largement des soumissions à ses solliciteurs. Il faut dire que ces papiers ne coûtaient pas très cher à la compagnie tout en laissant le bénéficiaire espérer un gain confortable… dès lors que le cours des actions continuait de monter.

Les responsables militaires – on était alors en guerre contre l'Espagne – furent grassement récompensés par des gratifications diverses. Les officiers montés au front furent bien traités, ce qui

1. Soit environ 6 000 livres compte tenu de la valeur de l'écu à ce moment.

tranchait déjà avec la situation souvent misérable des armées de Louis XIV. Mais, considérant la grande injustice qu'il y aurait à exclure des bienfaits du Système les gentilshommes qui n'avaient pas eu la chance d'aller guerroyer en Espagne, on distribua aussi des faveurs à certains d'entre eux restés au Louvre et peu exposés aux canons ennemis.

Certains alliés étrangers bénéficièrent également de la manne financière : l'électeur de Bavière se vit régler d'anciennes dettes, de même que le roi de Suède. Elle permit également de fluidifier les relations internationales : diplomatie secrète de Dubois – qui dit diplomatie secrète dit fonds secrets –, éviction du gênant cardinal Alberoni en Espagne…

Bien entendu, on n'oublia pas les bonnes œuvres : au début de l'année 1720, le Régent donna 1 million de livres en billets à l'Hôtel-Dieu et autant à l'Hôpital général et à l'hôpital des Enfants-Trouvés. Plus étrangement, à la même époque, il employa 1 million et demi de livres pour la libération de plusieurs prisonniers pour dettes.

L'agiotage au cœur

Réaliser des gains financiers suppose de la volatilité. Rien de plus angoissant pour un financier travaillant sur les marchés qu'un prix d'actif stable ou en croissance régulière. Tous ses collègues adopteront évidemment le même comportement, ce qui limitera les perspectives de gain. Le mouvement des prix, la recherche du bon « tuyau » qui permet d'acheter à bas prix pour revendre à prix élevé, la vente de contrats à terme ou d'options permettant d'engranger des gains considérables en cas de mouvement dans le sens souhaité sans acquérir le titre sous-jacent, tels étaient déjà les ressorts du Système. L'agiotage fut le grand mot de l'époque. Traduit de l'italien « agio[1] », il cessa à

1. À l'origine, le mot italien agio désigne la commission perçue par un courtier ou un agent de commerce pour effectuer ou négocier une transaction : une lettre de

partir de l'été 1719 d'être une nuisance collatérale pour devenir le moteur même du Système.

Pour reprendre une célèbre distinction établie par Keynes dans sa *Théorie générale de l'emploi, de l'intérêt de la monnaie*, l'investissement – en l'occurrence dans la Compagnie des Indes – laissa progressivement la place à la spéculation. Autrement dit, ce n'étaient pas les informations répandues par Law concernant les perspectives de développement du commerce avec la Louisiane qui jetèrent des milliers de personnes dans la rue Quincampoix, mais essentiellement la seule croyance que les actions allaient continuer à monter.

Les Mémoires et correspondances de l'époque, relayés par les historiens du XIXe siècle, sont pleins de descriptions de la folie spéculative qui s'empara alors de la rue Quincampoix et de ses alentours. Même si ces textes ont davantage vocation à édifier le lecteur et à le mettre en garde plutôt que de retracer fidèlement la réalité, ils font indéniablement partie du tableau. Au sens propre comme au figuré, c'est le volet le plus pittoresque de l'affaire.

Cette rue était déjà, avant 1719, un centre d'activité pour les trafiquants de papiers financiers en tout genre. En l'absence de Bourse organisée, on y trouvait des courtiers échangeant des billets de monnaie ou pratiquant des opérations d'escompte sur tous types d'effets. Les usuriers y tenaient également une place importante. Il est donc très naturel que les transactions liées au Système s'y soient installées. Et de fait, une foule de plusieurs milliers de personne s'y pressa chaque jour à partir du mois d'août 1719 et encore davantage après l'émission des 300 000 dernières actions de la compagnie.

---

change, une opération d'escompte, etc. On doit au chancelier d'Aguesseau une très belle définition contemporaine de l'agiotage dans son Mémoire sur le commerce des actions de la Compagnie des Indes daté de 1720 : « Il signifie cette espèce de commerce du papier qui ne consiste que dans l'industrie et dans le savoir-faire de celui qui l'exerce, par le moyen duquel il trouve le secret de faire tellement baisser ou hausser le prix du papier, soit en vendant ou en achetant lui-même, qu'il puisse acheter à bon marché et revendre cher. »

Même si certains chiffres qui circulent paraissent totalement fantaisistes, il est raisonnable de penser que des milliers d'étrangers et de provinciaux se déplacèrent à Paris au cours de l'hiver 1719-1720, dans l'espoir de réaliser de bonnes affaires grâce au Système. L'affluence était telle que des sortes de sociétés de bourse furent créées pour faciliter les transactions et exécuter les ordres des clients. L'une d'entre elles fut fondée par Madame de Tencin avec quelques associés issus de la magistrature. La pénurie de logements et de locaux commerciaux dans le quartier entraîna une hausse vertigineuse du prix des habitations. Les chiffres qui nous sont parvenus à cet égard dépassent l'entendement. Bien entendu, cette foule attirait aussi des filous, des escrocs et des voleurs. Aussi bien le brassage social que le pittoresque des situations[1] entraînaient des troubles, justifiant l'envoi d'une garde de 12 hommes dans la rue Quincampoix à partir du 26 octobre.

Les écrits du temps fourmillent d'anecdotes relatives aux fortunes immenses gagnées, perdues, puis regagnées. Le mot « millionnaire » fut forgé à cette occasion. Le mythe du « laquais financier », selon lequel les financiers étaient souvent d'anciens laquais, revint à la mode, et avec lui les historiettes les plus fantaisistes. Tel valet habitué à monter derrière le carrosse de son maître avait bien de la peine à prendre l'habitude de monter à l'intérieur une fois fortune faite.

Chez des personnes habituées à jouer gros, la spéculation tournait à l'obsession. On raconte que Chirac, médecin personnel du Régent, prit un air catastrophé en prenant le pouls d'une patiente au point de s'écrier : « mon Dieu, elle baisse, elle baisse… ! ». La dame, effrayée à juste titre, le pressant de s'expliquer, il rétorqua que son esprit était occupé par la baisse des

1. On pense naturellement au fameux bossu, qui louait sa bosse comme écritoire-porte-bonheur pour rédiger des transactions. Dans un autre registre, on vit même, paraît-il, un faux abbé qui vendait des billets d'enterrement qu'il faisait passer pour des titres.

cours de l'action de la compagnie, mais que le pouls, lui, ne donnait aucun signe de faiblesse.

On cherchait désespérément des personnalités haut placées se tenant à l'écart de cette agitation. Et à vrai dire, on en trouvait peu et on les raillait pour leur pusillanimité ou leur manque d'intelligence. Saint-Simon fut de ceux-là. Le solide bon sens du petit duc, qui soutenait pourtant Law auprès du Régent, le rendait intuitivement très sceptique vis-à-vis du Système. On évoque parfois le cas du vieux duc de Villeroy, plus préoccupé par l'étiquette et l'entretien du culte de Louis XIV que par les questions financières. Enfin, le chancelier d'Aguesseau, pressé de toutes parts de participer à la fête, s'y refusait obstinément. Condamnant vigoureusement l'agiotage, dans lequel il voyait une violation du droit naturel le plus élémentaire dans son *Mémoire sur le commerce des actions de la Compagnie des Indes*, il écrivit superbement : « Si je suis dans l'erreur, j'aime toujours mieux me tromper par un excès de délicatesse que par un excès de cupidité. »

Moins tapageur, mais non moins perturbant, il y eut aussi un agiotage d'État. L'absence de séparation des pouvoirs, le cumul des fonctions de banquier du roi, de directeur de la première entreprise de France et de contrôleur général des finances donnaient à l'État la possibilité de réaliser des bénéfices considérables : telle annonce d'opération sur la dette publique provoquait une hausse vertigineuse des billets d'État, une autre affectait le cours des actions de la compagnie, telle manipulation monétaire provoquait une ruée sur les billets de banque, elle-même suivie d'une ruée sur les actions. Ainsi, en rachetant des billets d'État à bas prix et en les revendant une fois leur cours reparti à la hausse, l'État et la compagnie pouvaient engranger des profits substantiels. Cet agiotage s'étendait d'ailleurs aux proches du duc d'Orléans et aux puissants amis de Law qui bénéficiaient de délits d'initiés sur une grande échelle. Le Système, ce fut aussi l'histoire d'un gigantesque enrichissement sans cause des personnages les plus puissants du royaume.

À première vue, il est étonnant que Law n'ait pas cherché à dissuader l'agiotage et qu'au contraire il l'encouragea. Tout cet argent facile et virtuel circulant en circuit fermé n'allait évidemment pas alimenter le circuit productif. Et lorsque des plus-values étaient réalisées, elles s'investissaient dans les actifs immobiliers – d'où une envolée des prix de ces actifs – et non pas dans le travail de la terre et les manufactures. Venant d'un économiste pourtant bien conscient que la production de richesses reposait *in fine* sur le travail et soucieux de réorienter l'épargne de la rente vers l'investissement productif, ce comportement a de quoi surprendre.

En outre, l'agiotage était contradictoire avec sa volonté d'ériger les actions de la compagnie en une « nouvelle espèce de monnaie » : comment considérer un actif financier comme une monnaie lorsque celui-ci est recherché pour lui-même dans le seul but d'empocher des plus-values, et non comme un moyen d'échange ? Le remède que trouva l'Écossais pour concilier agiotage et stabilisation du cours fut d'installer au sein de la compagnie un bureau de vente et d'achat. Mais ce dispositif ne faisait que fausser la vérité des prix et entretenir une spéculation qui devenait un pari sur le comportement de la compagnie et sur la pérennité de ce bureau salvateur.

Pourtant, à y regarder de plus près, la position de Law était assez logique. L'agiotage, entendu comme une sorte de mouvement brownien incessant et désordonné du cours des actions, était en effet la meilleure assurance contre sa seule véritable hantise : l'effondrement des cours. Pour lui, mieux valait des agioteurs s'épuisant dans des petites combinaisons sans conséquence que des « réaliseurs » vendant massivement leurs actions contre des billets convertibles en espèces qui seraient ensuite thésaurisées, en vaisselles, en terres ou en immeubles. Évidemment, un agiotage à la fois essentiel à la survie du Système et profondément incohérent avec son esprit même était une contradiction fatale.

Le climat entourant les transactions devenait de plus en plus lourd au fur et à mesure que s'accroissait la masse de papiers en circulation et qu'on sentait bien que la machine à créer de la valeur à partir de rien ne fonctionnerait pas toujours. Les rumeurs provoquaient des mouvements de foule, parfois violents. À partir du printemps 1720, et selon les jours, selon l'évolution des cours, selon les « trucs » utilisés par Law pour manipuler le marché, le contrôleur général était tantôt fêté comme un bienfaiteur, tantôt honni comme un bandit de grand chemin. De plus en plus d'agioteurs sentaient bien que la musique allait s'arrêter et que, tôt ou tard, les comptes devraient être soldés. Certains, comme l'homme d'affaires et économiste franco-irlandais Cantillon, avaient senti très tôt – dès l'été 1719 – que le Système n'était pas soutenable et avaient vendu leurs actions en empochant des bénéfices déjà substantiels. De même, les princes de Bourbon et de Conti retirèrent des sommes considérables en espèces – pour plusieurs millions – des coffres de la banque fin décembre 1719 ou début janvier 1720. Pour autant, l'immense majorité des « mississippiens » continuèrent d'agioter une bonne partie du premier semestre 1720.

De plus en plus, le quartier des affaires improvisé attirait de mauvais sujets venus de toute l'Europe : escrocs professionnels, voleurs à la tire, hommes de main… Comme le jeu, les perspectives de gains ou de pertes massives sur le marché des actions levaient bien des inhibitions morales et sociales. Du jeu au trucage, du trucage à l'arnaque, de l'arnaque au crime, les barrières furent plus d'une fois franchies. Des rixes dégénéraient. Quelques crimes sordides plus ou moins avérés furent rapportés, renforçant encore les fantasmes autour du commerce du papier.

La tension atteignit son paroxysme le 22 mars 1720 lorsque le comte de Horn, rejeton d'une vieille noblesse hollandaise et apparenté à de nombreuses grandes familles d'Europe, assassina un courtier à deux pas de la rue Quincampoix pour lui voler sa sacoche. Pris en flagrant délit, le jeune homme et son complice furent présentés devant le lieutenant criminel et condamnés à être roués vifs, supplice réservé en principe aux roturiers.

Si le crime était horrible car prémédité et exécuté avec sauvagerie, la condamnation d'un personnage de si haute lignée à une peine si infamante était un fait exceptionnel. La famille de Horn mobilisa ses contacts auprès du Régent. Ses plaintes furent entendues par Saint-Simon, qui plaida vivement la cause du jeune homme auprès du Régent. Hésitant entre la confirmation de la peine et sa commutation en décapitation – peine réservée aux personnes de sa condition –, le Régent laissa faire et Horn et son complice furent roués en place de Grève quatre jours seulement après les faits. Law et Dubois avaient fortement pesé en faveur de la plus extrême sévérité. Faire un exemple et frapper les esprits permettait sans doute de ramener une certaine sérénité dans le quartier des affaires, où les actes de violence et les vols risquaient de décourager les honnêtes gens.

Cette affaire ne fut pas anecdotique dans la mesure où elle marquait symboliquement la violence du Système et les dérives de l'agiotage. Certes, le crime de Horn entrait dans la catégorie de ceux auxquels on accole – curieusement – le qualificatif de droit commun. Cependant, l'appât du gain érigé en doctrine d'État, l'arrivée dans la capitale de milliers d'étrangers venus s'enrichir en jouant sur les valeurs de la Compagnie des Indes suscitaient des désordres croissants. Derrière la face solaire du Système, peuplée de belles histoires d'enrichissement et de fortunes facilement acquises, le crime du comte de Horn révélait une face plus sombre : la cupidité, l'oubli des valeurs humaines les plus élémentaires. Du reste, la noblesse française fut extrêmement choquée par la condamnation infamante de Horn et ne pardonna pas à Law la posture intransigeante qu'il avait adoptée dans cette affaire. Ce fut symboliquement pour l'Écossais et son Système une sorte d'assassinat du duc d'Enghien en miniature.

L'Angleterre contaminée

Ce n'est pas minimiser les travers de l'agiotage parisien que de constater que la folie spéculative s'étendit au même moment à d'autres pays européens sous une forme tout aussi spectaculaire, portée par la facilité de circulation des capitaux. L'exemple français en fut l'élément déclencheur, puisque l'enrichissement considérable et sans effort des mississippiens attira rue Quincampoix de nombreux représentants de l'élite politique et financière anglaise à partir de l'automne 1719, soucieux de faire fortune ou, tout simplement, de jouer.

C'est bien l'exemple français et les premiers résultats impressionnants obtenus par Law qui furent à l'origine au premier semestre 1720 de la nouvelle émission d'actions de la Compagnie des mers du Sud. Dans l'idée des dirigeants de la compagnie et du gouvernement anglais, il s'agissait d'aller plus loin que les opérations de rachat déjà effectuées en 1711 et 1717. Cette fois-ci, il s'agissait de frapper un grand coup en rachetant la totalité de la dette publique – soit 31 millions de livres sterling. La similitude du montage avec celui imaginé par Law n'est évidemment pas fortuite : rachat de la quasi-totalité de la dette publique par une compagnie de commerce colonial, manipulation des cours, propagande sur les bénéfices attendus, agiotage, augmentation vertigineuse du cours des actions, puis éclatement de la bulle et ruines retentissantes[1].

Toutefois, la comparaison entre la bulle des mers du Sud et le système de Law s'arrête là. Contrairement à la Compagnie des Indes, la Compagnie des mers du Sud n'avait pas à sa disposition une Banque royale capable d'émettre autant de billets que

1. Le cours des actions de la Compagnie des mers du Sud passa de 180 livres sterling à 300 livres sterling après le passage de la loi devant le Parlement, fin février 1720, pour atteindre un niveau record de 1 000 livres sterling au mois d'août, avant de s'effondrer à partir d'octobre et de retomber en dessous de 100 livres sterling. Le grand Newton lui-même perdit à ce jeu une partie de son patrimoine, ce qui lui aurait inspiré cette remarque désabusée : « Je sais prévoir le mouvement des corps célestes mais pas le comportement des foules. »

nécessaire pour alimenter la spéculation par création monétaire. De fait, la Banque d'Angleterre résista aux pressions tendant à ce qu'elle intervienne pour éviter l'effondrement de la bulle.

Dans le sillage de la Compagnie des mers du Sud, plus d'une centaine de sociétés commerciales furent créées en quelques mois, portées uniquement et de manière parfois assumée[1] par la fièvre spéculative, sans aucune considération des perspectives de bénéfices futurs. Les agioteurs anglais leur donnèrent bientôt le nom très évocateur de *bubble* (« bulle », en anglais), phénomène appelé, comme on le sait, à un bel avenir. Pourtant, comme c'est toujours le cas des bulles boursières, une minorité d'entre elles étaient parfaitement viables, notamment dans le secteur des assurances alors en plein essor.

On peut émettre l'hypothèse que John Law et la Banque royale participèrent au mouvement spéculatif outre-Manche. En témoignent les nombreuses instructions de transfert d'espèces que Law donnait à ses correspondants en Hollande et en Angleterre : spéculation sur les changes ? Spéculation contre le schéma des mers du Sud, ainsi que Law l'avait laissé entendre de manière agressive à l'ambassadeur d'Angleterre en France ? De nombreux documents, notamment la correspondance des diplomates anglais en poste à Paris, suggèrent des spéculations colossales faites par Law à titre personnel contre les actions anglaises, tout particulièrement la Compagnie des mers du Sud. Divers propos de l'Écossais furent rapportés tendant à montrer que, par vengeance, il aurait poursuivi avec obstination le noir dessein de détruire la place financière britannique.

Au-delà d'un possible acte de bravade bien dans l'esprit du personnage, il est très possible que Law ait perçu les menaces qu'une effervescence boursière à Londres pouvait faire peser sur

1. Citons pour le plaisir de l'anecdote une « société destinée à conduire une affaire procurant un grand avantage mais dont personne ne sait ce qu'elle est », ou encore une société pour le « mouvement perpétuel » qui réussit tout de même à lever 1 million de livres sterling…

les actions de la Compagnie des Indes : en cas de boom des valeurs britanniques, les investisseurs anglais risquaient de se désengager de France pour rapatrier leurs capitaux vers Exchange Alley, non sans avoir échangé auparavant leurs actions françaises contre des espèces métalliques.

C'est peut-être ce qui explique l'invraisemblable pari qu'il prit avec son compatriote Londonderry à Paris, fin août 1719. Ce pari revenait à acheter un contrat à terme de vente de 1000 actions de la Compagnie anglaise des Indes orientales à l'échéance de douze mois à un prix inférieur de 11 % au prix du mois d'août 1719. Cette opération, qu'il ne chercha pas à couvrir par des achats d'actions au comptant, pouvait être vue comme une spéculation à la baisse sur l'une des plus grosses sociétés cotées anglaises. Le contrat passé entre les deux parties était bien connu de toute la communauté financière anglaise et on peut sans doute y voir une opération de communication visant à influencer le marché. Mais le pari ayant été largement perdu à la suite de l'explosion de la bulle des mers du Sud qui avait entraîné avec elle toutes les sociétés cotées d'outre-Manche, Law se trouva finalement débiteur de Londonderry pour près de 100 000 livres sterling, ce qui devait lui causer de sérieux tracas financiers.

La découverte du triangle d'incompatibilité

C'est au moment même où le Système semblait se stabiliser, fin 1719-début 1720, qu'apparurent ses contradictions internes, aussi bien pour les observateurs les plus avertis que pour Law lui-même. De fait, il devait intégrer trois fortes contraintes.

La première était la contrainte des changes avec l'extérieur, système de changes fixes puisque basés sur le métal précieux : les unités monétaires – la livre en France, la livre sterling en Angleterre, etc. – étaient fixées par les autorités nationales en référence à une quantité de métal précieux. Les échanges avec l'extérieur se soldaient comme auparavant par des mouvements d'espèces métalliques d'un pays vers l'autre, seul le poids de métal des différentes espèces pouvant *in fine* assurer une équivalence entre les monnaies. Une évolution défavorable du change pouvait dès lors entraîner une fuite des espèces hors de France, donc une diminution des encaisses métalliques de la Banque royale et un risque accru de panique bancaire.

La deuxième était la maîtrise de la masse monétaire. Si, comme on l'a vu, Law avait bâti tout son schéma sur la nécessité d'accroître la masse monétaire dans un royaume de France structurellement handicapé par la pénurie de numéraire, il était depuis toujours un fervent partisan du contrôle de la masse monétaire. Pour lui, celle-ci devait être stable et dûment proportionnée aux besoins du commerce. Ce contrôle, beaucoup plus facile à assurer avec une monnaie de papier que dans un système métallique, devait en retour favoriser à la fois la stabilité des prix et le développement du commerce. De ce point de vue, Law était bel et bien un monétariste avant l'heure.

La troisième contrainte, enfin, était le maintien d'un cours élevé de l'action de la Compagnie des Indes. On sait que cette contrainte résultait non seulement de la volonté de Law de défendre les intérêts de ses actionnaires – au premier rang desquels ses alliés politiques de la haute noblesse –, mais aussi d'ancrer le taux d'intérêt, supposé égal au rendement des actions, au niveau de 2 %. Tel était en effet le « taux directeur » qu'il considérait comme souhaitable tant pour le dynamisme de l'économie française que pour le soulagement des finances publiques. Et, comme on l'a vu, 2 % pour un dividende de 200 livres par action supposait un cours de l'action à 10 000 livres.

Or ces trois contraintes étaient incompatibles, pour des raisons très voisines de celles exposées par l'économiste canadien Mundell[1] lorsqu'il formula au début des années 1970 son fameux « triangle d'incompatibilité » : il est impossible d'assurer

1. Prix Nobel d'économie en 1999.

simultanément le contrôle de la masse monétaire – donc des prix –, la liberté du mouvement des capitaux et la fixité des changes.

Nous avons déjà rencontré quelques-unes de ces incompatibilités : si le niveau des actions s'établissait au-dessus de leur valeur fondamentale, le maintien des cours nécessitait une garantie d'achat par la compagnie au niveau de cours souhaité. Ce soutien nécessitait une émission croissante de billets de banque, donc une perte de contrôle de la masse monétaire. En outre, le décalage croissant entre le volume de billets et l'encaisse métallique de la banque faisait courir le risque d'une panique bancaire en cas de demande de retraits massifs, donc de banqueroute.

Le fonctionnement du Système en régime de croisière révélait d'autres contradictions. Ainsi, la perte de contrôle de la masse de billets de banque – et en l'occurrence un excès d'émission par rapport aux besoins de l'économie réelle – était patente à partir du début de l'année 1720 : limitées en théorie à 1 milliard de livres à la fin de 1719, les émissions de billets reprirent de manière exponentielle pour permettre le rachat par la compagnie de suffisamment d'actions pour stabiliser le cours au-dessus de 9 000 livres. Au-delà des émissions officielles autorisées par le conseil de régence – 200 millions de livres le 5 février, 300 millions supplémentaires le 26 mars, encore 438 millions le 19 avril… ! –, on note des émissions illégales, qui ne seront révélées au public que lors de l'ouverture des comptes de la banque en 1721 : 362 millions en date du 5 avril, et plus de 800 millions de livres supplémentaires au cours des mois d'avril et mai. Au final, et malgré toutes les assurances données par Law, l'émission de billets de banque avait dépassé les 2 milliards de livres au mois de mai 1720.

Ce mouvement devait immanquablement entraîner une diminution continue de la valeur relative des billets exprimée en poids de métal conformément à la loi de l'offre et de la demande sur laquelle Law faisait reposer tout son édifice. Bien entendu, cette diminution étant impossible sur le territoire français – puisque la valeur des espèces en livres y était fixée par l'autorité royale –, il en résultait une fuite des espèces vers les places étrangères de Londres et Amsterdam[1]. Ce phénomène conduisait à un affaiblissement du taux de change de la livre par rapport aux monnaies anglaises et hollandaises, évolution que l'on constate à partir de la fin 1719. En retour, cette fuite des espèces hors du royaume ne pouvait que miner la confiance dans la convertibilité des billets de banque en métal, donc saper les fondements du Système.

On ne saura jamais si Law avait une claire conscience du triangle d'incompatibilité dans lequel il s'était enfermé. À en croire les analyses de *Money and Trade*, on peut penser qu'il avait bien en tête toutes les pièces du puzzle. Ce qui est sûr, c'est que, tel un Arlequin serviteur de trois maîtres, il crut pouvoir surmonter les contradictions en tentant de consolider tour à tour chaque sommet du triangle, affaiblissant à chaque fois l'un des deux autres. C'est cette tentation de la virtuosité qui donne une tournure apparemment brouillonne, voire contradictoire, aux très nombreuses mesures prises durant le premier semestre 1720 pour stabiliser le Système.

La politique de répression

Le risque que faisait peser l'excès de croissance du volume de billets par rapport à l'encaisse métallique était sans doute la première préoccupation de Law. Tant que les billets et les actions circulaient en quelque sorte en circuit fermé – les agioteurs achetaient des actions avec des billets et recevaient des billets lorsqu'ils revendaient les actions à la compagnie –, le Système restait sur une trajectoire soutenable, même avec une masse monétaire de papier déraisonnable : les actions et les billets se soutenaient les

1. Dit autrement, la mauvaise monnaie – les billets – chassait la bonne – les espèces métalliques.

uns les autres. Mais dès lors qu'il y avait des « fuites » – transferts métalliques vers l'étranger, demande de remboursement de billets en espèces, thésaurisation excessive des espèces par précaution, refuge vers d'autres effets précieux comme les bijoux ou les diamants… –, le Système, ses billets comme ses actions, pouvait s'écrouler comme un château de cartes.

On ne peut donc pas comprendre l'acharnement que mit Law à limiter la possession et la circulation des espèces durant le premier semestre 1720 si l'on ne voit pas que cette politique poursuivait un objectif à la fois structurel et circonstanciel : retirer de la circulation les espèces de manière pérenne – ce qui avait motivé, comme on l'a vu, une campagne de diminution des espèces par rapport à la livre initiée en 1719 – et, à court terme, limiter le risque de fuites. Durant cette période, Law le théoricien du crédit basé sur la liberté[1] se transforma en véritable despote monétaire. L'élimination des espèces et, au-delà, des métaux précieux, n'était plus seulement l'application méthodique d'un plan destiné à généraliser la monnaie de papier, elle était devenue une condition de survie du Système. Une course de vitesse entre la captation d'espèces par la Banque royale par tous les moyens et le risque croissant de panique bancaire était engagée.

Non content, donc, de limiter de manière de plus en plus drastique la circulation des espèces grâce à leurs « diminutions », Law s'en prit de manière de plus en plus autoritaire à la possession d'espèces elle-même, puis de métal précieux en général, pour aboutir à une prohibition généralisée de la détention de tous objets précieux susceptibles de servir de débouchés aux billets de banque – toujours dans le but d'éviter les « fuites » hors du Système.

Ce vaste mouvement de prohibition et de rafle des espèces et des matières précieuses débuta par une déclaration royale en

1. Dans l'une de ses lettres au contrôleur général Desmarets datant de l'été 1715, il avait eu cette formule définitive : « La force est contraire aux principes sur lesquels le crédit doit être bâti » (lettre à Desmarets du 26 juillet 1715).

date du 4 février 1720 interdisant le port de diamants, perles et autres pierres précieuses à compter du 1er mars, sous peine d'une amende de 10 000 livres. Cette interdiction ne s'appliquait toutefois pas aux bagues épiscopales et aux ornements d'église. Bien entendu, cette disposition pouvait être contournée, les spéculateurs ayant tout loisir de se tourner vers des valeurs refuges alternatives, notamment les objets d'art en or et en argent. C'est pourquoi s'engagea une véritable course-poursuite entre prohibition et spéculateurs. En témoigne une nouvelle déclaration, en date du 18 février, faisant « défense aux orfèvres de fabriquer et de vendre tout ouvrage d'or de plus d'une once, à l'exception des croix religieuses ou de chevalerie ». L'argent subit quant à lui un traitement encore plus tatillon puisque cette même déclaration comportait une liste invraisemblable d'objets dans lesquels ce métal ne devait plus entrer : balustres, bois de chaise, guéridons, tables, miroirs, chenets, torchères, corbeilles, urnes, vases, marmites… En gros, seuls les objets du culte échappaient à la prohibition. Dernière de la série, une déclaration du 28 février limita la détention d'espèces à 500 livres par personne. En cas d'infraction, le surplus était confisqué au profit de la banque, le contrevenant s'exposant par ailleurs à une amende de 10 000 livres.

En outre, diverses dispositions permettaient aux agents de la compagnie de procéder à des perquisitions sans que les droits les plus élémentaires de la protection du domicile privé soient respectés. Pour frapper les esprits, les domiciles de William, le propre frère de Law, et du duc de Bourbon furent fouillés. On a de bonnes raisons de penser que ces perquisitions ne furent pas très approfondies, puisqu'on ne trouva pas d'espèces chez le duc de Bourbon, alors même que ce dernier avait procédé à des retraits massifs d'espèces à la banque quelques semaines plus tôt.

Plus encore que les tourbillons que provoquait le Système sur le marché financier, cette politique de répression suscita la consternation et la colère de la plupart des observateurs. L'archaïsme, le caractère tatillon et, pour tout dire, despotique de ces mesures frappèrent les esprits et resta dans les mémoires bien longtemps après l'effondrement du Système. Relatant l'épisode plus de deux décennies plus tard dans *De l'esprit des lois*, Montesquieu considéra finalement cet aspect du Système comme le plus impardonnable : « Monsieur Law, par une ignorance égale de la constitution républicaine et de la monarchique, fut l'un des plus grands promoteurs du despotisme que l'on eût encore vus en Europe. »

Pour sauver le Système, John Law en était donc réduit à mener une politique opposée aux principes qu'il avait exposés dans ses écrits théoriques. Et Dutot de conclure : « Le crédit, ennemi mortel de toute contrainte, qui n'était soutenu que par la liberté, par la fidélité et par la confiance qui en est l'âme, reçoit par cet arrêt contraire à ses principes une atteinte irréparable. » Ce n'était pas la moindre des contradictions du Système.

L'impossible refroidissement du Système

Le risque de demande de conversion massive de billets en espèces – donc d'effondrement de leur valeur exprimée en poids de métal précieux – étant très provisoirement écarté, Law se tourna vers les deux autres sommets du triangle d'incompatibilité dans lequel il était piégé : le contrôle de la masse monétaire et la fixation du cours des actions. De fait, l'accroissement du volume des billets avait été spectaculaire à partir de la fin de l'année 1719 et la quasi-totalité de ces émissions résultait des interventions de la banque et de la compagnie sur le marché pour stabiliser le cours de l'action. Entre le 30 décembre 1719 et le 22 février 1720, la compagnie avait racheté des actions pour 800 millions, nécessitant une création monétaire équivalente de la part de la Banque royale. Comme on le sait, Law considérait sur le plan des principes que les deux instruments, billets et actions, étaient deux modalités particulières d'une « nouvelle espèce de monnaie » censée remplacer avantageusement les monnaies métalliques. Dès lors, il pouvait considérer qu'émettre davantage de billets pour racheter des actions – donc retirer ces dernières de la circulation – n'était pas condamnable en soi. D'ailleurs, dans ses écrits – aussi bien que dans ceux de son fidèle disciple Dutot –, les masses de billets et d'actions sont généralement agrégées.

Pour autant, il devait bien se rendre compte que cette vision du monde n'était pas partagée par les agents économiques, ceux-ci utilisant des billets de banque et non des actions dans leurs transactions ! De ce fait, le gonflement de la masse monétaire provoquait un affaiblissement du change qui devenait en soi un problème de première grandeur.

Pour reprendre le contrôle de la masse monétaire, Law se résolut à relâcher la troisième contrainte la plus immédiate : la fixation du cours des actions autour de 9 000-10 000 livres. Par décision de l'Assemblée générale du 22 février 1720, le bureau des achats et des ventes fut purement et simplement supprimé. En toute logique, un arrêt institua, le même jour, un plafond sur l'émission de billets de banque. La masse totale en circulation ne devait pas dépasser la somme colossale et déjà atteinte de 1,2 milliard de livres. En outre, aucune nouvelle émission ne pouvait dorénavant avoir lieu en dehors d'une décision expresse du conseil de régence.

Bien entendu, cette décision à l'évidence indispensable ne manqua pas d'altérer fortement un autre sommet du triangle : la stabilité du cours des actions. De fait, celui-ci entama une chute vertigineuse, passant de 9 545 livres à 6 825 livres dans la seule semaine du 22 au 29 février. Cette évolution prouve, s'il en était besoin, que la stabilisation du cours entre 9 000 et 10 000 livres était totalement artificielle. Pire, alors que le frein ainsi mis à l'émission de billets aurait dû logiquement conduire à un regain de confiance vis-à-vis des billets, c'est le contraire qui eut lieu : on constata un surcroît de demandes de remboursement de billets en espèces auprès des bureaux de la banque, menaçant par là même sa capacité de faire face à ses obligations. Dès lors, le sort des actions et celui des billets étaient liés de manière irréductible.

C'est pourquoi, le 5 mars, soit moins de quinze jours après la sage décision du 22 février, Law fit machine arrière et décida de reconstituer un bureau d'achat et de vente, rebaptisé « bureau de conversion ». La mesure était cette fois encore plus radicale qu'en décembre puisque ce bureau avait ni plus ni moins instruction de garantir le cours des actions à un cours plancher de 9 000 livres. Bien entendu, le mouvement d'émission de billets reprit de plus belle, et de manière totalement incontrôlée, afin de permettre les rachats d'actions nécessaires aux opérations du bureau. Au total, 1,5 milliard de livres de billets supplémentaires furent émis entre le mois de mars et le mois de mai, portant le stock total de billets à 2,7 milliards de livres, dont 2,1 milliards en circulation, dont plus de 1 milliard de livres de billets émis clandestinement.

Le triangle d'incompatibilité permet également de comprendre une autre décision prise le même jour, consistant à rehausser d'un tiers les monnaies métalliques[1]. De nombreux observateurs ont souligné la totale contradiction de cette mesure avec la diminution programmée des espèces entamée dès l'été 1719 qui devait inciter leurs détenteurs à les déposer à la banque en échange de billets. Mais cette mesure, qui fut très certainement un crève-cœur pour l'apôtre de la disparition des espèces métalliques, s'explique assez naturellement par la dégringolade du taux de change par rapport aux monnaies étrangères constatée au printemps 1720. La seule possibilité de freiner le mouvement d'exportation des espèces métalliques hors du royaume et la détérioration du change qui en résultait était en effet de rehausser leur valeur en livres, ce qui en langage moderne est exactement une dévaluation dans un système de changes fixes mais ajustables.

1. La valeur du louis d'or passa de 36 à 48 livres.

Il faut dire que le message envoyé par Law aux agents économiques était singulièrement compliqué par le fait que, dans le même temps qu'il procédait à cette dévaluation, il annonçait un calendrier de reprise des diminutions des espèces, à partir de la nouvelle valeur rehaussée… !

À la suite de ces mouvements, la situation du Système au mois de mai était la suivante : une masse de billets de banque en circulation de 2,1 milliards, 194 000 actions de la Compagnie des Indes détenues par le public à un cours fixé à 9 000 livres, soit une valorisation d'un peu moins de 1,8 milliard de livres. Au total, ce sont donc près de 3,9 milliards de livres qui avaient été mis en circulation. Si l'on estime que la valeur totale des espèces métalliques en circulation était de l'ordre de 1 milliard de livres, on a une idée assez précise du multiplicateur monétaire résultant du Système. Ce décrochage massif entre la valeur des papiers en circulation et l'encaisse métallique était en outre voué à s'accroître dans les mois suivants puisque les espèces devaient voir leur valeur diminuer avant d'être démonétisées.

Le plan de la dernière chance

C'est probablement la combinaison intenable de la dégringolade du change et de la croissance incontrôlée de la masse monétaire qui convainquit Law de prendre une mesure déflationniste radicale. Par un arrêt daté du 21 mai, le contrôleur général tenta une dernière fois de briser le triangle d'incompatibilité. Son plan était drastique puisqu'il ne consistait ni plus ni moins qu'à diminuer autoritairement la valeur faciale des billets et des actions en sept étapes s'échelonnant du 22 mai au 1er décembre 1720. Par cette mesure, il ne revenait donc pas sur le principe de la fixation du cours des actions, mais tentait de le ramener à un niveau plus compatible avec ses fondamentaux. Au total, la valeur des billets de banque devait être diminuée de 50 % tandis que celle des actions devait baisser dans une proportion de 4/9e – soit une chute de 9 000 à 5 000 livres. Toutefois, afin de soulager le fardeau des contribuables, les billets devaient continuer à être acceptés à leur valeur antérieure pour le paiement des impôts jusqu'à la fin de l'année 1720.

Cette réforme devait permettre de maintenir la stabilité du cours des actions – donc à 5 000 livres – tout en maîtrisant la masse de papier-monnaie en circulation – divisée par deux, par hypothèse. L'opération devait également entraîner une stabilisation du change avec les monnaies étrangères : les espèces métalliques voyaient leur valeur en billets multipliée par deux, ce qui devait stopper leur fuite vers l'étranger et, partant, mettre fin à la dégradation du change. Avec cette opération, la masse monétaire de papier en circulation devait être ramenée à environ 1 milliard de livres. Ajoutée à une valeur totale des actions détenues par le public d'un peu plus de 1 milliard de livres et des espèces également de 1 milliard de livres, Law pouvait estimer avoir stabilisé la masse monétaire totale du royaume aux alentours de 3 milliards[1]. Ces 3 milliards étaient, selon ses calculs, un objectif raisonnable au vu de l'exemple économique et monétaire anglais.

Cependant, si cette mesure était parfaitement justifiée du point de vue macroéconomique, elle impliquait que, pour la première fois, le Système faisait des perdants. Ceux-ci se trouvaient tout particulièrement parmi les anciens détenteurs de rentes de l'Hôtel de Ville et les anciens officiers, qui s'étaient vu rembourser leurs charges en actions de la Compagnie des Indes. Pour eux, il faut bien reconnaître que la potion était amère. N'ayant pu la plupart du temps acquérir les actions à leur prix de lancement de 5 000 livres du fait de l'emballement du marché au moment de l'émission, les rentiers avaient été obligés de les acheter autour de 9 000, voire 10 000 livres. Avec des actions au cours fixé à présent à 5 000 livres, ils se retrouvaient brutalement spoliés d'environ la moitié de leurs avoirs.

1. Toujours en assimilant, comme le faisait Law, les actions à cours stabilisé à une « nouvelle espèce de monnaie » sommable avec les billets de banque et les espèces.

Law chercha par tous les moyens à justifier cette mesure. Son argument principal, servi à tous ses détracteurs, était que la livre étant progressivement réévaluée via les diminutions répétées des espèces, il convenait que les papiers – billets et actions – libellés en monnaie de compte le soient aussi : un billet de 500 livres libellé en monnaie forte vaudrait en effet autant qu'un billet à 1 000 livres libellé en monnaie faible. Au total, expliquait Law, le pouvoir d'achat des papiers exprimé en poids de métal précieux resterait inchangé.

Si l'argument était plaidable en théorie, il faut remarquer qu'il introduisait une rupture radicale dans les conceptions antérieures de l'Écossais. Car justifier une manipulation sur la monnaie de papier en arguant de la conservation de son pouvoir d'achat en monnaie métallique revenait à ruiner tout l'édifice théorique construit précisément sur la base de l'affranchissement progressif de cette nouvelle monnaie par rapport aux espèces. Après avoir longuement vanté l'intangibilité de la monnaie de papier et fait un argument de vente de son immunité contre les manipulations monétaires[1], Law fondait à présent son raisonnement sur la nécessité de conserver un lien étroit entre papier et poids de métal… !

Avec cette décision, Law tenait certes une thérapie de choc pour refroidir le Système et le sauver, mais au prix d'une contorsion intellectuelle insoutenable. Du reste, un rapide calcul montre que l'argument de la conservation du pouvoir d'achat en poids de métal était fallacieux : des diminutions d'espèces avaient en effet été annoncées, mais elles n'avaient pas encore eu lieu et, surtout, elles faisaient suite, comme on l'a vu, au très fort rehaussement des espèces – donc dévaluation de la livre – décidée le 5 mars. La diminution du papier – billets et actions – était certaine, tandis que la diminution des espèces était hypothétique et contingente aux évolutions du change, et, de

1. Il avait même été jusqu'à proclamer, en préambule d'un arrêt du 11 mars 1720, le principe de l'invariabilité des billets de banque…

toute manière, soumise au bon vouloir d'un contrôleur général qui avait entamé une série de manipulations monétaires pour le moins imprévisibles.

Au total, un rentier « moyen » avait dû, en novembre ou décembre 1719, convertir une rente sur l'Hôtel de Ville d'une valeur de 9 000 livres en une action de la Compagnie d'Occident. Il avait déjà connu une première spoliation, puisque sa rente de 4 % s'était transformée en un titre dont le rendement escompté était proche de 2 %. Mais au moins sauvait-il son capital et pouvait toujours espérer augmenter son rendement ultérieur grâce à la progression future du cours de l'action. Las, ce même rentier voyait à présent son action amputée de 40 % de sa valeur à l'horizon de décembre 1720… Et il ne pouvait même pas compter sur une appréciation de la livre en équivalent métal précieux pour se rattraper : bien au contraire, les livres qu'il possédait en mai 1720 valaient 37,5 % de moins en poids d'argent que les livres qu'il avait acquises à la fin 1719 ! On conçoit donc à quel point l'arrêt du 21 mai était pour les rentiers une véritable « euthanasie »… ! Même si Law ne l'assumait pas publiquement, la thérapie de choc du 21 mai était puissamment déflationniste. Et pourtant, même si elle était injuste pour la grande masse des petits porteurs, elle était éminemment nécessaire.

Cette fois, donc, les forces politiques contraires à Law avaient une bonne raison de s'unir et de se déchaîner contre lui. Certes, il avait bien pris soin de publier cet arrêt pendant la Pentecôte. Le parlement était en vacance et le conseil de régence avait suspendu ses séances. Quant aux représentants de la haute noblesse, ils étaient le plus souvent en villégiature. Parmi les protagonistes et familiers du Régent, ni les princes du sang Bourbon et Conti, ni le duc d'Antin, ni Saint-Simon n'étaient présents à Paris. Selon Law, le plan du 21 mai avait été conçu presque deux mois auparavant et soumis au Régent pour approbation au cours de plusieurs réunions en tête à tête. Même si l'on ne pourra jamais vérifier cette assertion, elle paraît vraisemblable. D'une part, le

Régent avait pris l'habitude de regarder de près les affaires de la Compagnie des Indes, dont il présidait personnellement les assemblées générales. D'autre part, l'absolue nécessité de garder le secret pour éviter des ventes massives et préventives d'actions ou de billets justifiait une telle procédure.

Dès le 22 mai, le ressentiment des porteurs de billets et d'actions de la compagnie se manifesta bruyamment devant le siège de la Banque royale, en raison de la fermeture inexpliquée des bureaux ce jour-là. On craignait que la banque ne soit plus en état d'échanger les billets de banque contre des espèces. Le 25 mai, des troubles éclatèrent, on jeta des pierres contre la façade et la plupart des vitres furent brisées. Les échanges de billets et d'espèces reprirent le lendemain et il n'y eut plus d'incident. Aucun mouvement de foule n'accompagna la publication de l'arrêt.

De son côté, le marché réagit plutôt bien. La reprise des cotations n'entraîna pas un effondrement des cours, puisque le prix des actions de la compagnie glissa à des niveaux cohérents avec les décisions du 21 mai, sans donc que l'on constate une quelconque surréaction de la part du marché. La panique avait été évitée.

Durant ces quelques jours où le destin du Système et de son promoteur bascula, c'est du côté des politiques que vinrent les difficultés les plus sérieuses. De ce côté-là, en effet, « le vacarme fut général et épouvantable », note Saint-Simon. Mais dès son retour de villégiature, l'élite politique et financière parisienne s'agita. L'affaire fut jugée si grave que le parlement tint une séance extraordinaire le lundi 27 mai. Selon certaines sources, il prit ce jour-là un arrêt accusant les directeurs de la banque de banqueroute frauduleuse et les condamna à la peine de mort par pendaison[1]. Quoi qu'il en soit, il se rendit en délégation le jour même auprès du Régent pour exiger l'abrogation de l'arrêt du 21 mai, le rétablissement des rentes sur l'Hôtel de Ville et

1. Cet arrêt n'ayant jamais été trouvé, son existence paraît néanmoins douteuse, mais le bruit circula à l'époque.

l'annulation du grand *swap* « dette contre actions » qui était le fondement du Système.

La pression ne fut pas moindre du côté de l'entourage du Régent. Les seuls soutiens indéfectibles de Law avaient été jusque-là la haute noblesse, le duc de Bourbon, le duc de La Force et probablement d'Antin, qu'il avait considérablement enrichis sans cause. Mais même ces compagnons intéressés n'acceptaient pas la diminution autoritaire du cours des actions, autant par cupidité que par aveuglement. Ils étaient par ailleurs furieux de ne pas avoir été prévenus de l'opération à l'avance.

Une réunion de crise rassemblant notamment, autour du Régent, John Law, le duc d'Antin, d'Argenson et le duc de Bourbon eut lieu dans l'après-midi du 27 mai. Le duc de Bourbon, qui perdait gros dans cette affaire, exigea un retrait immédiat de l'arrêt du 21 mai, tout en réclamant le maintien de Law à son poste – sans doute pour ne pas tarir le « robinet de finances » dont il bénéficiait tellement. On discuta longuement du traitement différencié qui pourrait être réservé aux porteurs de billets et aux actionnaires. Selon plusieurs acteurs du drame, dont Law lui-même, le Régent avait parfaitement compris le caractère indispensable de la manœuvre de refroidissement initiée par l'arrêt incriminé. Il tenta une nouvelle fois de protéger son ministre, mais dut céder devant l'unanimité de ses proches. Pour la première fois, le Régent dut s'incliner et désavouer son contrôleur général. La grande déflation n'eut pas lieu et l'arrêt du 21 mai fut abrogé le 27.

Loin de rassurer les investisseurs, l'abrogation de l'arrêt du 21 mai entraîna une chute spectaculaire du cours de l'action : de 7 475 livres le 27 mai, le cours descendit jusqu'à 4 200 livres le 31 mai. Autant dire que le retour à l'agiotage et au laxisme monétaire donnait un pire résultat que la retraite en bon ordre tentée par Law.

Même si les actionnaires étaient naturellement opposés à l'arrêt du 21 mai, il est probable qu'en leur for intérieur ils en ressentaient la dure nécessité. On avait touché du doigt l'extrême fragilité du Système sans pour autant le réformer. C'est peu dire que la confiance était ébranlée. Au-delà, ce sont les principes mêmes qui fondaient le Système qui étaient minés à jamais. Law ne s'y trompait pas, qui écrivit plusieurs années après à propos de la crise du 21 mai : « c'est de ce jour que l'on peut dater la destruction du Système et le triomphe de ses ennemis. Car les opérations qui suivirent ne portèrent plus sur les vrais principes ».

L'abrogation de l'arrêt du 21 mai marqua également une revanche des ennemis du Système. Les parlementaires bafoués, les rentiers spoliés et les financiers déclassés tenaient enfin un prétexte pour réclamer la tête de l'Écossais. Comme au moment du lit de justice d'août 1718, l'affaire prenait une tournure très politique.

Chapitre 8

Fin de partie

> « *I am sorry you lost money by my advice, but I did the same thing myself and I am not Master of Events*[1]. »
>
> Lettre de John Law à l'un de ses solliciteurs, 24 mai 1721

Le Système entra en agonie au lendemain de l'abrogation de l'arrêt du 21 mai 1720. Law perdit alors peu à peu son influence sur le Régent et, pour tout dire, n'eut plus la maîtrise totale des événements. Surtout, il dut naviguer à vue en composant avec des forces de plus en plus hostiles, notamment le parlement. Il restait néanmoins incontournable dans la mesure où lui seul semblait techniquement capable de faire atterrir le Système en douceur. En bon joueur professionnel, il continua donc imperturbablement à jouer les cartes qui lui restaient en main. Il faut dire que sa virtuosité et son incroyable capacité de conviction ne l'avaient pas quitté. Toujours aussi maître de lui-même et confiant dans sa bonne étoile, il s'accrocha avec énergie au pouvoir, tentant par tous les moyens de sauver de son Système tout ce qui pouvait l'être.

1. « Je suis désolé que vous ayez perdu de l'argent sur mes conseils, mais j'ai fait la même chose moi-même et ne suis pas maître des événements. »

Le second semestre 1720 fut le théâtre d'une succession invraisemblable de rebondissements, parfois logiques, parfois contradictoires. Quand finalement John Law dut abandonner définitivement la partie en décembre, il avait déjà été contraint de liquider en grande partie sa construction.

Law perd, rejoue… et gagne

Le Régent, qui avait approuvé le projet d'arrêt du 21, avait été surpris par l'ampleur des réactions hostiles. Il devait faire à présent ce qu'il détestait le plus : trancher dans le vif entre différents avis et différentes factions. La situation était tellement grave qu'il ne pouvait plus se contenter de ses chers *mezzi termini*. Cependant, les témoignages de l'époque nous montrent un Régent hésitant, consultant longuement, incapable de rallier une position claire, et redoutant plus que tout une coalition des mécontentements pouvant conduire à une nouvelle fronde. Law allait pleinement en profiter.

La première décision de Philippe d'Orléans, consistant à abroger l'arrêt, était de toute évidence la plus simple à prendre, car sans doute inévitable. Dans la foulée, il supprima l'interdiction de détenir des espèces pour plus de 500 livres, prohibition qui excitait tellement la colère du parlement de Paris et, au-delà, de l'opinion. La seconde concernait le sort de Law. Elle fut beaucoup plus complexe, voire tortueuse. Dans un premier temps, il résolut de sacrifier son contrôleur général. Le 29 mai, soit deux jours après la réunion décisive du 27 mai et une proposition de démission de la part de Law, le Régent assigna son contrôleur général à résidence sous la surveillance de seize gardes suisses, au prétexte de le protéger de la foule. Selon plusieurs témoins, la pression sur le Régent était extrêmement forte pour le faire embastiller. En sens inverse, on sait que le duc de Bourbon intervint pour éviter une telle extrémité. Il faut donc voir dans cette mesure conservatoire un nouveau « moyen terme » susceptible de calmer les esprits sans injurier l'avenir.

Le même jour, le Régent lâcha de nouveau du lest vis-à-vis du parlement en prenant deux autres décisions. La première consistait à faire droit à la demande du parlement de reconstituer des rentes en lieu et place du grand emprunt contracté par l'État auprès de la Compagnie des Indes. À cet effet, le Régent consentit à l'émission de nouvelles rentes sur l'Hôtel de Ville à hauteur de 1 milliard de livres à un taux de 2,5 %. La seconde consistait à apposer les scellés sur la banque et à nommer trois commissaires spécialistes des questions financières – anciens membres du conseil des finances et par ailleurs hostiles au Système depuis le début – pour en examiner les comptes. En termes modernes, on dirait qu'il s'agissait d'une commission d'enquête. Dans la foulée, il désigna aussi en urgence une sorte de directoire technique composé de trois conseillers d'État éminents et destiné à gouverner les finances. Cette instance fut placée sous l'autorité du très compétent Michel Le Peletier des Forts, farouchement opposé à Law depuis les premières discussions sur la banque en 1715.

Le renvoi de Law fut cependant de courte durée puisque, après une première tentative ratée, il réussit à obtenir une entrevue avec le Régent dès le 31 mai, à l'issue de laquelle il fut relevé de sa disgrâce. Le 2 juin, il fut officiellement rappelé pour diriger la banque et la compagnie, et nommé parallèlement « intendant général du commerce » et « conseiller d'État d'épée ». Au passage, ce revirement rendait évidemment assez virtuelle la mission confiée la veille au triumvirat de conseillers d'État !

Les raisons pour lesquelles Law réussit cet incroyable retournement de situation figurent parmi les points les plus obscurs de l'histoire du Système. Outre l'extraordinaire capacité de persuasion et l'inventivité de l'Écossais qui faisaient que le Régent restait sans doute acquis intellectuellement à sa cause, on peut convoquer au moins deux raisons. La première était une question de confiance. Les intenses tractations que le Régent conduisait avec son entourage ne pouvaient que le convaincre que Law était de loin le plus capable de maîtriser la situation et de ramener le calme parmi les spéculateurs. Du reste, les ventes massives d'actions, notamment de la part d'étrangers paniqués par le cours des événements en France et soucieux de déplacer leurs capitaux vers des actions en plein boom de la Compagnie des mers du Sud, pouvaient le convaincre de ramener aux commandes l'homme qui savait si bien parler aux oreilles du marché.

L'expérience montra d'ailleurs immédiatement à quel point le pari du Régent était raisonnable : malgré le torrent de critiques et d'insultes vociférées contre l'auteur de l'arrêt du 21 mai, le retour de Law aux affaires sembla ramener quelque peu la confiance puisqu'il fut salué par une forte remontée des actions de la Compagnie des Indes, le cours passant d'un point bas à 4 200 livres le 31 mai à 5 780 livres le 3 juin, puis 6 350 le 6 juin. Certes, la politique de la France n'était pas censée se faire à la corbeille, mais la nature même du Système faisait que, pour la première fois dans l'histoire, le chef de l'État devait considérer un cercle d'opinion bien plus large que son seul entourage immédiat et quelques financiers bien introduits avant de prendre ses décisions en matière économique.

La seconde raison était moins avouable. Les premières investigations menées par les trois commissaires en charge de l'audit de la Banque royale avaient mis en évidence des émissions de billets d'un montant supérieur de 1,2 milliard de livres aux autorisations données par le conseil de régence. Elles révélaient également une encaisse métallique ridiculement faible par rapport à la masse de billets en circulation : 21 millions en espèces d'argent et 28 millions en lingots d'or pour gager 2,1 milliards de livres en billets !

Il est évident que la révélation de ces turpitudes, dont on sait de son aveu même qu'une partie au moins avait été autorisée en secret par le Régent, aurait provoqué un conflit difficile avec le parlement et encore davantage aggravé la défiance du public. Il valait donc mieux, au moins dans un premier temps, faire cesser immédiatement l'enquête – ce qui fut fait au bout de seulement trois jours – et conserver Law à la tête de l'institution. Le retour de l'Écossais aux affaires pouvait en effet être interprété par le public comme une preuve que l'enquête avait conclu à la solidité de l'établissement. Et de fait, c'est bien le bruit qui circula.

Le retour de Law s'accompagna d'une sorte de remaniement ministériel. Law réussit à convaincre le Régent de la nocivité de d'Argenson, ce dernier ayant selon lui mené la fronde contre le Système et tenté de reprendre le contrôle des affaires financières, aidé par plusieurs affidés, dont Le Peletier des Forts. L'éviction d'Argenson, bête noire du parlement, offrait par ailleurs un beau sacrifice aux turbulents parlementaires. Et pour faire bonne mesure, on accrédita largement l'idée que d'Argenson était à l'origine de l'arrêt du 21 mai. Cette propagande fut semble-t-il plutôt efficace puisqu'une personnalité aussi bien informée que Saint-Simon reprit cette thèse à son compte.

Le remplacement de d'Argenson aux Sceaux fut un autre coup de maître de Law. C'est en effet sur sa suggestion que le Régent décida de rappeler à ce poste le chancelier d'Aguesseau, toujours en exil. Réinstaller au poste de garde des Sceaux ce grand juriste universellement respecté pour sa sagesse et si populaire parmi les parlementaires, c'était, à n'en pas douter, une magnifique caution. Du reste, Law poussa la scénarisation de ce retour jusqu'à aller chercher lui-même le chancelier le 6 juin dans sa retraite de Fresnes. Après lui avoir dressé un portrait de la situation financière et exposé ses grandes lignes d'action, il lui promit de ne plus rien proposer au Régent sans l'avoir préalablement consulté. On peut penser que d'Aguesseau, dont le sens politique n'était pas la principale qualité, fut proprement berné par l'Écossais.

L'Écossais n'arrêta pas là sa contre-offensive. Ayant appris qu'Antoine Pâris avait adressé au mois de mai au Régent un mémoire lui recommandant d'abandonner le Système et de reconstituer les rentes sur l'Hôtel de Ville, il demanda l'exil des quatre frères sur leurs terres du Dauphiné. L'acceptation de cette mesure par le Régent qui, par ailleurs, faisait plutôt grand cas des quatre financiers, montrait non seulement l'influence que Law avait regagnée, mais encore combien Philippe d'Orléans restait attaché aux grandes lignes du Système et décidé à le sauver.

Pour résumer, les tractations pénibles menées entre les 2 et 6 juin aboutirent à une configuration politique qui préservait l'essentiel des marges de manœuvre de Law. Son ennemi de l'intérieur, d'Argenson, avait été éliminé, remplacé par un d'Aguesseau servant utilement de caution au parlement sans pour autant être en mesure d'entraver ses plans. Les affaires financières courantes étaient gérées par un triumvirat de techniciens qui n'avait la main ni sur la banque ni sur la compagnie. Quant à la commission d'enquête lancée par le Régent le 28 mai sous la pression des événements, ses travaux avaient été brutalement interrompus dès le 31 sur ordre du Régent, c'est-à-dire dès les premières découvertes embarrassantes effectuées.

Pour prix de ce retournement politique, Law avait dû toutefois approuver une émission massive de rentes, qui était contraire à la logique du Système, mais qui allait néanmoins dans le sens qu'il souhaitait, à savoir « éponger » des billets de banque. Il avait dû également subir la levée des prohibitions sur la détention d'espèces métalliques par un arrêt daté du 1er juin pris pendant sa courte disgrâce, décision qui mettait de nouveau la Banque royale à la merci d'une panique bancaire.

Le paradoxe était donc qu'en ce début du mois de juin le Système avait subi des atteintes considérables, mais que Law lui-même était revenu au centre du jeu. Et il entendait bien jouer ses dernières cartes pour sauver tout ce qu'il pouvait de son grand œuvre.

Éponger les liquidités

Law n'eut évidemment aucun instant pour savourer son retour en grâce car, avec l'abrogation de l'arrêt du 21 mai, il devait faire face à une situation financière toujours aussi précaire.

Début juin 1720, on estime que 200 000 actions de la Compagnie des Indes et 2,2 milliards de billets de banque étaient effectivement en circulation, pour une valeur totale de 3,3 milliards de livres. En donnant la priorité absolue au règlement de la question de la dette publique, Law avait commis une erreur fondamentale : laisser la liquidité monter à des niveaux déraisonnables, à la fois très supérieurs aux besoins de l'économie – risque inflationniste – et sans commune mesure avec l'encaisse métallique en circulation – risque pour la banque de ne plus pouvoir assurer la convertibilité des billets en espèces.

Le premier symptôme de la maladie du Système était alors moins la chute du cours des actions de la compagnie que l'effondrement de la confiance envers les billets de banque. Concrètement, les billets ne s'échangeaient plus au pair avec les espèces métalliques, la décote atteignant 11,5 % en juin. Autrement dit, un commerçant prêt à vendre une marchandise pour 100 livres en espèces n'acceptait plus cette vente qu'en échange de 111,5 livres en billets. Courant juillet, le mouvement de décote s'accéléra pour atteindre 50 %. On s'acheminait donc à grande vitesse vers la circulation de deux monnaies concurrentes, des « livres-billets » et des « livres-espèces ».

La conséquence la plus inquiétante de cette situation était bien sûr le risque que les détenteurs de billets se ruent vers la banque pour en obtenir le remboursement en espèces, opération qu'elle ne pouvait évidemment pas soutenir. L'établissement ne procéda plus qu'à des paiements à doses homéopathiques à partir du mois de juin, se contentant pour l'essentiel de distribuer des petites coupures en échange des billets de 1 000 et de 100 livres pour assurer la continuité des petites transactions. Elle ferma définitivement ses bureaux d'échange le 17 juillet, ce qui entraîna de violentes émeutes rue Vivienne dont le bilan humain a fait l'objet d'évaluations très diverses. Durant cette période, Law devint sans conteste l'homme le plus détesté de France. Il fut menacé physiquement, ainsi que toute sa famille. Son carrosse fut mis en pièces, spectacle qui réjouit les parlementaires à qui on annonça la nouvelle. Selon un scénario qui rappelait celui d'août 1718, il dut se réfugier pendant plusieurs semaines dans un appartement du Palais-Royal.

Du côté des changes, la situation n'était pas moins alarmante puisque le change s'établissait en moyenne à 9 % en dessous du pair dans la seconde quinzaine de juin par rapport aux monnaies anglaises et hollandaises. Cela signifiait concrètement que les espèces françaises fuyaient le territoire pour s'investir à l'étranger, accroissant du même coup le discrédit des billets, désormais non convertibles en pratique.

Pourtant, malgré la violence des événements et sa réclusion forcée au Palais-Royal, Law fit de nouveau preuve de son extraordinaire combativité. Dans un *Mémoire sur le discrédit*, écrit à la hâte dans la seconde quinzaine de juillet et transmis au Régent, il reprit sans faiblir les thèmes qui lui étaient chers : oui, il est de l'intérêt du roi et de ses peuples d'adopter la monnaie de banque et d'abolir la monnaie d'or. Oui, l'action de la Compagnie des Indes est plus qualifiée que l'or pour servir de monnaie. Oui, le Système, ou du moins certains de ses éléments essentiels, devait et pouvait encore être sauvé. Et pour ce faire, l'urgence était de remédier à la chute de la valeur des billets de banque et à l'effondrement du change.

Conformément à sa théorie monétariste avant l'heure, la faiblesse de la valeur des billets découlait nécessairement de leur quantité excessive par rapport à la demande. Pour rétablir l'équilibre entre l'offre et la demande de billets, il fallait en stimuler la demande et en diminuer l'offre. Autrement dit, les objectifs de l'arrêt du 21 mai étaient plus pertinents que jamais.

Du fait de son abrogation, il fallait rapidement concevoir une stratégie alternative. Law fixa même un objectif encore plus ambitieux que l'arrêt du 21 mai : il s'agissait cette fois de diminuer à hauteur des trois quarts la valeur totale des billets en circulation.

Pour stimuler la demande des billets, il proposait de manier à la fois la carotte et le bâton. La carotte, c'était un rehaussement spectaculaire – un doublement – des espèces métalliques pour les remettre à parité avec les billets : puisqu'un billet de 100 livres était désormais échangé sur le marché avec une certaine quantité de pièces métalliques ne valant que 50 livres, il suffisait de décréter que ces pièces vaudraient dorénavant 100 livres. Afin de ne pas perturber durablement le change avec l'étranger et de ne pas revenir sur son objectif final de démonétisation progressive du métal, cette hausse devait être suivie d'une série de diminutions s'étalant sur plusieurs mois, ramenant la valeur des espèces à leur niveau initial. D'ici là, les mesures visant à diminuer la quantité de billets auraient eu le temps de produire leurs pleins effets et de prendre le relais. Le bâton était politiquement plus difficile : c'était le rétablissement des prohibitions relatives à la détention des espèces et métaux précieux afin de décourager l'accumulation de métal précieux au détriment des billets.

Du côté de l'offre de billets, Law prônait dans son mémoire une vigoureuse politique de diminution de la quantité de billets s'articulant autour de trois mesures visant littéralement à les « éponger » en les échangeant contre des actifs à la fois beaucoup moins liquides et non susceptibles d'être convertis en espèces à la Banque royale. La première mesure, la plus considérable, avait déjà été prise début juin. Elle consistait à refaire exactement le mouvement inverse du grand *swap* du mois d'août 1719 : comme on le sait, sur les 1,6 milliard de livres de prêt consenti à l'État par la Compagnie des Indes, 1 milliard devait être annulé et transformé en une nouvelle émission par l'État de rentes sur l'Hôtel de Ville à 2,5 %.

La deuxième mesure était la création de comptes courants dans les livres de la Banque royale pour un montant plafonné à 600 millions de livres. Concrètement, les détenteurs de billets de 1 000 ou 10 000 livres devaient pouvoir les déposer sur des comptes utilisables pour solder les grandes transactions, payer les effets de commerce et les lettres de change pour tout montant dépassant 500 livres. La facilité de ce type d'opérations, pratiquées depuis longtemps par la banque d'Amsterdam, était censée rendre ce produit attractif, tout en retirant de la circulation une quantité équivalente de billets. Un tel dispositif devait *a priori* recevoir les faveurs des grands négociants du royaume.

Le troisième point de ce plan consistait en une nouvelle émission d'actions de la Compagnie des Indes. Cette émission, pour une valeur totale de 600 millions de livres, devait permettre de retirer de la circulation autant de billets de banque. Elle pouvait financièrement se justifier par le fait qu'à la suite des rachats massifs de ses propres actions par la compagnie au premier semestre et du renoncement du roi à ses 100 000 actions, leur nombre était tombé de 600 000 à environ 200 000.

Ce mémoire eut une importance décisive dans les décisions prises au mois de juillet. Toutefois, il est clair que la chute de la valeur des billets, quelques commencements d'émeute dans les rues de Paris et le travail de sape de ses ennemis faisaient que la position politique de Law s'affaiblissait. On sait qu'à cette période le Régent multipliait les consultations avec des ennemis du Système, notamment Le Peletier des Forts et divers financiers et négociants aguerris. Au-delà des conseils, il semblait aussi, à travers ces contacts informels, rechercher un remplaçant à un Law devenu très encombrant. Au total, si le plan de l'Écossais fut globalement accepté – à l'exception notable du rétablissement des prohibitions de la détention des espèces, politiquement intenable –, l'arrêt du 21 juillet qui le mit en application contenait une disposition programmant la suppression progressive des billets de banque à l'horizon du 1er août 1721. En contrepartie, sans doute pour doper ses perspectives financières et justifier une nouvelle émission d'actions, la compagnie se voyait confirmer ses privilèges commerciaux à perpétuité. Pour solenniser la volonté de destruction des billets, il fut décidé de remettre chaque semaine au prévôt des marchands les billets devant être ôtés de la circulation, à charge pour lui de les brûler publiquement devant l'Hôtel de Ville.

Si Law consentit à cette disparition progressive des billets, c'est soit qu'il considérait que la cause des billets était perdue et qu'il valait mieux à présent tout miser sur le sauvetage des actions, soit qu'il entendait donner des gages aux partisans de la suppression des billets tout en gagnant un temps précieux : d'ici août 1721 – une éternité au regard de l'urgence qu'il y avait à éviter l'effondrement du Système –, on aurait bien le temps de faire marche arrière et de convaincre le Régent de stopper la destruction des billets.

Nonobstant la recréation des rentes qu'il avait si ardemment souhaitée et dont il avait déjà obtenu le principe début juin, le parlement refusa d'enregistrer l'édit, s'opposant à la pérennisation des privilèges de la compagnie et réclamant des garanties supplémentaires sur la destruction des billets. Il y ajouta une demande expresse de contrôle des comptes de la Banque royale, notamment un examen rigoureux du montant exact des billets émis. Cette nouvelle demande intrusive était la plus inacceptable pour le Régent et fut l'occasion d'un nouveau bras de fer.

La conjonction de l'opposition frontale du parlement et de l'explosion de violences sporadiques consécutives à la fermeture des guichets de la banque inquiéta le Régent qui pouvait y voir les prémisses d'une nouvelle Fronde. Cette fois-ci, une simple répétition du lit de justice du 26 août 1718 n'était plus suffisante. À l'issue d'une réunion tenue le 18 juillet avec ses plus proches collaborateurs et d'Aguesseau, il résolut de passer en force en exilant le parlement à Pontoise. Symboliquement, la mesure avait beaucoup de force, d'autant plus qu'elle s'accompagnait d'une forte mobilisation de troupes autour de Paris afin de prévenir les troubles. On imagine les affres du chancelier d'Aguesseau, jusque-là grand défenseur du parlement, qui dut au moins tacitement accepter cet exil inédit depuis la Fronde. Cette mesure fut toutefois accompagnée par quelques contreparties qui la rendirent moins sévère : le transfert des parlementaires leur fut grassement défrayé, le premier président fut royalement logé et disposa des moyens nécessaires pour mener grand train avec ses collègues pendant toute la durée du séjour à Pontoise, ce qui mit apparemment beaucoup de baume au cœur à ces hauts magistrats.

Pendant l'exil du parlement, les mesures décidées furent mises en application : doublement de la valeur des espèces exprimée en livres à compter du 1er août, émission de 70 000 nouvelles actions de la Compagnie des Indes à un prix de 9 000 livres[1], ouverture des comptes bancaires. Avec ces trois débouchés, on pouvait espérer ramener la masse de billets à des proportions permettant d'en restaurer le cours et, partant, de refroidir enfin le Système.

Le sacrifice des billets

L'opération de court terme – le rehaussement massif des espèces – fut un échec puisque après être revenus au pair pendant les premiers jours d'août, les billets reprirent leur décote par rapport aux espèces. Le mouvement de baisse était tellement irrésistible que la banque elle-même, pour préserver ses intérêts, n'acceptait plus ses propres billets sans décote, ce qui n'était pas de nature à rassurer leurs détenteurs et accentua sans doute l'ampleur du phénomène. La suppression programmée des espèces annoncée dans l'arrêt du 21 juillet pouvait également contribuer à ce

1. Au passage, elles avaient fait l'objet d'une conversion forcée à raison de 3 pour 2 afin d'en réduire le nombre. Cette valeur de 9 000 livres correspondait donc dans les faits à des anciennes actions cotées 6 000 livres.

discrédit général. Fin août, les billets n'étaient plus échangés qu'à un tiers de leur valeur faciale.

Face à cette déroute complète et aux désordres croissants que l'on observait dans les transactions quotidiennes, il n'était plus question de sauver les billets, mais plutôt d'accélérer leur retrait, si possible en bon ordre, de la circulation. Un arrêt du 15 août décida de la démonétisation des grosses coupures à compter du 1er octobre, leurs détenteurs ayant la possibilité de les utiliser d'ici là dans l'un des trois débouchés qui leur étaient proposés : achat de rentes sur l'Hôtel de Ville, dépôt sur un compte courant à la Banque royale, souscription de nouvelles actions de la Compagnie des Indes. Quant aux petites coupures de 10 et 100 livres, la date de leur démonétisation était avancée du 1er août au 1er mai 1721. Du reste, le préambule de l'arrêt était sans ambiguïté sur l'objectif de la manœuvre puisqu'il indiquait que le roi souhaitait « restaurer la circulation des espèces dans toutes les parties du royaume ». Les fondements mêmes du Système étaient à présent mis à bas.

La partie étant définitivement perdue à compter de septembre, Law abattit ses dernières cartes et choisit délibérément de sacrifier les billets afin de sauver les actions de la compagnie. D'une part, il accéléra encore la fin des billets : Aux termes d'un arrêt du 15 septembre, ceux-ci ne pourraient plus être utilisés dans les transactions entre particuliers que si au moins la moitié du paiement était effectuée en espèces. Quant aux petites coupures de 100 et 10 livres, un arrêt du 10 octobre disposa qu'à compter du 1er novembre elles pourraient désormais être refusées dans les paiements entre particuliers et ne seraient plus reçues en paiement des impôts. En outre, on estimait qu'il était temps de dévoiler enfin au public la situation réelle des billets de banque. À cet effet, l'exposé des motifs de cet arrêt dévoilait qu'au total, des billets avaient été émis pour 2,7 milliards de livres, et non pas 2,2 milliards comme annoncé jusque-là. Pour rassurer le public, il était toutefois précisé que, grâce aux différents débouchés qui leur avaient été ouverts, un volume de billets équivalent à plus de 1,5 milliard de livres avait d'ores et déjà été retiré de la circulation.

D'autre part, Law tenta une dernière fois de consolider le cours des actions de la Compagnie des Indes, qui se stabilisaient bon an mal an autour de 6 000 livres au mois d'août et qui étaient de fait le dernier élément du Système qui tenait encore bon. Il le fit par une méthode singulièrement contournée dont ses contemporains ne comprirent pas les tenants et aboutissants. Un arrêt du 15 septembre divisa autoritairement par quatre la valeur en livres des dépôts effectués sur les comptes bancaires. Cette mesure était évidemment particulièrement brutale pour les déposants, bien qu'elle s'appliquât symétriquement aux dettes contractées à partir de ces comptes[1]. De cette manière, Law ne faisait rien de moins que de créer une sorte de monnaie scripturale parallèle à la monnaie métallique, mais non convertible. La forte dévaluation – rehaussement des espèces – mise en œuvre simultanément lui permettait d'espérer que cette monnaie serait forte et bientôt échangée au pair avec les espèces. Il réalisait ainsi sur une petite échelle – le montant de ces comptes courants ne s'élevait alors qu'à 240 millions de livres – l'opération qu'il avait voulu tenter sur l'ensemble de la masse monétaire en papier – actions et billets – le 21 mai.

La connexion entre cette mesure énergique et le soutien au cours de l'action de la Compagnie des Indes était la suivante : les titulaires de ces comptes courants se voyaient offrir la possibilité d'acheter des actions au prix fixé à l'avance de 2 000 livres[2], ce qui revenait à établir un lien fixe entre cette monnaie scripturale et les actions de la compagnie, donc à reconstituer un front monétaire en format réduit, ultime rempart contre le retour

1. Autrement dit, une lettre de change exposant le titulaire du compte à un paiement de 10 000 livres pourrait être honorée par un versement de 2 500 livres déposées sur ces comptes courants.

2. Ce montant peut paraître très faible. Mais en fait, il était bien entendu équivalent à 8 000 livres en « livres-billets » fortement décotés.

envahissant des espèces métalliques. Une fois encore, et malgré les incroyables difficultés dans lesquelles le plongeaient les spasmes du Système, Law ne perdait jamais de vue ses principes essentiels.

À partir d'octobre, le problème de Law entra dans une autre dimension puisque, en plus de la chute continuelle des billets, la compagnie dut faire face à une crise de trésorerie la rendant incapable d'honorer tous les paiements qu'elle devait à l'État. C'est pourquoi les derniers actes de Law furent des tentatives désespérées et pathétiques d'attirer des espèces dans ses coffres, cette monnaie métallique qu'il avait tellement méprisée jusque-là. Et pour ce faire, il ne recula devant aucune méthode. Durant la fin octobre et le mois de novembre, les astuces les plus grossières le disputèrent aux mesures les plus autoritaires, voire despotiques. Entre autres « trucs », il introduisit un emprunt forcé de 150 livres par action auprès des actionnaires. Il procéda à un nouveau rehaussement des espèces avec passage par les hôtels de monnaie de la compagnie et prélèvement d'un seigneuriage payable en billets. Jamais à court d'astuce, il réussit même à convaincre le Régent d'instituer une sorte de taxation des anciens actionnaires. Concrètement, les anciens actionnaires, auxquels le préambule de l'édit instaurant cette mesure extravagante reprochait vivement d'avoir vendu leurs titres, devaient se rendre aux bureaux de la compagnie. Il leur serait vendu des nouvelles actions au cours de 13 500 livres payables en billets de banque. Ces titres devaient ensuite être conservés en dépôt pendant trois ans afin d'interdire leur revente, les dividendes étant néanmoins versés aux malheureux bénéficiaires.

Aucune de ces mesures dérisoires ne permit de redresser la situation. Law avait de moins en moins prise sur la réalité. La retraite qui aurait pu être effectuée en bon ordre avec l'arrêt du 21 mai était devenue très périlleuse en juin et juillet. À partir du mois d'août, elle s'était transformée en véritable déroute. Les mesures décidées à l'été 1720 tendant à « éponger » les billets étaient techniquement adaptées. Sur le papier, elles auraient pu réduire l'excès de liquidité en quelques mois, ne laissant en circulation qu'un volet de quelques centaines de millions, ainsi que des comptes bancaires. Mais il était trop tard et il manquait un ingrédient essentiel à leur réussite : la confiance. Par une sorte de surréaction, le discrédit public fut tel qu'en septembre et octobre la valeur des billets en équivalent métallique tomba même très en dessous de celle qui aurait sans doute correspondu aux fondamentaux du Système.

Fin novembre, la situation de Law devenait intenable. Il fallait payer les troupes, honorer le paiement des nouvelles rentes sur l'Hôtel de Ville et les caisses étaient vides. Le Système, à son crépuscule, s'avérait finalement moins efficace que l'ancienne architecture financière pour assurer les fins de mois de l'État. À la vérité, le Régent n'avait plus aucun argument rationnel pour garder à son service celui qu'aussi bien les financiers que le parlement, l'opinion et la plupart de ses « visiteurs du soir » le pressaient de renvoyer. Il se résolut alors à abandonner définitivement le Système et son inventeur mirobolant. Il eut certes encore une entrevue avec Law le 9 décembre, au cours de laquelle il ne semble pas lui avoir formellement signifié sa disgrâce, alors même que l'Écossais lui remit sa démission. Il est d'ailleurs possible que cette démission n'ait été que tactique puisque le duc de Bourbon continua d'intervenir auprès du Régent pour soutenir celui qui l'avait tellement enrichi, plaidant – sans doute de manière téléguidée par Law – pour le développement des comptes bancaires, c'est-à-dire une sorte de « Système bis ».

La chute était pourtant inéluctable, quoique le Régent, comme à son habitude, semble avoir louvoyé quant à ses modalités : exil définitif ou temporaire en province ? Organisation d'une fuite à l'étranger ? Le 11 décembre, le Régent nomma un nouveau contrôleur général des finances, Le Pelletier de La Houssaye, ancien intendant dans diverses généralités, ancien administrateur de ses biens et, accessoirement, apparenté au chancelier d'Aguesseau. Sagement, celui-ci n'accepta cette lourde charge qu'en échange de la certitude d'avoir les mains libres sur les décisions stratégiques. Pour Law, le chemin s'arrêtait là.

Durant les premiers jours de décembre, toutefois, Law ne changea nullement ses habitudes. Il se préoccupa du portrait que son amie peintre Rosalba Carriera devait faire de son fils. Dans la soirée du 12 décembre, il se rendit à l'Opéra en famille en compagnie du duc de La Force. Inconscience ? Ultime bravade ? Sentiment que rien n'était encore joué et qu'il voulait le faire savoir ? Cette soirée fut en tout cas la dernière sortie publique de Law à Paris. Elle témoigne de son incroyable confiance en lui et de sa capacité à défier jusqu'au bout les hommes et les circonstances, toutes qualités qui n'étaient pas très éloignées d'une forme supérieure d'arrogance.

Les détails du départ de Law étaient pourtant déjà arrêtés puisque à l'issue d'une nouvelle entrevue avec le Régent au matin du 14 décembre, Law partit l'après-midi même pour sa propriété de Guermantes, à six lieues de Paris. L'ancien contrôleur général y resta jusqu'au 17 décembre, y recevant plusieurs visiteurs de marque, sans savoir précisément quelle serait la suite des événements. Le duc de Bourbon lui signifia par écrit la volonté du Régent de le voir quitter le territoire et lui adressa les passeports nécessaires. Law et son fils, accompagnés de quatre hommes appartenant au duc de Bourbon, quittèrent Guermantes pour Bruxelles le 18 décembre dans une chaise de poste prêtée par Madame de Prie, la maîtresse de Bourbon. Arrêté à Valenciennes pendant quarante-huit heures par l'intendant de cette généralité d'Argenson[1] le croyant en fuite, il ne fut autorisé à poursuivre son voyage qu'après vérification par ce dernier de la validité des passeports.

Les conditions exactes du départ de Law resteront à jamais mystérieuses. Lors d'une séance du conseil de régence tenue

1. Le fils aîné de l'ancien garde des Sceaux.

quelques jours plus tard, le Régent reprocha publiquement au duc de Bourbon de lui avoir envoyé des passeports, alors même que sa volonté était qu'il reste sur le territoire français. Le duc de Bourbon contesta fermement cette version. Cet échange révèle à quel point le Régent fut hésitant jusqu'au bout quant au sort de Law et ne transmit pas d'instructions claires à Bourbon. Dans l'incertitude où il était des réactions au départ de Law, il souhaitait dans un premier temps le garder sur le territoire, soit pour en faire un bouc émissaire si des malversations étaient prouvées[1], soit pour le rappeler auprès de lui dans le cas contraire. Dans le même temps, il n'avait pas non plus exclu la possibilité d'un exil à l'étranger puisqu'il avait incontestablement accordé à Law les passeports et sauf-conduits nécessaires.

Venise et l'impossible retour aux affaires

Il est certain que le départ de Law fut précipité et non anticipé. En témoignent à la fois le peu d'argent qu'il avait emporté avec lui à Bruxelles – 800 louis d'or – et l'abandon de sa compagne Catherine à Paris. Pourtant, il ne devait pas considérer cette situation comme fâcheuse car il escomptait bien que cet exil ne serait que temporaire. Et de fait, aussitôt arrivé à Bruxelles, l'ambition de revenir aux affaires en France mobilisa une grande partie de son énergie.

Une telle ambition peut paraître extravagante vu l'image déplorable qu'il avait à présent en France et que ses ennemis allaient inévitablement exploiter. Toutefois, à la réflexion, elle n'était pas si déraisonnable. La séparation d'avec le Régent avait été à l'amiable, ce dernier, malgré certaines irritations passagères, n'ayant jamais vraiment douté de la pertinence globale du

1. Lors de la même séance du conseil de régence, il avoua l'émission de billets de banque pour 1,2 milliard de livres au-delà des autorisations, affirmant qu'il en avait couvert la moitié, l'autre moitié étant à l'initiative de Law, qui aurait par là même commis un véritable crime.

Système. D'ailleurs, la politique sous l'Ancien Régime suivait peu ou prou les mêmes lois qu'aujourd'hui et les disgrâces, même les plus brutales, n'étaient pas toujours définitives : ce qu'une circonstance politique avait produit, d'autres circonstances pouvaient le défaire. Quant à l'image déplorable d'un serviteur de la couronne, elle n'était pas un obstacle dirimant à son maintien au pouvoir dans un contexte absolutiste. Après tout, l'histoire de France fourmillait d'exemples de figures impopulaires que la seule volonté du Prince pouvait imposer durablement aux affaires. C'était par exemple le cas de l'abbé Dubois, devenu l'homme fort de la régence depuis le départ de Law, malgré la réprobation quasi universelle dont il faisait l'objet.

Il n'en reste pas moins que, pour rendre possible son retour aux affaires, Law devait surmonter trois obstacles : recréer une coalition d'intérêts qui lui soit favorable, régler ses problèmes financiers en prouvant la fausseté des accusations de fraude et de prévarication portées contre lui et, enfin, proposer un nouveau plan économique et financier acceptable et prenant en compte les défauts de son Système.

De Bruxelles, il passa à Venise en janvier 1721, où il séjourna pendant plusieurs mois, se mêlant sans difficulté à la haute société vénitienne où il avait conservé de nombreuses amitiés. Il redevint joueur professionnel tout en employant une grande partie de son activité à renouer les fils avec ses protecteurs français et anglais. Ses nombreux échanges avec ses correspondants anglais le persuadèrent que le chemin de son retour en grâce à Paris passait par Londres. C'est en effet dans la capitale anglaise qu'il pouvait le plus facilement espérer tout à la fois se refaire un nom, mettre en ordre ses affaires financières personnelles, tout en se rapprochant géographiquement de Paris, et rentrer en contact avec des proches du Régent.

Son arrivée à Londres en octobre 1721 déclencha de vives polémiques, aussi bien à la Chambre des Lords que dans la presse. Plusieurs pamphlets furent publiés à cette occasion, les uns vantant l'intérêt pour l'Angleterre d'accueillir un homme aussi talentueux, les autres déplorant au contraire que soit reçu un homme qui avait été capable de ruiner tout un pays et avait été indirectement la cause de la bulle des mers du Sud. Law devint pendant plusieurs semaines le sujet privilégié des discussions dans les fameux cafés londoniens qu'il avait tant fréquentés vingt-cinq ans plus tôt. Malgré l'hostilité de la majorité de l'opinion, Law réussit le tour de force de se réintroduire dans la meilleure société londonienne. En décembre, il bénéficia officiellement de l'amnistie qui avait été acceptée en 1717 concernant l'affaire du duel et fut présenté au roi et à la cour. Rentré dans tous ses droits, le sujet de Sa Gracieuse Majesté pouvait de nouveau librement intriguer pour préparer son retour en France.

Malgré toutes ses tentatives, la configuration politique en France lui resta défavorable tout au long de l'année 1722. Son meilleur soutien, le duc de Bourbon, était passé à autre chose. Quant à l'abbé Dubois, s'il n'avait jamais témoigné d'animosité personnelle à l'encontre de Law, il était naturellement soucieux d'avoir les mains libres et ne souhaitait absolument pas le retour aux affaires de l'ancien contrôleur général. Le seul espoir de Law résidait dans l'affaiblissement de la santé de l'abbé, devenu entre-temps cardinal. De ce fait, la dégradation de la santé de Dubois à partir du printemps 1723, puis sa mort au mois d'août, fut sa seule véritable fenêtre de tir pour un retour en France.

Il ne parvint pas davantage à apurer sa situation financière, deuxième hypothèque pesant sur son retour. Ses soutiens en France, de même que de nombreux biographes, ont décrit un homme financièrement aux abois, ruiné par le Système et poursuivi par ses créanciers un peu partout en Europe. Il faut bien dire que l'intéressé lui-même faisait tout, dans ses écrits, pour accréditer cette thèse. Il s'en servait d'ailleurs couramment dans sa correspondance avec Dubois et le Régent pour les supplier de régler ses différends financiers, arguant qu'une partie de ses dettes avaient en fait été contractées au nom de l'État.

En sens inverse, ses opposants à Paris s'employaient à démontrer qu'il avait fui la France après avoir tiré illégalement des sommes considérables de la compagnie et les avoir mises à l'abri à l'étranger. Selon les comptes établis par les collaborateurs de Le Peletier de La Houssaye, Law était débiteur de plus de 20 millions de livres auprès de la compagnie. Pour cette raison, tous ses biens mobiliers et immobiliers en France furent confisqués, son frère William, qui avait été l'un des directeurs de la Compagnie des Indes, fut embastillé afin de l'empêcher de quitter le territoire. Quant à sa compagne Catherine, elle ne reçut jamais les passeports nécessaires pour quitter le territoire, malgré les demandes réitérées de Law au Régent et à Dubois.

L'ambiguïté du Régent vis-à-vis de Law s'exprimait donc de manière assez désagréable sur le volet financier de l'affaire. Entre les liquidateurs du Système qui entendaient le pourchasser pour malversations et les protestations d'innocence de l'Écossais, il ne choisit jamais véritablement son parti. D'un côté, il continua à donner des marques d'estime et d'amitié à Law, ce qu'attestent les courriers du duc de Bourbon, n'hésitant pas à lui faire savoir que ses conseils seraient toujours les bienvenus. De l'autre, il laissa les ministres compétents prendre en quelque sorte en otage Catherine et le frère de Law et saisir tout son patrimoine.

La question de savoir si Law avait véritablement détourné une partie du Système à son profit est très controversée depuis l'origine. Entre l'image d'un homme scrupuleusement honnête, incapable de penser à ses propres intérêts, et celle d'un escroc de génie ayant construit son Système dans un seul esprit de lucre, la vérité tient probablement le milieu. Après avoir joué et spéculé sur les changes et les effets publics pendant plusieurs années, Law était déjà extrêmement riche à son arrivée à Paris en 1714. Il est donc peu probable que sa fortune se résumât alors aux quelque 1,6 million de livres en espèces qu'il avait apportées avec lui et qu'il évoque dans ses écrits. En réalité, il possédait sans aucun doute un patrimoine financier dans plusieurs pays, notamment en Angleterre, où il avait conservé des amitiés et des protections solides et généreusement entretenues.

Durant l'épisode du Système, il avait largement participé à la spéculation, ayant acquis de nombreuses actions au prix initial de 500 livres qu'il avait pu revendre jusqu'à 20 fois la mise initiale. Plus tard, il avait pleinement bénéficié de l'agiotage, non seulement pour le compte de la compagnie mais sans doute aussi en son nom propre, aussi bien en France que sur le marché des changes. En sens inverse, on se rappelle que ses spéculations à la baisse sur les titres de la Compagnie anglaise des Indes orientales à l'été 1719 lui avaient occasionné une dette considérable envers Lord Londonderry, évaluée à 100 000 livres sterling.

En outre, désireux de diversifier sa fortune, il avait réalisé une partie de ses gains en se portant acquéreur d'un nombre considérable de biens fonds. Il avait ainsi acquis pas moins de 25 domaines fonciers, terres, marquisats, hôtels particuliers ou immeubles, soit un patrimoine évalué à environ 10 millions de livres. Cette incroyable liste d'acquisitions en valeurs immobiles laisse supposer, au passage, qu'il n'avait pas l'intention de quitter le territoire comme un voleur. Il avait également massivement investi dans une collection de tableaux et d'instruments de musique de premier ordre : l'inventaire de sa collection après décès fait état de presque 500 tableaux, majoritairement de grands maîtres alors à la mode, aussi bien de la Renaissance[1] que des contemporains. Au total, il est certain que le Système l'avait considérablement enrichi dans des conditions que nous trouverions aujourd'hui inacceptables. Mais tel était le cas également, et dans des proportions bien plus considérables encore, de certains Grands du royaume, au premier rang desquels les princes du sang Bourbon et Conti, sans parler du Régent.

1. Des œuvres du Titien, des Tintoret, des Véronèse et même quelques Giorgione y sont mentionnés. Toutefois, cette collection ayant été vendue, dispersée et perdue à jamais, on ne sait pas s'il s'agissait d'œuvres de la main même de ces maîtres, attribuées faussement à eux, ou de productions ou copies issues de leurs ateliers.

Avait-il pour autant truqué les comptes de la compagnie pour dissimuler de graves turpitudes ? Rien ne permet de l'affirmer car, si les liquidateurs de la compagnie dressèrent un bilan sans concession des dettes dont il lui était redevable, aucun acte de vol ou de fraude caractérisée ne put lui être imputé. Mieux, Dutot, sous-trésorier de la compagnie en 1720, affirme dans son *Histoire du Système* que les comptes remis à Le Pelletier de La Houssaye en décembre de cette année ne faisaient apparaître aucune irrégularité.

Ainsi, John Law ne peut en aucun cas être comparé, par exemple, aux directeurs de la Compagnie des mers du Sud ou à d'autres créateurs de sociétés bidons en Angleterre à la même époque, coupables d'avoir purement et simplement détourné des fonds et propagé de fausses nouvelles. Quant à ses montages financiers, aussi malhonnêtes et moralement répréhensibles fussent-ils, ils peuvent presque paraître innocents au regard des méthodes utilisées par les grands flibustiers de la finance d'aujourd'hui – falsification des comptes par les dirigeants d'Enron, fonds spéculatifs pyramidaux de Bernard Madoff, trucage des taux d'intérêt interbancaires par des banquiers de la City, contournement des réglementations prudentielles par certains traders, etc. – utilisées au nez et à la barbe de tous les régulateurs « compétents ».

Au moment de sa disgrâce, Law était donc l'un des hommes les plus riches d'Europe, ce qui n'implique pas qu'il fût un escroc. En réalité, il avait accumulé des actifs, mais aussi des dettes, d'une ampleur considérable, dans plusieurs pays européens. Une partie de son activité à partir de 1721 devait consister à mobiliser ses actifs et à apurer ses passifs, tout en recherchant de nouvelles sources de revenus. Le fait que tous ses effets financiers soient libellés dans une monnaie de compte, la livre, qui avait subi tant de fluctuations par rapport au métal, était évidemment une source de contentieux avec ses créanciers : selon que ses passifs ou ses actifs étaient exigibles en espèces ou en papier – actions ou billets –, sa situation n'était évidemment pas la même. De fait, les tentatives qu'il fit durant plusieurs années pour aboutir à un règlement de ses litiges avec la Compagnie des Indes n'aboutirent jamais.

Troisième et dernière condition pour son retour aux affaires, Law devait produire un nouveau schéma de développement du crédit, plus raisonnable que son Système initial. C'est ce qu'il fit au printemps 1723, lorsque la santé du cardinal Dubois le persuada qu'un retour était désormais à portée de main. Dans deux mémoires – dits « mémoires justificatifs » – adressés au Régent via le marquis de Lassay, Law donna une dernière fois la preuve de ses exceptionnelles capacités à se réinventer.

Après avoir rappelé les bienfaits de l'instauration du crédit et dénoncé amèrement sa suppression, il en appelait à une profonde réforme fiscale, seule à même selon lui de ramener la prospérité du royaume. Renouant, mais avec encore plus de vigueur, avec ses grands projets fiscaux de 1718 et 1719, il y dénonçait l'iniquité du système fiscal français. Et de manière assez provocante, il y détaillait les différences entre les systèmes fiscaux français et anglais, comparaison clairement défavorable à la France : péages intérieurs, arbitraire, bureaucratie envahissante, etc. Constatant la supériorité de l'administration fiscale anglaise et sa capacité à prélever des impôts plus élevés par tête sans pour autant décourager autant le commerce et l'industrie qu'en France, il concluait de manière cinglante : « L'Anglais est à son aise en payant beaucoup à l'État et les Français qui sont trois fois le nombre et possèdent trois fois l'étendue dans le plus beau pays de l'Europe sont accablés en payant moins. »

De manière étonnante et profonde, Law faisait le lien entre le développement du crédit et la nécessaire réforme fiscale, qu'il appelait pudiquement la « simplification du revenu[1] ».

1. Ce terme de « simplification » est admirable et résonne de manière extraordinairement moderne : ne l'emploie-t-on pas aujourd'hui à tous propos lorsque l'on souhaite avancer masqué vers des réformes, que l'on s'imagine impopulaires, destinées à

Considérant qu'à la réflexion, l'instauration du crédit était politiquement plus difficile qu'une réforme fiscale[1], ces documents aboutissaient à une véritable économie politique de la réforme. Concrètement, le redressement économique et financier du pays devait s'effectuer en deux étapes. Dans un premier temps, le rétablissement d'un crédit public devait permettre d'accroître la production et les revenus du roi. L'aisance financière ainsi retrouvée autoriserait une baisse de la pression fiscale. Les marges de manœuvre politiques ainsi dégagées permettraient de procéder aux réformes fiscales nécessaires dans un second temps, lesquelles lèseraient inévitablement une partie de la noblesse et les rentiers.

Autant son programme de réformes fiscales restait téméraire, autant son projet de rétablissement du crédit pouvait sembler prudent… et réaliste. En lieu et place des billets de banque de sinistre mémoire, il proposait de rétablir des comptes bancaires gagés par une quantité définie et invariable en poids de métal précieux. Ces comptes auraient constitué une monnaie forte et solide, parallèle aux espèces métalliques classiques qu'il n'était à présent plus question de retirer de la circulation. À défaut d'accroître la quantité globale de monnaie, l'opération faciliterait les échanges grâce à une hausse de la vitesse de circulation de la monnaie.

Si donc Law acceptait sa défaite face au fabuleux métal, il pensait toutefois reconstituer par petites touches un nouveau Système : les comptes auraient été tenus par la Compagnie des Indes, qui serait redevenue progressivement la caisse du Trésor royal puisque les impôts auraient pu être liquidés via des

---

renforcer la compétitivité : simplification du code du travail, simplification des réglementations, de l'administration, etc. ?

1. « Il ne manque [à la gloire du roi] et au bonheur public que le rétablissement de la confiance et la simplification des revenus. Le premier objet paraît difficile, il ne l'est pas ; le second paraît facile et il est difficile. Toute idée qui tend à simplifier les revenus sera faiblement soutenue par ceux qui administrent les finances et trouvera de l'opposition de la part de ceux qui sont chargés de les percevoir. »

versements sur ces comptes – ou en espèces, mais moyennant un supplément de 1 %. De là à penser que les développements ultérieurs de ce plan auraient été la réattribution à la compagnie de la collecte des impôts, il n'y a qu'un pas. Il est vrai que les allusions assez transparentes du document à « cette partie du peuple qui est employée présentement à vexer les autres » pouvaient légitimement inquiéter les financiers.

Ce projet, présenté de manière quelque peu ridicule et qui ne trompait personne comme l'œuvre d'un certain « Roland », fut examiné en octobre 1723 par le conseil de régence. Soutenu par le Régent, il fit l'objet d'un véritable tir de barrage de la part du contrôleur général et de ses experts, les frères Pâris. La mort subite de Philippe d'Orléans intervenue le 2 décembre anéantit tous les espoirs de Law quant à un éventuel retour aux affaires.

Il s'en retourna à Venise en 1724 et se consacra dès lors à ses affaires privées. Sans doute par lassitude, il n'écrivit pas l'ouvrage définitif sur les opérations du Système qu'il prétendait avoir projeté dans une lettre au duc de Bourbon datant de 1724. Rien n'est toutefois moins exact que le portrait d'un Law ruiné, ignoré de tous et mort dans la gêne à Venise, véhiculé complaisamment par de nombreux biographes[1]. Calculateur prodige, au propre comme au figuré, froid et impassible en toutes circonstances, Law était sans doute le personnage à la fois le plus romanesque et le moins romantique qui se puisse imaginer. S'il passa les dernières années de sa vie dans la Sérénissime, ce fut en menant grand train, autour des tables de jeu, en fréquente compagnie des diplomates étrangers et autres visiteurs de marque, tout en gérant au mieux ce qui lui restait de son immense fortune et sa collection de tableaux.

1. Ainsi de la biographie du jeune Adolphe Thiers (1828), par ailleurs très brillante sur bien des aspects du Système : « Il mourut à Venise, pauvre, malheureux et oublié. »

Comme Napoléon à Sainte-Hélène, il devait cent fois refaire ses batailles. Inaccessible au doute et inapte à l'autocritique, concédant seulement avoir voulu bousculer trop rapidement les habitudes françaises, il fut toujours convaincu que seules la malchance et les trahisons l'avaient empêché d'accomplir pleinement son œuvre. Ce n'est certainement pas sans raison que Montesquieu, qui lui rendit visite dans sa retraite vénitienne en 1728, nota, impressionné par son implacable mécanique intellectuelle, que Law était en définitive « plus amoureux de ses idées que de son argent ».

Il mourut des suites d'une pneumonie le 21 mars 1729, après avoir effectué une donation entre vifs à sa compagne Catherine Knowles restée en France et qu'il n'avait jamais revue. Ce n'est pas sans réticence que ce parfait sceptique accepta qu'on lui administre les derniers sacrements sur l'insistance de l'ambassadeur de France.

La liquidation

La liquidation du Système était déjà bien avancée au moment du départ de Law en décembre 1720. La masse de billets en circulation n'était plus que de 657 millions de livres – pris à leur valeur faciale, puisque leur valeur en espèces métalliques allait tendanciellement vers zéro. Le nombre d'actions de la Compagnie des Indes détenues par le public avait été réduit à 125 000. Quant à la dette de l'État, elle avait déjà été consolidée en grande partie sous forme de rentes viagères et perpétuelles.

Pour autant, la tâche à accomplir par les successeurs de Law était immense. Il fallait d'une part ouvrir et apurer les comptes de la Banque royale et de la Compagnie des Indes, d'autre part décider du devenir de l'incroyable capharnaüm de papiers que Law laissait derrière lui : actions, rentes viagères et perpétuelles, billets de banque, récépissés de toutes sortes, comptes en banque… Enfin, *last but not least*, il fallait décider de l'avenir de la compagnie, c'est-à-dire de son objet social : simple entreprise coloniale ou vaste pompe aspirante et refoulante par laquelle passaient tous les deniers publics.

Plutôt que de procéder à un examen raisonné des avantages et inconvénients de tel ou tel élément de l'édifice, on résolut de le déconstruire méthodiquement. L'affaire fut rondement menée par le nouveau contrôleur général Le Peletier de La Houssaye. Dès le 31 décembre 1720, il retira la Ferme générale des compétences de la compagnie et rétablit les offices de receveurs généraux des finances. Début janvier 1721, il nomma quinze commissaires chargés de vérifier les comptes de la compagnie et de prendre position sur les litiges financiers opposant Law et la compagnie.

Surtout, quelques jours seulement après sa nomination, le contrôleur général obtint le retour des frères Pâris de leur exil et appela auprès de lui ces financiers habiles et expérimentés, qui avaient déjà conduit l'opération du visa de 1716 et avaient la pleine confiance du Régent. De retour début janvier 1721, les quatre financiers mirent en place un second visa destiné à remplacer tous les papiers du Système par des titres de créance simples et uniformes sur l'État. D'un Pâris Duverney qui avait tellement dénoncé ce « cruel Système qui couvrait de fleurs le bord du précipice », on ne pouvait attendre autre chose qu'une totale remise à plat.

Les principes de cette nouvelle opération de visa furent extrêmement sains : il s'agit de limiter les charges d'intérêt de l'État tout en assurant une certaine équité dans le traitement des cas individuels. En l'occurrence, on s'attacha à léser le moins possible les petits porteurs et à frapper plus que proportionnellement ceux qui avaient surtout spéculé. Techniquement, une matrice fut établie, portant en colonnes les différents types de titres et en lignes leurs différentes origines possibles. À l'intersection se trouvait le taux de conversion appliqué : de 100 % pour les propriétaires dûment certifiés de rentes sur l'Hôtel de Ville à

5 % pour les porteurs de titres incapables d'en justifier l'origine. En outre, une taxe exceptionnelle frappa quelque 200 personnes ayant réalisé des profits manifestement excessifs, pour une recette totale de 190 millions de livres. Afin de préserver les plus petits porteurs, les titres d'un montant nominal inférieur à 500 livres – ce qui représentait 40 % du volume total – ne furent soumis à aucune réduction. Les 510 000 détenteurs de papiers qui se présentèrent aux bureaux de conversion furent invités à remplir des formulaires permettant à l'administration d'identifier la nature ainsi que l'origine de leurs titres. Chacun devait venir les faire viser et fournir d'éventuelles pièces justificatives susceptibles d'être ensuite vérifiées par l'administration auprès du notaire. En échange, il obtenait un certificat lui-même échangeable en de nouveaux titres de la dette publique : des rentes perpétuelles à un taux de 2,5 % ou des rentes viagères d'un rendement de 4 %.

Cette gigantesque opération bureaucratique sans précédent, portant au total sur 2,2 milliards de livres et examinant près de 1,4 million de transactions, mobilisa plusieurs milliers d'employés de février 1721 à septembre 1722. Sur cette masse considérable, 1,7 milliard de livres furent consolidées en rentes sur l'État. Tous les papiers de l'ancienne dette flottante ainsi que tous les billets de banque furent retirés de la circulation à la satisfaction générale. Pour bien marquer la fin des opérations et la rupture avec l'épisode tant honni du Système et aussi, sans doute, pour préserver les secrets de famille, il fallait faire disparaître l'immense paperasserie du visa, les millions de titres présentés, ainsi que les documents comptables de la compagnie et de la Banque royale désormais inutiles[1]. À cet effet, tous ces papiers furent brûlés en public le 22 octobre 1722 dans une cage de fer spécialement conçue à cet effet.

1. Si elle souleva l'enthousiasme des contemporains, cette cérémonie, qui fut suivie quelques années plus tard de la destruction de tous les procès-verbaux des assemblées générales de la banque et de la compagnie, ne fit évidemment pas l'affaire des historiens…

Quant à la Compagnie des Indes, aussi bien les frères Pâris que ses puissants actionnaires, au premier rang desquels le duc de Bourbon, entendaient faire le nécessaire pour la sauver et lui permettre de rebondir comme pure société commerciale. L'opération du visa aboutit à ramener le nombre des actions en circulation de 125 000 à 55 000. Une fois retranchées toutes les activités non commerciales à l'exception de la ferme des tabacs, la compagnie bénéficia de l'annulation de nombreuses dettes qu'elle avait vis-à-vis du roi et put être remise sur le marché. Ses bénéfices escomptés permettaient de fixer durablement un dividende de 150 livres par action.

La liquidation du Système eut également une composante monétaire qui allait conditionner une partie de l'avenir de l'économie française jusqu'à la Révolution. Pour les frères Pâris et le nouveau contrôleur général Dodun, successeur de Le Peletier de La Houssaye en 1722, il ne suffisait pas en effet d'en finir avec la monnaie de papier et autre « nouvelle espèce de monnaie », il fallait également rétablir une monnaie métallique solide. Prenant de nouveau le contre-pied du Système, qui avait conduit à une dévaluation considérable de la livre par rapport au métal – le marc d'argent était passé de 40 livres en 1717 à un maximum de 120 livres à l'été 1720 –, ils mirent en œuvre une politique monétaire résolument déflationniste en 1724. Il s'agissait de revenir à des niveaux de prix antérieurs à l'inflation générée par le Système et de rétablir la confiance des créanciers durement éprouvée par l'expérience de Law. Des considérations de morale sociale n'étaient sans doute pas absentes de cette stratégie. Celle-ci put en effet être influencée par les nombreux témoignages, notamment d'intendants, qui stigmatisaient les hausses de prix et de salaires excessives engendrant des comportements de paresse et d'insubordination parmi les populations. Réévaluer la monnaie, c'était aussi, sciemment, défendre un certain ordre social, celui des rentiers et des grands propriétaires terriens, fût-ce au prix d'une récession économique momentanée.

Finalement, le bilan de la liquidation du Système entre 1721 et 1724 par les frères Pâris fut assez considérable : une collecte des impôts de nouveau confiée aux financiers sur des bases comptables solides, une Compagnie des Indes sauvée mais exclusivement tournée vers le commerce colonial, une dette de l'État consolidée en rentes, une monnaie exclusivement métallique et fortement réévaluée. Tout ceci formait un ensemble cohérent, présentant un visage à la fois conservateur et éclairé susceptible d'apaiser les esprits après la chevauchée fantastique de la séquence 1716-1720. Il serait donc très excessif d'attribuer l'action des frères Pâris à leur seul souci de se venger des avanies subies sous la dictature financière de Law. Poursuivant leur entreprise néocolbertiste des années 1716-1717, ces brillants financiers étaient en effet convaincus que l'« ancien système des finances » pouvait être rendu efficace pour peu qu'on y voie clair et que les comptes soient rendus raisonnablement transparents.

Un bilan impossible ?

La cause semble entendue et elle se base sur des faits incontestables : le système de Law fit faillite dans la réprobation générale, tandis que sa liquidation fut une belle réussite technique et un soulagement universel. Comment, dans ses conditions, pourrait-on trouver positives ce que l'on pourrait appeler, en paraphrasant Keynes, les « conséquences économiques de Monsieur Law » ?

Pour tenter un bilan du Système, il convient évidemment de ne pas s'arrêter à quelques grands poncifs véhiculés depuis l'origine – ruine générale, spéculation, inflation, corruption… – mais d'envisager la question sous un grand angle, munis de nos instruments d'analyse modernes et en revenant aux faits et aux chiffres. Nous découvrons alors que, si le dossier d'accusation n'est pas mince, un avocat de la défense un peu habile pourrait facilement obtenir l'indulgence du jury.

La cause la plus immédiate de l'ascension de Law étant la situation désastreuse des finances publiques au début de la régence, il est logique de commencer par là. De ce point de vue, on peut affirmer que le Système eut un effet positif. D'une part, le capital de la dette fut sensiblement réduit : de 2 milliards à l'issue des réformes de Noailles, il n'était plus que de 1,7 milliard de livres. Encore ces chiffres sont-ils évalués en livres courantes : si l'on prend en compte la forte dévaluation de la livre en équivalent métal intervenue au même moment, on aboutit à un allègement beaucoup plus significatif, de l'ordre du double.

C'est également grâce au Système que le niveau des taux d'intérêt sur la dette publique avait considérablement baissé. Sur la base des prix auxquels s'échangeaient les rentes sur le marché, on peut en effet estimer que le taux d'intérêt moyen était de 8 % sous l'ère Noailles tandis que Law parvint à l'abaisser à 5,3 % à la mi-1719, soit un taux inférieur à celui auquel faisait face l'État anglais au même moment. À partir de l'été 1719 puis de l'apogée du Système, la question de l'évolution des taux d'intérêt pour les finances publiques se posait en des termes différents : l'État se finançait *ad vitam aeternam* à 3 %, transférant ainsi le risque aux actionnaires de la compagnie. Si, à cette baisse des taux, on ajoute l'éradication, déjà commencée sous Noailles, de la dette flottante et l'impact sur les gages de la suppression de nombreux offices, on aboutit à un allègement considérable des charges d'intérêt, qui passèrent au total de 93 à 58 millions de livres entre 1717 et 1720.

Contrairement à une idée reçue, la diminution de la dette et des charges d'intérêt de l'État permise par le Système ne passa donc pas essentiellement par un défaut de paiement déguisé, mais plutôt par une baisse bienvenue des taux d'intérêt et une optimisation de la gestion de la dette. Certes, une telle réussite aurait peut-être pu être obtenue par une politique de rigueur plus classique menée sur une longue période. En outre, le maintien de taux d'intérêt aussi bas n'était possible, comme on l'a vu, qu'au prix d'une création monétaire excessive et nécessairement temporaire. Mais ces deux objections ne font qu'ajouter des nuances à l'appréciation positive que l'on peut porter sur le Système du strict point de vue des finances publiques. On peut d'ailleurs remarquer que, malgré les efforts de tous les contrôleurs généraux successeurs de Law, jamais l'État n'allait retrouver de telles marges de manœuvre financières jusqu'à la Révolution.

S'agissant des conséquences du Système sur l'économie réelle, le bilan est également positif, sans aucun doute possible. Davantage encore que l'allègement de la dette de l'État, c'est l'ampleur du désendettement des agents privés sous le double effet de l'inflation et de la baisse des taux d'intérêt qui fut la véritable marque du Système. Grâce au bas niveau des taux d'intérêt, les débiteurs des rentes purent plus facilement rembourser leurs engagements afin d'en contracter de nouveaux à des conditions financières plus favorables – un taux proche de 2 %. L'accroissement considérable du nombre des passages devant le notaire en 1719-1720 atteste d'une véritable mise en mouvement de cet argent immobile pour se transformer en argent « actif », susceptible de circuler et de s'investir dans l'économie réelle.

Cette prise de pouvoir des débiteurs sur les créanciers était une inversion complète des valeurs et les bouleversements qui en découlaient furent vécus par les contemporains comme une véritable atteinte aux fondements de la famille et de la société. Plutôt que la ruine généralisée du pays que les écrits et caricatures du temps évoquent de manière assez simpliste, et au-delà de l'enrichissement insensé et scandaleux de quelques centaines de mississippiens, le Système offrit la possibilité, dans une certaine mesure[1], d'une redistribution des fortunes et des talents.

---

1. Il faut de nouveau se garder des exagérations contemporaines, auxquelles des auteurs aussi avisés que Montesquieu ont pu céder. Ce dernier fait écrire à l'un de ses Persans en 1721 : « Tous ceux qui étaient riches il y a six mois sont à présent dans la pauvreté, et ceux qui n'avaient pas de pain regorgent de richesses. Jamais ces deux extrémités ne se sont touchées de si près. »

Le bilan du Système sur l'économie réelle ne serait pas complet si l'on omettait ses conséquences sur les prix à la consommation. À cet égard, il est certain que l'inflation prit de l'ampleur dans les derniers mois du Système. De nombreux témoignages d'intendants et d'observateurs font état, en gros, d'un doublement des prix des denrées. Les données précises concernant le prix des achats des hôpitaux parisiens confirment cet ordre de grandeur. De manière cohérente, on constate une pression à la hausse sur les salaires des journaliers et des revendications portant sur des jours de loisir supplémentaires ou sur l'amélioration des conditions de travail. Cette inflation ne faisait néanmoins que renverser les tendances déflationnistes antérieures suscitées par le resserrement des espèces et les politiques monétaires restrictives menées dans la seconde partie du règne de Louis XIV. On peut ainsi estimer qu'en 1720 les prix des denrées exprimés en poids de métal métallique n'avaient fait que rejoindre leur niveau de 1715.

Modéré au regard des expériences d'hyperinflation du XXe siècle, ce mouvement le fut également au regard de l'extraordinaire accroissement de la masse de papier-monnaie. Ainsi, on peut penser que ce sont les dévaluations de la livre, davantage que l'explosion de la quantité de billets, qui provoquèrent cette flambée des prix. En effet, pour que le gonflement de la masse de billets dégénère en inflation des prix à la consommation, il aurait fallu que la majorité des paiements courants soient effectués en billets de banque. Tel n'était pas le cas en pratique puisque les petites coupures de 10 livres n'avaient été mises à fin mars 1720, et seulement à hauteur de 18 millions de livres. En pratique, l'essentiel des transactions quotidiennes continua à s'effectuer en petites pièces de quelques sols de mauvais aloi – le billon de cuivre. Autrement dit, une grande partie de la création monétaire en papier s'épuisa dans les échanges entre papiers et alimenta la bulle financière sans contaminer l'économie réelle. À n'en pas douter, si les billets s'étaient durablement installés dans le jeu des échanges, l'inflation aurait fini par prendre des dimensions incontrôlables, entraînant des conséquences très dommageables. Law en était parfaitement conscient lorsqu'il tenta par tous les moyens de refroidir le Système à partir du premier semestre 1720, mais il était déjà trop tard.

On aboutit donc au paradoxe que, si le Système est universellement dénoncé comme ayant ruiné les familles et spolié les rentiers, aucun contemporain n'est capable d'apporter des pièces probantes démontrant qu'il aurait été un désastre dans les campagnes, pour l'agriculture ou pour l'industrie. Bien au contraire, l'examen des prix et des salaires témoigne plutôt d'une relative opulence et d'une économie en plein essor. Des émeutes ne furent signalées que dans les grandes villes et suscitées par la peur de ne pas pouvoir se débarrasser à temps des papiers discrédités, non par la faim. Ce n'est donc pas sans raison que Voltaire résume le paradoxe, dans son *Précis du siècle de Louis XV*, de la manière suivante : « S'il y eut beaucoup de fortunes particulières détruites, la nation devint bientôt plus commerçante et plus riche. »

Le Système fut également un projet de développement du commerce extérieur et des colonies. Sur ce front, le bilan n'est pas mince, sans être spectaculaire. Même si Law ne s'investit que ponctuellement dans ces opérations, il eut le mérite de nommer à la tête de la Compagnie des Indes des directeurs compétents et expérimentés. Et l'épisode 1717-1720 fut le seul moment de l'histoire de cette compagnie où des efforts en termes de peuplement et de rotation des bateaux furent entrepris. Nul ne saura jamais ce qui serait advenu si l'impulsion donnée par la reprise de la compagnie par Law en 1717 avait été poursuivie dans la durée. Et si, finalement, les résultats de la Compagnie des Indes continuèrent de décevoir jusqu'à sa liquidation en 1763, Law n'en est aucunement responsable. L'échec de la Compagnie des Indes fut celui de la colonisation française dans les Amériques en général.

D'un point de vue financier, le Système fut évidemment l'histoire de la formation et de l'explosion spectaculaire, quoique lente – il n'y eut pas de « Black Tuesday » – d'une bulle spéculative. Cet épisode figure en bonne place, depuis le XIXe siècle, dans tous les ouvrages traitant des crises et paniques financières. Il faut dire que, si l'on met de côté l'épisode très spécifique – et tellement pittoresque ! – de la tulipomania hollandaise des années 1630, il est tentant de faire de la « banqueroute de Law » le premier krach boursier moderne. Certes, le cas Law partage avec ses successeurs plusieurs caractéristiques typiques. Ses manifestations tout d'abord : multiplication par un facteur vingt ou trente des cours boursiers en quelques mois, chute d'une ampleur considérable, crise puis panique bancaire, larmes, ruines, liquidations d'actifs… Mais aussi ses causes profondes : alimentation d'un marché financier euphorique par une expansion monétaire exubérante, investissement purement spéculatif dans des actifs aux fondamentaux particulièrement fragiles, crise mimétique…

Cela étant, le krach du Système possède certaines caractéristiques qui en font un événement vraiment sans équivalent. Il concerne non pas un secteur économique en entier – bulle Internet des années 2000, chemins de fer sud-américains des années 1930, titres asiatiques dans les années 1990… –, mais une seule et unique compagnie. Et quelle compagnie ! La Compagnie des Indes collectait la quasi-totalité des recettes fiscales et monopolisait tout le commerce colonial. L'agiotage ne portait donc que très minoritairement sur les perspectives commerciales de la compagnie et très majoritairement sur les rentrées fiscales futures et les gains d'efficience réalisables sur leur collecte. Quant aux actions de la compagnie, leur cours était, comme on l'a vu, le plus souvent fixé par la puissance publique et soutenu délibérément par une création monétaire elle-même décidée par l'État. Partant, la surévaluation des actions de la compagnie fut la surévaluation de l'économie française dans son ensemble. Finalement, l'expérience de Law, c'est l'entrée parfaitement anachronique d'un pays tout entier, pourtant culturellement peu porté à l'innovation financière, dans une « économie de bulle ». De ce point de vue, et malgré les évidentes similitudes – rachat, dans les deux cas, de la dette publique par une compagnie commerciale –, cette situation la distingue notablement de celle de la bulle des mers du Sud qui fut en définitive d'une facture beaucoup plus classique.

Il reste à évoquer le véritable point noir du Système : son volet monétaire. Comme on le sait, son second moteur était d'en finir avec la disette monétaire grâce au remplacement des espèces métalliques par de nouveaux instruments monétaires plus en phase avec les besoins de l'économie : billets de banque et actions de la Compagnie des Indes. En la matière, le bilan est franchement désastreux. Il faut y voir, non pas, comme John Law et ses défenseurs, les conséquences d'une cabale des financiers et des rentiers, mais plutôt le dénouement des contradictions fondamentales du Système. Considérer les actions de la Compagnie des Indes comme une « nouvelle espèce de monnaie » dont la valeur pouvait être stabilisée par le miracle du crédit était bien une idée folle.

Quant aux mutations monétaires incessantes dont Law usa et abusa – huit au cours de la seule année 1720 ! –, tout d'abord pour accompagner la démonétisation des espèces, puis pour tenter de sauver le Système, elles achevèrent de décrédibiliser tout l'édifice. Partisan dans ses écrits d'une création monétaire gagée sur l'économie réelle et ennemi déclaré de la dévaluation, Law finit par sacrifier toute politique monétaire rigoureuse aux impératifs de l'abaissement des taux d'intérêt pour soulager l'État du poids de l'endettement public.

Tandis que l'Angleterre sut rebondir en consolidant les atouts de son système financier au sortir de l'épisode des mers du Sud, la France fit tout pour oublier le système de Law et le refouler dans l'inconscient collectif. Même les futurs grands argentiers de Louis XV et Louis XVI, intimement convaincus des bienfaits du crédit, se gardèrent bien de s'inspirer de l'Écossais en quoi que ce soit. Alors même que Law proposait ouvertement de s'inspirer de l'exemple de l'Angleterre, les extravagances de son Système furent la principale raison des échecs répétés tout au long du siècle de la création d'une banque d'émission dont les billets seraient gagés sur des titres publics sur le modèle anglais.

En définitive, l'échec de Law pesa beaucoup plus lourd par sa portée psychologique et politique à long terme que par ses conséquences économiques immédiates. En important à marche forcée des recettes anglo-saxonnes, Law accéléra la sortie de l'économie française de sa torpeur louis-quatorzienne, contribua au redressement, malheureusement temporaire, des finances publiques et mit un point final à la spirale déflationniste du début du siècle. Mais tant ses méthodes autoritaires que ses excès n'aboutirent en définitive qu'à raidir l'opinion publique au point de renforcer les conservatismes et de faire paradoxalement rimer le mot crédit avec oppression. Ce faisant, il compliqua la mise en œuvre de réformes financières, fiscales et monétaires dont il avait si génialement entrevu la nécessité et qui auraient pu propulser la France des Bourbon au rang de la nation la plus prospère d'Europe. À son corps défendant, il rendit un mauvais service à une cause qu'il avait pourtant cherché à défendre de toutes ses forces.

Épilogue

« John Law, comme j'en ai eu toujours l'impression, forme une classe à lui seul. [...] Il élabora l'économie politique de ses projets avec un brio et, disons-le, une profondeur, qui le place au premier rang des théoriciens de la monnaie de tous les temps. »

Joseph A. Schumpeter, *Histoire de l'analyse économique, t. III, p. 411*

Il est tentant de ne voir en John Law qu'un escroc sur le plan moral, un charlatan sur le plan économique et une sorte de despote sur le plan politique. Il aurait joué avec l'argent public comme il jouait au pharaon ou à la bassette. Il appartiendrait à cette catégorie de gourous de l'économie qui professent qu'une injection de liquidités ou une dévaluation peuvent remédier à tous les déséquilibres et qui trouvent toujours un homme d'État suffisamment crédule ou démagogue pour le croire.

Tel est en gros le jugement que portèrent sur lui la grande majorité de ses contemporains et des économistes. Un tel anathème est commode puisqu'il permet d'éluder la question du lien entre le fonctionnement du capitalisme moderne, l'apparition de bulles spéculatives et les excès du crédit. La recette du bonheur économique serait alors toute simple : débarrassons-nous de ce genre de faux prophètes et faisons confiance à des gens sérieux – des dirigeants honnêtes et démocratiquement élus d'un côté et des banquiers centraux compétents de l'autre – et nous ne tomberons plus jamais dans de tels errements.

Joseph Schumpeter avait une vision toute différente. Pourtant peu porté à l'indulgence vis-à-vis de ses confrères, il est le seul économiste de tout premier plan à avoir reconnu la profondeur de l'œuvre et de l'action de John Law. Malheureusement, il mourut avant d'avoir eu le temps de préciser son jugement. Une redécouverte sérieuse du système de Law permet de reconstituer les raisons probables de l'enthousiasme du grand théoricien autrichien du capitalisme pour l'aventurier écossais. On peut en effet sans exagération affirmer que John Law avait raison sur trois points essentiels que nous ferions bien de méditer aujourd'hui.

Trois leçons de John Law

Malgré les trois siècles qui nous séparent de lui et le caractère peu formalisé de ses analyses, les événements récents amènent à réévaluer l'apport théorique et pratique de John Law.

Sa première leçon, c'est que la monnaie et le crédit jouent un rôle essentiel dans la régulation macroéconomique. Contrairement aux affirmations de ses successeurs « classiques », la monnaie n'est pas un voile. Une économie saine est une économie dans laquelle 1) le crédit évolue à peu près au rythme de la croissance économique et 2) finance un développement économique réel – seul capable de permettre un jour son remboursement – et non pas des actifs improductifs tels que des rentes.

La deuxième leçon est que le lien entre monnaie et finances publiques est fondamental, au point que l'indépendance des banques centrales n'assure pas nécessairement la stabilité des prix. Avec la crise, les frontières entre finances publiques et politique monétaire se sont brouillées, au point que l'achat massif d'obligations d'État par les banques centrales pour maintenir des taux d'intérêt artificiellement bas peut être considéré comme faisant partie de la politique budgétaire. Et, à l'inverse, la situation des finances publiques obère les capacités des banques centrales à assurer la stabilité des prix.

Avec sa Compagnie du Mississippi, John Law est le premier à avoir révélé la nudité du roi monétaire : la valeur de la monnaie est *in fine* gagée sur l'évolution future des finances publiques – en termes techniques, la valeur actualisée des excédents primaires futurs –, elle-même dépendante de la croissance économique à long terme. Cette leçon, vécue douloureusement dans la France de la régence, reste aujourd'hui très pertinente, en particulier pour l'Europe. Notre continent souffre aujourd'hui de cette séparation étanche et dogmatique entre politiques budgétaire – en l'occurrence douze politiques budgétaires différentes ! – et monétaire. Nous refusons une union budgétaire et fiscale, mais ne voulons pas voir que le rachat massif de dette publique par la BCE reviendra *in fine* à des transferts budgétaires massifs entre États sans aucun contrôle démocratique.

La troisième et dernière leçon est la nécessité de retrouver un ancrage à la monnaie. En dépit de ses excès, Law avait entendu asseoir la création monétaire sur des actifs représentatifs de la croissance à long terme de l'économie. Aujourd'hui, la création monétaire n'est plus assise sur quoi que ce soit et une partie importante de la masse monétaire américaine est adossée à des actifs privés et publics dont la valeur est pour le moins douteuse. Au niveau international, l'abandon de toute référence au métal précieux ou à un quelconque étalon universel – paniers de devises ou de matières premières – est une source de déséquilibres majeurs. Concrètement, la création de monnaie au niveau mondial est aujourd'hui dépourvue de tout lien avec l'économie réelle. Il en résulte ici ou là la création et l'explosion de bulles financières ou des croissances insoutenables du crédit, au gré des mouvements moutonniers des capitaux et des déclarations des agences de notation.

Avec les statistiques et la théorie proprement dite, Schumpeter faisait de l'histoire le troisième pilier d'une analyse économique vraiment scientifique[1]. Dans le cas particulier qui nous occupe ici, il est certain que nous n'avons pas assez médité les leçons de la catastrophe économique et financière de la France de 1720.

John Law et nos désordres monétaires

Résumons la situation. Il n'y a plus de système monétaire international depuis les années 1970. La création monétaire n'est plus limitée par quelque contrainte externe que ce soit, ni par une convertibilité en métal précieux, ni par des taux de change fixes. De ce point de vue, le système actuel va plus loin que le système de Law puisque ce dernier n'envisageait pas de supprimer la convertibilité de la monnaie de papier en métal, mais espérait seulement rendre progressivement cette référence obsolète. En outre, il opérait dans un contexte de changes quasi fixes qui lui imposait, comme on l'a vu, des contraintes particulières. En l'absence de gage et dans un contexte de changes flottants, les banques centrales d'aujourd'hui cherchent du mieux qu'elles peuvent à orienter les taux d'intérêt de manière à juguler les tensions inflationnistes. Mais dans un univers où la concurrence mondiale interdit de fait les dérapages inflationnistes dans les biens et services, l'excès de création monétaire se traduit inévitablement non par une inflation des prix à la consommation, mais par des bulles sur les actifs financiers ou l'immobilier, comme en témoigne la crise que nous connaissons depuis 2007.

La politique économique du début du XXIe siècle redécouvre aussi le lien fondamental intrinsèque entre finances publiques et monnaie. Quels que soient les textes proclamant l'indépendance des banques centrales, qui ont été l'alpha et l'oméga de la théorie monétaire à partir des années 1980, ce sont les États et leur crédibilité financière qui, *in fine*, conditionnent les évolutions monétaires. La crise récente permet de toucher du doigt cette vérité.

1. Cf. son introduction à L'histoire de l'analyse économique, Paris, Gallimard, 1983.

L'absence de tout ancrage monétaire et l'oubli du lien entre monnaie et finances publiques sont la combinaison explicative de la grande crise de 2007. Ainsi, c'est bien en dernière analyse la perte de tout repère monétaire qui a permis au président de la Fed, Alan Greenspan, d'être particulièrement complaisant vis-à-vis des déficits budgétaires américains en maintenant des taux d'intérêt anormalement bas au début des années 2000. Cette situation a, comme on le sait, déclenché un emballement insensé des crédits immobiliers aux États-Unis, dégénérant en crise financière mondiale.

Dans la foulée, ses successeurs, ainsi que la Banque d'Angleterre, la Banque du Japon et, plus récemment, la Banque centrale européenne se sont engagés dans le rachat massif d'une partie des titres de la dette publique – politique dite de « *quantitative easing* ». Il s'agit d'abaisser les taux d'intérêt à des niveaux inconnus pour relancer l'activité économique tout en soulageant des États financièrement exsangues. Autrement dit, la contrepartie à la création monétaire est aujourd'hui devenue une montagne de dettes publiques sans précédent en temps de paix. Nous sommes donc bien en présence d'un pari « à la Law » sur la capacité des banques centrales à apurer sans douleur plusieurs milliers de milliards de dollars d'actifs douteux dans les années à venir. Si la croissance est au rendez-vous, si les recettes fiscales augmentent et si l'endettement public redevient maîtrisé, l'opération pourra s'effectuer en douceur car ces actifs pourront être revendus progressivement sans déstabiliser les marchés. Si, au contraire, le potentiel de croissance est durablement affaibli et que la valeur de ces titres s'effondre, nul ne peut prédire comment se terminera cet épisode.

Enfin, il n'est pas besoin d'insister sur les exemples caricaturaux et pourtant tellement instructifs de pays tels que la Grèce, l'Irlande, l'Islande ou encore l'Espagne, où les taux d'intérêt maintenus artificiellement bas du fait d'une explosion du crédit ont récemment généré de véritables « économies de bulle ». On remarquera par exemple que, de même que dans la France de 1720, c'est l'excès de création monétaire qui a conduit la Grèce à des hausses du prix des actifs sans aucun lien avec les fondamentaux, à des enrichissements sans cause scandaleux, à une spéculation effrénée et à un laxisme budgétaire allant jusqu'au trucage des comptes publics. On peut même soutenir sans exagération que l'expérience de Law fut globalement moins dommageable à l'économie réelle dans la France de la régence que la politique économique de la Grèce de la zone euro : il n'y a en effet aucun indice que la chute du Système ait entraîné une récession de 25 % du PIB telle que l'a connue la Grèce sur la période 2009-2012.

Loin d'être un spéculateur parmi d'autres, John Law fut le véritable découvreur de l'« économie de bulle », une économie qui innove, qui prend des risques, qui crée des richesses en même temps qu'elle en détruit ou en modifie violemment la répartition, une économie dans laquelle l'instabilité des valeurs monétaires conduit bien souvent à la corruption des principes de la morale. C'est sur ce modèle, non sur les sages principes d'Adam Smith et de ses successeurs, que prospère le capitalisme moderne, pour le meilleur comme pour le pire.

Sources et bibliographie

Sources imprimées

Henri-François **d'Aguesseau**, « Mémoire sur le commerce des actions de la Compagnie des Indes », *Œuvres de M. le Chancelier d'Aguesseau*, t. X, Paris, Les Libraires associés, 1777.

—, « Considérations sur les monnaies », *Œuvres de M. le Chancelier d'Aguesseau*, t. X, Paris, Les Libraires associés, 1777.

Louis Antoine Gondrin de Pardaillan, duc d'**Antin**, *Mémoires*, Munich, Mühltaler, 1878.

Marquise de **Balleroy**, *Correspondance*, Paris, Barthélémy, 1883.

Edmond-Jean-François **Barbier**, *Chronique de la régence et du règne de Louis XV (1718-1763)*, Paris, Charpentier, 1866.

Pierre Le Pesant, seigneur de **Boisguilbert**, « Factum de la France ou moyen très facile de faire recevoir au roi quatre-vingt millions par-dessus la capitation, praticables par deux heures de travail de Messieurs les Ministres et un mois d'exécution de la part des peuples de 1705 », *in* Eugène Daire, *Économistes et financiers français du XVIIIe siècle*, Paris, Guillaumin, 1843.

Eustace **Budgell**, « A Letter to Mr. Law Upon His Arrival in Great Britain » (1721), *in* Gavin John Adams, *Letters to John Law*, Londres, Newton Page, 2012.

Jean **Buvat**, *Journal de la régence (1715-1723)*, Paris, Campardon, 1875.

Rosalba **Carriera**, *Journal pendant son séjour à Paris en 1720 et 1721*, Paris, Techener, 1865.

Daniel **Defoe**, « The Case of Mr. Law, Truly Stated : In Answer to a Pamphlet, Entitul'd, A Letter to Mr. Law » (1721), *in* Gavin John Adams, *Letters to John Law*, Londres, Newton Page, 2011.

Nicolas **Desmarets**, *Mémoire de Monsieur Desmarets sur l'administration des finances, depuis le 20 février de l'année 1708 jusqu'au premier septembre 1715*, s. l., s. d.

Nicolas **Dutot**, *Histoire du système de John Law (1716-1720)*, publication intégrale du manuscrit de Poitiers établie et introduite par Antoin E. Murphy, Paris, éditions de l'INED, 2000.

—, *Réflexions politiques sur les finances et le commerce*, Genève, Droz, 1935.

John **Law**, *Œuvres complètes*, publiées par Paul Harsin, 3 vol., Paris, Sirey, 1934.

—, *Money and Trade Considered with a Proposal for Supplying the Nation with Money*, Londres, Andrew Anderson, 1705.

Mathieu **Marais**, *Journal des règnes de Louis XIV et Louis XV*, Paris, Firmin Didot, 1863-1868.

Barthélémy **Marmont Du Hautchamp**, *Histoire du système des finances sous la minorité de Louis XV pendant les années 1719 et 1720, précédée d'un abrégé de la vie du duc Régent et du Sieur Law*, 6 vol., La Haye, Pierre de Hondt, 1739.

Jean-François **Melon**, *Essai politique sur le commerce*, Paris, 1736.

Charles-Louis de Secondat, baron de La Brède et de **Montesquieu**, *Les Lettres persanes*, Paris, Gallimard, « Folio Classique », 1973.

—, *Voyages*, Paris, Arléa, 2003.

Pierre Rémond de **Montmort**, *Essai d'analyse sur les jeux de hasard*, 2e édition, Paris, Jacques Quillau, 1713.

Adrien Maurice, duc de **Noailles**, « Mémoires politiques et militaires militaires pour servir à l'histoire de Louis XIV et de Louis XV (1682-1766) », *in* Claude-Bernard Petitot, Louis Monmerqué (éd.), *Collection des mémoires relatifs à l'Histoire de France*, t. LXXIII, Paris, Foucault, 1829.

Élisabeth-Charlotte de Bavière, duchesse d'**Orléans**, *Correspondance*, Paris, Fayard, 1989.

Joseph **Pâris Duverney**, *Examen du livre intitulé « Réflexions politiques sur les finances et le commerce »*, La Haye, Vaillant frères et N. Prévost, 1740.

Claude **Pâris La Montagne**, *Discours de M. Pâris de La Montagne à ses enfants*, Paris, 1729.

Louis de Rouvroy, duc de **Saint-Simon**, *Mémoires*, publiés par Yves Coirault, Paris, Gallimard, « La Pléiade », 1987.

Louis Sébastien Le Prestre de **Vauban**, *Projet d'une dîme royale*, édité par Jean-François Perrot, Saint-Léger-Vauban, 1988.

François **Véron de Forbonnais**, *Recherche et considérations sur les finances de la France, depuis l'année 1595 jusqu'à l'année 1721*, 2 vol., Bâle, Frères Cramer, 1758.

Voltaire, *Le siècle de Louis XV*, Paris, Firmin Didot, 1850.

Ouvrages généralistes et spécialisés

Andreas Michael **Andreades**, *History of the Bank of England*, Londres, King and Son, 1909.

Michel **Antoine**, *Louis XV*, Paris, Fayard, 1989.

Louis **Aragon**, *Les Voyageurs de l'impériale*, Paris, Gallimard, 1965 : le héros est un professeur d'histoire qui tente vainement d'écrire un livre définitif sur John Law.

Charles **Aubertin**, *L'esprit public au XVIIIe siècle* (en ligne), http://classiques.uqac.ca.

Bernard **Barbiche**, *Les institutions de la monarchie française à l'époque moderne, XVIe-XVIIIe siècle*, Paris, PUF, 1999.

Élisabeth **Belmas**, *Jouer autrefois : essai sur le jeu dans la France moderne (XVIe-XVIIIe siècle)*, Seyssel, Champ Vallon, 2006.

Loïc **Belze**, Philippe **Spieser**, *Histoire de la finance*, Paris, Vuibert, 2007.

Mark **Blaug**, *La pensée économique*, Paris, Economica, 1996.

François **Bluche**, *Louis XV*, Paris, Perrin, 2007.

—, *La noblesse française au XVIIIe siècle*, Paris, Hachette, 1995.

Isabelle **Brancourt**, *Le chancelier d'Aguesseau*, thèse soutenue à l'université de Lille III, février 1992.

Pierre **Chaunu**, *La civilisation de l'Europe des Lumières*, Paris, Flammarion, 1982.

Guy **Chaussinand-Nogaret**, *Le cardinal Dubois*, Paris, Perrin, 2000.

—, *Les Français sous Louis XV*, Paris, Tallandier, « Texto », 2012.

—, *Gens de finance au XVIIIe siècle*, Paris, Bordas, 1972.

Marc **Cheynet de Beaupré**, *Joseph Pâris-Duverney, financier d'État (1684-1770)*, Paris, Honoré Champion, 2011.

Thierry **Claeys**, *Les institutions financières en France au XVIIIe siècle*, Paris, L'Harmattan, 2011.

Joël **Cornette**, *Absolutisme et Lumières (1652-1783)*, Paris, Hachette, 2008.

Eugène **Daire**, *Économistes financiers français du XVIIIe siècle*, Paris, Guillaumin, 1843.

Jean-Marc **Daniel**, *Ricardo, reviens ! Ils sont restés keynésiens*, Paris, François Bourin, 2012.

Daniel **Dessert**, *Argent, pouvoir et société au Grand Siècle*, Paris, Fayard, 1984.

Michel **Duchein**, *Histoire de l'Écosse*, Paris, Tallandier, « Texto », 2013.

Alexandre **Dupilet**, *La régence absolue : Philippe d'Orléans et la polysynodie*, Seyssel, Champ Vallon, 2011.

Philippe **Erlanger**, *Le Régent*, Paris, Gallimard, 1938.

Edgar **Faure**, *La banqueroute de Law*, Paris, Gallimard, 1977.

Joël **Félix**, *Économie et finances sous l'Ancien Régime (1523-1789) : guide du chercheur*, Paris, Imprimerie nationale, 1994.

Niall **Ferguson**, *The Ascent of Money: A Financial History of the World*, Londres, Allen Lane, 2008.

Michel **Foucault**, *Les mots et les choses*, Paris, Gallimard, 1966.

John Kenneth **Galbraith**, *L'argent*, Paris, Gallimard, Folio, 1994.

Marcel **Giraud**, *Histoire de la Louisiane française*, Paris, PUF, 1996.

Pierre **Goubert**, Daniel **Roche**, *Les Français et l'Ancien Régime*, t. II : *la société et l'État*, Paris, Armand Colin, 2007.

Jacques **Gravereau**, Jacques **Trauman**, *Les alchimistes de la confiance : une histoire des crises monétaires*, Paris, Eyrolles, 2013.

Olivier **Grussi**, *La vie quotidienne des joueurs sous l'Ancien Régime à Paris et à la cour*, Paris, Hachette, 1985.

William **Harrison Ainsworth**, *John Law: the Projector*, Londres, 1864.

Paul **Harsin**, *Les doctrines monétaires et financières en France du XVI*[e] *au XVIII*[e] *siècle*, Paris, Alcan, 1928.

Gilles **Havard**, Cécile **Vidal**, *Histoire de l'Amérique française*, Paris, Flammarion, 2008.

John Maynard **Keynes**, *The General Theory of Employment, Money and Interest*, Londres, Interest and Money, 1936.

Charles **Kindleberger**, *Manias, Panics and Crashes: A History of Financial Crises*, Hoboken, Wiley, 2005.

Erik **Leborgne**, *Le régent et le système de Law vus par Melon, Montesquieu, Prévost et Lesage* (en ligne), http://www.feeries.revues.org, 2006.

Marie-Laure **Legay**, *La banqueroute de l'État royal*, Paris, EHESS, 2011.

Yannick **Lemarchand**, « Comptabilité, discipline et finances publiques : une expérience d'introduction de la partie double sous la Régence », *Politique et management public* n° 18-2, 2000, p. 93-121.

Emmanuel **Leroy-Ladurie**, *L'Ancien Régime*, t. II : *1715-1770*, Paris, Hachette, 1991.

Claude-Frédéric **Lévy**, *Capitalisme et pouvoir au Siècle des lumières*, t. II : *La révolution libérale, 1715-1717* et t. III : *La monarchie buissonnière, 1718-1723*, Paris, Mouton, 1979-1980.

Herbert **Lüthy**, *La banque protestante en France, de la révocation de l'édit de Nantes à la Révolution*, 2 vol., Paris, SEVPEN, 1959-1960.

Charles **Mackay**, *Memoirs of Extraordinary Popular Delusions and the Madness of Crowds*, Londres, 1841.

Angus **Maddison**, *The World Economy*, vol. 1 : *A Millennial Perspective*, Paris, Development Centre Studies, OECD publishing, 2001.

Marcel **Marion**, His*toire financière de la France depuis 1715*, t. I : *1715-1789*, Paris, Rousseau, 1914.

John J. **McCusker**, *Money and Exchange in Europe and America, 1600-1775: A Handbook*, Chapel Hill, NC, University of North Carolina, 1975.

Jean **Meyer**, *La vie quotidienne au temps de la régence*, Paris, Hachette, 1979.

Jules **Michelet**, *Histoire de France*, t. XVII : *La régence*, 1715-1723, Paris, Équateur, 2008.

Michel **Morineau**, « Budgets de l'État et gestion des finances royales en France au XVIIIe siècle », *Revue historique* n° 264, 1980, p. 289-336.

Antoin E. **Murphy**, *John Law: Economist, Theorist and Policy Maker*, Oxford, Clarendon Press, 1997 (traduction française : *John Law, économiste et homme d'État*, Bruxelles, Peter Lang, 2007).

Jean-Claude **Perrot**, *Une histoire intellectuelle de l'économie politique*, Paris, EHESS, 1992.

Jean-Christian **Petitfils**, *Le Régent*, Paris, Fayard, 1986.

Mark **Potter**, *Corps and Clienteles: Public Finances and Political Change in France, 1688-1715*, Ashgate, 2003.

Carmen **Reinhart**, Kenneth S. **Rogoff**, *This Time is Different: Eight Centuries of Financial Folly*, Princeton University Press, 2009.

Jean-Michel **Rey**, *Le temps du crédit*, Paris, Desclée de Brouwer, 2002.

Guy **Richard**, *La noblesse d'affaires au XVIIIe siècle*, Paris, Colin, 1974.

Aimé **Richardt**, *La régence*, Paris, Tallandier, 2003.

Denis **Richet**, *La France moderne : l'esprit des institutions*, Paris, Flammarion, 1973.

David **Romer**, *Advanced Macroeconomics*, Mac Graw Hill, 1996.

Joseph Aloïs **Schumpeter**, *Histoire de l'analyse économique*, t. I, édition française, Paris, Gallimard, 1986.

Henri **See**, *La France économique et sociale au* XVIIIe *siècle*, Paris, Armand Colin, 1969.

David **Stasavage**, *Public Debt and the Birth of the Democratic State: France and Great Britain, 1688-1789*, Cambridge University Press, 2003.

Adolphe **Thiers**, *Histoire de Law*, Leipzig, Hetzel, 1858.

Mireille **Touzery**, *L'invention de l'impôt sur le revenu : la taille tarifée, 1715-1789*, Paris, Comité pour l'histoire économique et financière de la France, 1994.

Carl **Wennerlind**, *Casualties of Credit: The English Financial Revolution, 1620-1720*, Cambridge Massachusetts, Harvard University Press, 2011.

John Philip **Wood**, *The Life of John Law, Including a Detailed Account of the Rise, Progress and Termination of the Mississippi System*, Londres, Newton Page, 2009.

Articles

Franck H. **Beach**, Maw J. **Wasserman**, « Some Neglected Monetary Theories of John Law », *The American Economic Review* n° 24(4), décembre 1934, p. 646-657.

D. R. **Bellhouse**, « A Manuscript on Chance Written by John Arbuthnot », *International Statistical Review* n° 57(3), décembre 1989.

Mauricio **Drelichman**, Hans-Joachim **Voth**, « Debt Sustainability in Historical Perspective: The Role of Fiscal Repression », *Journal of the European Economic Association* n° 6(2-3), avril-mai 2008, p. 657-667.

Jolynn **Edwards**, « John Law and His Painting Collection: Connoisseur or Dupe ? », *in* Elise Goodman (éd.), *Art and*

Culture in the Eighteenth Century: New Dimension and Multiple Perspectives, Newark/Londres, University od Delaware Press/ Associated University Press, 2001.

Milton **Friedman**, « The Role of Monetary Policy », *in* M. Friedman, *The Optimum Quantity of Money and Other Essays*, Londres, Macmillan, 1969.

Peter M. **Garber**, « Famous First Bubbles », *Journal of Economic Perspectives* n° 4(2), printemps 1990, p. 35-5.

Debra **Glassman**, Angela **Redish**, « Currency Depreciation in Early Modern England and France », Conference on Monetary and Financial History at the Federal Reserve Bank of Minneapolis, octobre 1985.

Earl J. **Hamilton**, « Prices and Wages at Paris under John Law's System », *Quaterly Journal of Economics* n° 51(1), novembre 1936, p. 42-70.

Robert **Huron**, « Un probabiliste disciple de Malebranche : Pierre Rémond de Montmort (1678-1719) », *Annales de la faculté des sciences de Toulouse*, 5e série, t. S2, 1980.

T. E. **Kaiser**, « Money, Despotism and Public Opinion in Early Eighteenth-Century France », *Journal of Modern History* n° 63, 1991, p. 1-28.

Peter **Laslett**, « John Locke, the Great Recoinage and the Origin of the Board of Trade: 1695-1698 », *The William and Mary Quaterly*, 3rd series, vol. 14, n°3, juillet 1957.

John McCusker, James C. **Riley**, « Money Supply, Economic Growth and the Quantity Theory of Money: France, 1650-1788 », *Explorations in Economic History* n° 2(3), juillet 1983, p. 274-293.

Michael **McLeay**, Amar **Radia**, Ryland **Thomas**, « Money Creation in the Modern Economy: Bank of England », *Quaterly Bulletin*, 1st quarter, 2014.

Robert **Mundell**, « The Monetary Dynamics of International Adjustment under Fixed and Flexible Exchange Rates », *Quaterly Journal of Economics* n° 74, 1960.

Antoin E. **Murphy**, « The First Financial Market Bubble: Perspectives from John Law and Richard Cantillon », Mimeo.

—, « The Evolution of John Law's Theories and Policies, 1707-1715 », *European Journal of the History of Economic Thought* n° 34, p. 1109-1125.

Larry **Neal**, « John Law's Bargain with Lord Londonderry, 1717-1729 », Van Gremp Seminar, UCLA, octobre 2008.

Kepa M. **Ormazabal**, « Lowndes and Locke on the Value of Money », Working Paper Series, IL. 29/07, University of the Basque Country, 2007.

Thomas J. **Sargent**, François R. **Velde**, « Macroeconomic Features of the French Revolution », *The Journal of Political Economy* n° 103(3), juin 1995, p. 474-518.

Christopher A. **Sims**, « Fiscal Consequences for Mexico of Adopting the Dollar », *Journal of Money, Credit and Banking* n° 33(2), mai 2001, p. 597-616.

—, « Paper Money », Mimeo, 2013.

David **Stasavage**, « Credible Commitment in Early Modern Europe: North and Weingast Revisited », *Journal of Law, Economics and Organization*, vol. 18, n° 1, 2002, p. 155-186.

François R. **Velde**, « Chronicles of a Deflation Unforetold », Working Papers n°12, 2006, Federal Reserve Bank of Chicago.

—, « Government Equity and Money: John Law's System in 1720 France », Working Papers n° 31, 2003, Federal Reserve Bank of Chicago.

—, « French Public Finance between 1683 and 1726 », *in* Fausto Piola Caselli (éd.), *Government Debts and Financial Markets in Europe*, Londres, 2008.

Eugene N. **White**, « France's Slow Transition from Privatized to Government-Administered Tax Collection: Tax Farming in the Eighteenth Century », Working Papers n° 16, 2001, Ruttgers University.

Table des matières